人間閱讀 5

都市傳奇

Légendes urbaines

維若妮卡・坎皮農・文森 & 尚布魯諾・荷納 著
楊子葆 譯

人間閱讀 5

都市傳奇

作　　者　維若妮卡・坎皮農・文森 &・尚布魯諾・荷納
譯　　者　楊子葆
責任編輯　曾敏英

發 行 人　涂玉雲
出　　版　麥田出版
台北市信義路二段213號11樓
電話：(02)2351-7776 傳真：(02)2351-9179
發　　行　城邦文化事業股份有限公司
台北市愛國東路100號1樓
電話：(02)2396-5698　傳真：(02)2357-0954
網址：www.cite.com.tw
E-mail:service@cite.com.tw
郵撥帳號：18966004 城邦文化事業股份有限公司
香港發行所　城邦(香港)出版集團有限公司
香港北角英皇道310號雲華大廈4/F,504室
電話：25086231 傳真：25789337
新馬發行所　城邦（新馬）出版集團有限公司
Cite(M) Sdn. Bhd.(458372U)
11,Jalan 30D/146, Desa Tasik, Sungai Besi,
57000 Kuala Lumpur, Malaysia.
電話：603-90563833 傳真：603-90562833
E-mail:citekl@cite.com.tw
一版一刷　2003年8月

ISBN 986-7691-44-X

售價:400元　(Printed in Taiwan)

恐懼的城市文化地景（譯序）

楊子葆

爲什麼？爲什麼想要翻譯這樣一本書？這是每一位譯者無可迴避的問題。我的回答是，因爲它呈現出一些非常有趣的新意，提供揭露這個社會某些隱匿特徵的獨特切面，並且勾勒出屬於這個時代的文化地景。藉由這些知識上的幫助，我們可以更清楚地審視自己，更清楚地審視「先於個人存在」的社會，釐清那些屬於自身生命一部分、不可能擺脫也毋須擺脫的恐懼之源，讓我們能夠更健康地理解並接受自己與他人，更自信、也更進步地迎向來路。譯者相信，這是一本值得翻譯的好書。

這書討論的主題是謠言，關於謠言，我們其實並不陌生。根據一般對於社會發展史的印象，謠言往往蜂起於天下大亂或革命發生之際，例如一七八九的法國大革命、一八五〇年的太平天國起義或一九一七年的俄國共黨革命，如同日內瓦大學著名歷史學者波尼斯洛・巴茲寇（Bronislaw Baczko）所說的：「謠言總是與大革命相伴而行。謠言在革命進程中振奮著精神，積蓄著怒火，引導著恐懼。」然而，這本書所介紹的三十七篇謠言卻出現在貌似平靜、單調，例行到甚至顯得有一點兒乏味的日常生活裏，或是更精確地指明，出現在我們所處的現代都市生活裏，也就是說，這本書的新意在於三組關鍵詞：「現代」、「都市」，以及「我們的生活」。在開始閱讀這本書之前，相對於兩位作者深度個案分析所萃取的微觀理解，譯者願意在此就這三組關鍵詞，扒梳出一個粗略但有助於觀照全書旨義脈絡的宏觀架構。

首先談「現代」。三百多年前，牛頓曾感嘆道：「我就像一名在沙灘上玩耍的小男孩，偶爾以發現一顆比普通更光滑的卵石或更漂亮的貝殼自得其樂，然而鋪陳在我面前的大海，卻蘊藏著無盡未經發掘的眞相。」在那個時代裏，自然法則運行的外表披著一層以恐懼、迷信、無知所打造的，無法穿透的堅硬甲冑，科學仍不存在。但是因為牛頓，以及其他許多科學家在眞理之海沙灘上拾起卵石或貝殼的動作，開啓了一連串奇妙的、不可逆的重大連鎖反應，人類社會出現影響深遠的大躍進，先是牛頓發現的力學原理帶動蒸汽機的發明，引發工業革命，然後鐵路運輸打通整個歐洲大陸，工業生產力急起突飛，科技影響力無遠弗界，這些發展與變化一路扶搖直上，到二十世紀末科學領域上的三大突破——量子革命、電腦革命與分子生物革命——獲致一定程度的成功之後，披在自然法則外的甲冑已經整個兒地被剝除，潮水盡退，沙灘畢現，世界赤身裸露在我們眼前，似乎再沒有祕密，這個過程就叫做「現代化」，我們現在生活的時代，就是現代，或者稱作「當代」：「最新的現代」。現代化的速度之快、變化之大、範圍之廣，來勢洶洶讓人招架不住，於是在現代人心底與現代社會裏都造成了巨大的分裂：一方面，現代人意識層面上固然自信滿滿，但在下意識與潛意識裏卻是懷憂喪志、惶惶不安；另一方面，科技革命進一步加深了社會既有的階級鴻溝，例如掌握新資訊的人愈發強勢，無法及時獲得資訊的人則更顯脆弱，而貧富懸殊的情況比歷史上任何一個時期都更為嚴重！這種前所未見人格分裂與社會分裂的危機現象，提供了謠言滋生前所未見的最佳環境，於是隨著現代化的進程，謠言也越來越普遍化。

再者，「現代化」過程中最重要的特徵之一是「都市化」。雖然市鎮的出現遠早於工業革命的發生，但是工業生產對於大量、集中、高度效率的強烈需求，在世界各地都造成類似的驚人城鄉移民潮，從此，都市化，或是所謂的「過度都市化」（over-urbanization）成爲十九世紀中期之後迄今未曾止歇的重要時代趨勢，都市生活也成爲現代人重要的生命經驗之一。這些經驗是什麼呢，是人造環境的冷酷、污染、擁擠、陌生、迷失、匿名、疏離、猜忌、傾軋……，以及水泥叢林裏的各種危險與各種誘惑：交通事故、都市災害、恐怖攻擊、幫派暴力、警匪衝突、販賣人口、搶奪竊盜、酗酒、毒品、性氾濫、新奇商品、巧言欺騙……

原本人們對於城市的期待並不是這樣的。一八八九年奧地利建築師卡密羅・塞提（Camillo Sitte）曾引用亞里斯多德的話語「城市之建造應該給予其居民安全與快樂」，來期望城市的規劃與設計者能兼顧工程師與藝術家之責，尋求城市和諧的組成要素，但顯然這樣的城市美夢已經證明破滅了。現代城市不但不能保證安全與快樂，甚至淪爲現代人恐懼感的最重要源頭，著名美籍華裔人文地理學者段義孚（Yi-Fu Tuan）在其經典學術著作《恐懼的地景》（Landscape of Fear, 1979）裏，就用了一整個章節三十頁的篇幅來討論「城市裏的恐懼」。這種迥異於傳統經驗的「新恐懼」很容易轉化成爲「當代謠言」創作與傳播的原動力，事實上，古巴裔著名小說家伊塔羅・卡爾維諾（Italo Calvino）就認爲某一種類型的謠言是「在現實中不斷重演的故事，因爲在大城市裏存在著所有的組成元素，因此它隨時可以依照程序組合起來，就像在試管裏進行的化學反應。」

最後，這本書聚焦在「我們的生活」，討論關於我們例行作息日常生活裏的謠言傳奇，是一種對於「市民」再近不過的貼身觀察與分析，是對於身邊、甚至發生在自身上「尋常瑣事」的詮釋、再詮釋與破譯。它是一種變動不居「我們的文化史」之呈現，也就是對所謂「小歷史」的研究，這種研究努力相對於「大歷史」（「他們的」歷史）的沉重與遙遠，感覺上更有直指人心、破除迷障的效用。

這種「貼身」的感覺，很自然地驅使譯者在翻譯過程中不斷地轉頭對照「台灣經驗」。事實上這本書裏確曾提到台灣，尷尬地呈現出在國際分工中別人看我們的刻板印象——在《大賣場裏的毒蛇》故事篇章裏，引述了一則一九八三年法新社發自法國馬賽的通訊報導：一名法國小孩被一家超級市場賣出、台灣製造的玩具絨毛熊裏所躲藏的毒蛇咬傷致死。而追溯細究這樁謠言的發展，很可能是因爲台灣生產的廉價玩具絨毛熊多以船運方式出口歐洲，爲避免產品變質，絨毛熊附帶著小包裝防蛀劑或防潮劑，這種小包化學藥劑有造成誤食中毒的危險，而用來固定小熊頭部的別針也可能對兒童造成傷害，這些進口產品的潛在危險威脅，衍生出藏匿毒蛇的不友善謠言來。

除了書中白紙黑字提到的「台灣產品謠言」之外，我們週遭社會所發生的許多事件，以及這些事件在媒體報導與口耳相傳過程中的許多渲染變化，往往也可以與書上的謠言案例相互呼應。例如，傳說陽明山上多蛇，是因爲日據時代日本人在這兒設立一座毒蛇研究所，二次世界大戰後日本戰敗撤離時，居心不良地將所有的毒蛇放生山林……，這個情節儼然是《放生的毒蛇》故事重置在本地歷史發展脈絡裏的改編劇本；一九九九年九月二十一日大地震重創台灣，好事者發現九月二十五日開出地震前兩個月七月、八月份的統一發票特獎號碼是「九四四四五四二一」，前後三碼正好是九二一，其中夾著四個台灣民間迷信認爲與「死」諧音、極不吉利的數字「四」，有人詮釋這是「九二一地震死人無數」的預兆，要是本書的兩位作者知悉這種說法，一定會把它載入《隱藏的符號》故事篇章裏當作研究案例；二〇〇二年春天，台北市政府工務局公園路燈管理處的員工們總算在大安森林公園水池裏活捉到許多市民都宣稱曾經親眼看到過的鱷魚，此一眞實事件可以拿來與《紐約下水道裏的鱷魚》故事互爲對照；二〇〇二年冬天，臨檢警察們在台北市的迪斯可舞廳裏發現一批以印有哈利波特故事圖案紙袋包裝的搖頭丸，這簡直就是《浸有LSD迷幻藥的包裝紙》故事的二十一世紀台北版！檢視這些信手拈來的身邊謠言，讓人不得不相信台北眞是一座徹底現代化了的大都會，而台灣的確是社會學研究者找尋題材的天堂。

其實，最近一段時間裏最令我印象深刻的當代都市傳奇是，二〇〇一年九月十一日震驚世界的紐約恐怖攻擊發生後，一名美聯社資深攝影記者馬克・菲立普（Mark Phillips）在世貿雙子星大樓遭撞擊燃燒時，所拍下濃煙裏出現「魔鬼臉孔」的新聞照片。這張照片透過電視畫面、報章雜誌、網際網路傳播，幾乎讓全世界的人都看到，也讓全世界的人受到驚嚇，一時之間關於撒旦降臨人間、世界末日神魔大戰拉開序幕、賓拉登是反基督勢力在世間的肉身代表……等謠言如潮席捲，尤其因爲圖像畫面的具體佐證，更讓這些荒謬謠言具備了高度的說服力——雖然許多人也同時在討論這張照片的眞僞問題。其實，透過現代繪圖科技工具的輔助，我們的確可以製作出足以亂眞、專家都很難分辨的僞造照片。影像、傳說與高效率傳播工具的結合，賦予當代謠言更豐富、更多樣、逼得人喘不過氣來的張力。事實上，在網路化與資訊圖像化的時代裏，「資訊隱藏學」（Steganography，這個「新」字恐怕不容易在一般字典裏查到，它的意思是利用電腦科技在某一份資料檔案裏隱藏其他的資訊，譬如在一張美女圖檔裏嵌進一架幻象2000型戰鬥機的圖檔，在外表上完全看不出來，必須經過解密與特殊運算才能將眞正的資訊過濾出來）已經是一項越來越受到重視、也不得不受到重視的專業領域，二十一世紀《隱藏的符號》故事其實可以比這本書裏所呈現的還要精采千萬倍！

按照台灣當前流行的說法，本書的兩位作者分屬「二年級」與「三年級」的舊時代，同時他們的學術訓練偏向傳統學派（他們分別是在法國古典社會學派的重鎭巴黎第四大學與巴黎第十大學完成高等學術訓練），也缺乏自然科學的專業背景，所以書中《艾菲爾鐵塔的水力千斤頂》、《小魔怪效應與新科技的危險》、《電焊工人的隱形眼鏡》等故事雖然敘述了一些對於當代新科技的恐懼，但是平心而論，他們所討論的科技既不夠「新」，恐怕也沒有忠實呈現新科技所引發新社會革命的完整面貌。在這個時代裏，基因工程、人類複製、奈米科技、生活網際網路化以及「無所不在的電腦運算」所帶給以及即將帶給個人生活與社會衝擊之大，所造成的恐懼與人格分裂之嚴重，所催化創造的謠言傳奇數量之多、內容之無奇不有，恐怕必須以出版另一本新書的方式來說明與分析，這也許是我們讀完這本書以後被促動的一項新的期待。

而譯者自己最受感動的，其實是整本書裏處處洋溢對於謠言功能的正面態度。兩位作者認爲，被他們稱爲「都市傳奇」的當代謠言，「揭開我們週遭世界的面紗，解除我們的焦慮，赦免我們的罪惡感，在這個艱難的時代裏提供方向指引，最後藉由提供一個道德控制的形象而扮演一個正面的角色。經由傳奇的設計與創作，一個社會在幻想的故事裏照亮澄清了它的許多恐懼與慾望。」——謠言並不可怕，對於謠言深信不疑或敬而遠之兩極態度所造成的恐懼與猜忌才可怕。深入地、健康地、不預設立場地認識與瞭解，不但可以紓解恐懼、化除猜忌，還可以幫助我們成長，推動我們進步。如同書中提到格林童話裏那個極具啓發性的故事情節：當我們辨認出擁有邪惡魔力的小矮人名字，並且把名字大聲唸出來之後，小矮人就會立刻失去了它的法力，再也無法傷害任何人了……

認識謠言，閱讀關於恐懼的城市文化地景，是解除現代人心理魔障一個非常有新意的方式。

幾經延宕，很高興自己終於把這本書譯出來，非常感謝麥田出版社發行人涂玉雲與編輯曾敏英的鼓勵、支持與協助。希望讀者讀後也能同意：這是一本值得翻譯的好書。

CONTENTS ■ 目 ■ 錄 ■

CONTENTS ■目■錄■

引言

在與工作同事喝杯咖啡的休息時間，在家庭式聚會，在狐群狗黨的餐廳晚宴，在充斥著短暫快速對話的嘈雜雞尾酒會……，在這些場合裏，我們談論最近發生在我們自己或週遭人物身上的事情。大部分的故事正確地反映出我們的眞實經驗，是親身經歷或親眼看見的，但也有相當一部分的故事得歸功於朋友的朋友們，或是「遠房堂兄的女兒」。偶爾，某一樁故事令我們印象深刻，於是在下一個場合裏，往往就以第一人稱的方式來講述它，這樣的說法可使我們成爲大夥注意力的中心，因爲這樁故事是這麼有趣且吸引人——雖然它反映出來的眞實性很低。有時我們會在報紙上發現，或在另一個聚會裏聽到非常類似，但經過一些加工、修改的故事，這就是當代傳奇。

這本書介紹並評論一些「屬於我們時代的傳奇」範例，這些傳奇在過去二十餘年裏於法國散布，甚或在許多國家流傳，並在非常廣泛且多元的領域裏引發討論。

紐約下水道裏到底有沒有鱷魚？許多年前，一位德國的女性駕駛在馬路上被馬戲團的遊行阻斷去路，轉頭赫然發現一頭大象就坐在她那部小金龜車的引擎蓋上，這個故事究竟確不確實？那些在法國鄉野上盤旋、形跡可疑的直昇機，是不是眞如傳言所說，政府與生態保育主義者正在放生劇毒的蝮蛇？這本在法國占據先驅地位的書，企圖回答所有這類的奇怪問題。我們同時希望這本書可使非專業的一般大眾分析能力變得更敏銳，並且能把當代傳奇視爲一些具美感的、有一點令人不安但純供消遣的事物來欣賞。

首先我們必須說明採用「當代傳奇」這個嶄新表現方式的理由。「當代傳奇」以一種第一眼看來非常矛盾的組合，爲一個連接過去並且很容易被歸類在連環圖畫書領域的陳舊名詞，配上具時代感的形容詞。但是同時，我們也使用「都市傳奇」與「現代傳奇」，藉以強調它們的空間背景以及我們社會的主要特徵：城市、現代性。

其實在法國，一般認爲最常被使用且足以描述現象整體性的術語是「謠言」，可能是單數的「謠言」，或者是複數的「謠言」。因爲「謠言」的意涵有兩種詮釋，當它以排他性單數的形式出現時，重點在於傳播的過程；當它是複數時，重點則在於分析它們的內容。我們爲了能夠對這個領域進行有效的分析，通常將謠言區分成幾個不同的層次：簡短的謠言，從頭到尾就是一個句子（X女演員得了愛滋病；一九七七年去世的搖滾歌手貓王其實還健在人間）；由一些敘事、一些相當數量且意味深長的細節所組成的簡短故事，所建構而成的傳奇；最後是經由自我積累，一些有意思的傳奇結合成傳奇系列或神話（船舶飛機消失在百慕達三角海域裏；被外星人綁架的事件；義大利黑手黨或美國中央情報局的陰謀）。從一個句子到一系列神話，故事往往在不同層次間游走。在這本書裏，我們聚焦於中間的敘事層次：傳奇。

我們認爲當代傳奇就像是集體溝通的一種民俗型態。我們曉得，對相當數量的法國知識份子而言，「民俗式的」（Folklorique）這個形容詞是受到藐視的，而「民俗傳說」（Folklore）

這個術語在今天也被認爲是完全過時的。「沒有一位人類學者有膽量自承是民俗學者」（Belmont）——我們可以在最近一期重要的社會人類學期刊《人類》（*L'Homme*）上讀到這段話。其實這種藐視不僅存於知識份子之中，根據一九八四年版的《小羅伯字典》（*Petit Robert*），「民俗傳說」最常被採行的用法之一是含貶義的，意味著「生動但很不可靠」，而當我們說「這是民俗傳說」時，幾乎就等於「這是不正經的，是開玩笑的」。我們將爲「民俗傳說」這個詞進行辯護，並以一字一字釐清呈現「人民」（*folk*）之「智慧」（*lore*）的方式重建它。

然而「民俗傳說」的通用意涵卻長期深受一些這個領域荒誕研究理論的糾纏所苦：例如幾乎已經被人遺忘的麥斯・慕勒（Max Müller）學派，它們以研究百姓風俗習慣與信仰的方式，來破譯解釋古老太陽神話的遺跡；或是蘇格蘭人類學者詹姆士・法蘭哲（James Frazer），此君雖已在一九四一年去世，但其影響力卻仍活躍於當代大眾文化領域裏，他專注於從傳統習俗中分辨出異教徒文化刺激所帶來的豐富性。其實，「民俗傳說」的眞正意義有別於這些德意志、斯堪地那維亞或盎格魯・薩克遜民俗研究學派所帶給人的印象。

對那些學者而言，民俗傳說是意識的溝通與表現，是一種藉以建構社會一致性而可爲大部分人分享的暗示或約定俗成：因此它的核心是集體性。確認其特性「不是在描述對象，而是描述過程」，因此民俗傳說被認爲是「信仰、活動、工作、說話與觀看方法的總和，以訴說、觀察、接觸、結盟和彼此溝通的方式，達到『相互滲透影響』的目的。民俗傳說是一種文化型態，是一種非正式文化，幾乎是自發而生的，我們可以把它與大眾文化區分，因為兩者並沒有關係；但是民俗傳說與菁英文化也迥然不同，因為前者根本不企圖指導或教授什麼。」（*Bennett*）早期有關民俗傳說的研究，強調一般平民與農民階層的排他領域，以及確然結束的歷史證據，所形塑出來「角色的距離效果」，在前述這個新定義裏完全不存在了。民俗傳說與我們的一切都有關。每一天，就在我們以及所有社會團體的注視下，傳統正在創造與編寫，不管是教授、學生、城市知識份子，或是農民、偏遠鄉區的牧羊人，都擁有屬於他們的、持續更新的傳統，並都創造出他們的民俗傳說。

這些創造是匿名且集體的。因為雖然民俗傳說是經由個人的創意產生，但是它們卻是經由社會團體傳播且持續不斷地加工修改，同時在社會團體之中，民俗傳說還扮演著功能性的角色。在現今多元化的現代社會裏，櫛比鱗次地雜處了許多異質文化團體，而這個特性剛好提供了民俗傳說蓬勃茁壯的良好土壤，因為一個堅守集體共同價值的均質系統並不利於次級團體發展出自我特色。

民俗傳說無所不在，以價值、實踐、儀式或迷信的方式呈現，並以不同的敘事方式傳播散布，當代傳奇就是其中的一種形式。

為了給當代傳奇一個定義，我們必須先扭轉一些既定的觀念。第一，當代傳奇並非都是一些關於超自然的紀錄，相反地，它往往在現實主義的地盤上運作。再者，它並非都是不實的，反而往往基於事實而生，然後混合了一些事實、一些可能與一些虛假。第三，它並非僅靠著口耳相傳，大眾媒體、文字、圖像、電子資訊都可以是它的傳播工具。最後，它不只是通俗的，它發生於大眾文化與學術文化交會的所在。往往學術文化以「僞科學」來創造傳奇主題，何況所謂的大眾化價値，其實可在任何一個族群與環境裏被發現。

當代傳奇是一種敘事，一種集體寫作，由在事件中運作的團體改寫與散布。創作的內容本著事實或受事實影響而產生，並且往往訴諸權威做爲依據。這種創作的本質就是希望人們相信，它是一種信仰標的，但同時也是討論的主題，因爲傳奇散布的過程讓懷疑與信仰自然地對立對照。這種創作是可變的：每一位敘事者、每一位故事接手人、每一次的修改、每一處的刪減都會造成不可預期的變動。這就是民俗傳說傳統的規則：它的傳播，是以再創造與變形的方式來進行。

當代傳奇並不僅以創作的方式表現，它也呈現於外顯的社會行爲，這時，傳奇的書寫就成爲行動的範例。筆者所參與「國際當代傳奇研究學會」（ISCLR）的主要目標之一，就是期望揭露「傳奇與生活交流互動的方式」。*

將當代傳奇與其他種類的民俗傳說敘事、神話、寓言、傳道錄、民間故事、滑稽故事、軼事趣聞、回憶錄、新聞與謠言進行比較，當有助於釐清它的特徵。

*摘錄自一九九一年介紹該學會之文件。從該年開始，學會定期編撰年刊《當代傳奇》。

如果我們根據羅蘭・巴特（Roland Barthes）的研究，認爲在通用語言中，神話的概念雖已與故弄玄虛、欺騙人的假象混淆不清，但事實上神話的意義不只於此。神話同時是以「反映過去歷史的書寫」（「在那個時代裏……」、「某年某月的某一天……」）來解釋世界運轉的秩序，「但是神話也藉由彰顯某些人物命運的曲折，藉由說明某些社會組織的型態，在當代保存一些卓越高尚的價值。」因此神話既是意象與象徵的製作者，也是動員者：「藉由積極性預言的驅動，神話在許多改革社會運動與許多革命運動的源頭裏占據著主要的位置。」（*Girardet*）傳奇的影響力沒有那麼嚴重，它就像神話一樣是信仰的標的，但它的特徵比較接近神話銀河裏那些相對較爲晦暗的星群。它讓一些人物在當下的場景中演出，因此讓人感覺不至於那麼遙遠，當然也不會是近乎抽象人物。在我們所處由異質團體組成的當代社會裏，找不到系統性組織而成的神話學，而只能發現一些片斷性的神話材料。

寓言是一種道德宣示。它就像虛構小說一樣敘述著一些我們並不相信的事物。自從在拉楓丹（La Fontaine）筆下到達頂點之後，寓言就不斷式微，大約於十九世紀中期因爲傳奇故事的取代而消失，現在是一種專屬於孩童的敘事體裁。它被歸類爲兒童文學，內容固然呈現一些事實，但主要以教育訓誨爲主。

傳道錄同樣以道德爲核心。中世紀傳道錄的內容往往是傳道者所撰寫具有民俗傳說特性的敘事，並以期望闡揚的課程來分類。根據採用人類學分析方法的歷史學者長期以來的研究，這些敘事往往奠基於「眞理效應」，建構道德上的訊息，並以「傳喚證人，紀錄時間地點，邀請適當的權威人士參與」（*Berlioz*）的方式證實這些訊息。當代傳奇進行相同的佐證程序，它們總是被宣稱掌握「確實的資訊來源」。

民間故事，如同寓言，是一種在當代世界裏重要性已經衰退的敘事類型。它在歐洲發展的頂峰以及農民文化的頂峰上交會。在我們開始瞭解傳統與現代性並非對立而是互補之前，農民文化的衰退長期被誤認爲是民俗傳說傳統消失的指標。民間故事與傳奇各自擁有許多相互對照的特徵：前者的近乎虛構小說，由特定的敘述者來傳播，因爲並不是所有的人都擁有那種生動講述天馬行空故事的才能；傳奇則依據眞實的資訊，因此大家一般都知道如何傳述並觸類旁通地發揮。另一方面，民間故事既無地點也沒有時間，但傳奇則在這兩點上都相當明確。最後，民間故事往往是一系列的小故事與許多插曲所組成，而傳奇就只是一樁簡單的故事。

滑稽故事是非常接近當代傳奇的種類，常常採用同樣的敘事。因爲它往往是一個情境下的兩人對話，所以我們只要聽到了，喜歡它，就很容易再重複講述，但令人討厭的是，我們往往必須以第三者的身分講述兩個喜劇小丑間的對話。滑稽故事的主要目的是逗人發笑，並不像傳奇那麼注重「眞理效應」。但是滑稽故事需要一些特殊的講述者營造氣氛、增加效果。這種在咖啡館夜宴聚會裏的膚淺社交能力，讓滑稽故事成爲專業喜劇演員的專屬領域，這些人將許多當代傳奇轉化成爲滑稽故事。

軼事趣聞就像傳奇一樣聚焦於小插曲，並且取證於權威。所以我們常常可以注意到同樣一件軼事趣聞在不同時間裏，發生在不同的大人物身上。長期以來，軼事趣聞常常被放在成功故事集裏當作花邊點綴。

「回憶錄」這個專有名詞指涉的是個人經驗的記錄或眞實的回憶。它具有稍縱即逝、個性化與個體化的特性，因此反映其所屬社會團體的集體性，回憶錄因爲呈現出一些分享與討論過的價值而有意義。在我們的社會裏，團體與價值的異質性鼓勵了對不同信仰、奇特與異常事件的辯論。這些辯論大多是以一些遭遇到不可解釋的事件，或超自然現象的獨特個人經驗紀錄的方式被記載下來。

新聞也是一種敘事。皮耶．拉札雷夫（Pierre Lazareff）曾說過，新聞是一種以「某年某月的某一天」做爲開場白的眞實故事。然而在媒體裏持續充斥許多相反的報導和情節大翻轉的發展，建構了我們對新聞的認知：混雜著罪行、巨大的自然災害、微不足道的意外事件等等異質的整體。新聞因此成爲現代世界的民間故事。新聞源自於事實，所以它很接近同樣奠基於事實的傳奇。人們都是新聞裏所隱含的道德、二手資訊與一些沒有被明白表現出來事物的承載工具，我們自覺或不自覺地將它們記憶下來，並傳播出去。新聞裏有一些無法解釋或微不足道的問題與因果關係，也有一些造成致命結果或改變命運的巧合，這些特色使得新聞成爲社會評論的範例與對象，如同傳奇一樣。

謠言則和當代傳奇非常近似，在其中，故事游移擺盪於簡短陳述——嚴格定義的謠言——與結構化的記述之間。這個術語常被社會學者與社會心理學者使用，他們關切在一段流言四起蓬勃的特殊時期裏（戰爭、自然災害或動亂），謠言做爲一種社會控制方式，或是無法控制的資訊流通現象。往往，我們談論這些特殊時期的謠言，彷彿它們是特例似的。其實它們與當代傳奇關係密切，可以說謠言是每日生活的一部分，而與事件本身的關聯極為鬆散，謠言的具體表現就是傳奇。例如關於一家藉由精品店做為掩護，拐騙上流社會白種婦女為娼的謠言，當故事內容增添了人物、儼然有邪惡動機的著名地點、綁架事件等元素之後，就演化成為傳奇了。這是最接近傳奇的敘事類型，在這本書裏，我們時常使用「謠言」這個名詞。

民俗傳說的創作工作始終在進行著：為了道學說教的目的，教士們撰寫傳道錄；文學方面，有民間故事與軼事趣聞；在俗民文化——我們也稱之為大眾文化——方面，則有新聞報導。我們時代的傳奇從無數當代的虛構小說裏獲取源源不絕的素材。

二十餘年來，民俗傳說研究者蒐集了許多當代傳奇，創作了許多消遣類型的書籍以娛樂大眾。在這兒我們可舉出許多參考名單，在斯堪地那維亞（Klintberg, Virtanen）、荷蘭（Portnoy）、德國（Brednich, Fischer, Klintberg）、義大利（Bermani, Carbone）、英國（Dale, Smith）、南非（Goldstuck）與美國（Brunvand）。在法國，根據尚諾艾・卡普弗瑞（Jean-Noël Kapferer）的研究，許多美國出版的書將謠言以有趣的方式歸類整理成集（Dickson et Goulden, Morgan et Tucker），這還不包括有關不尋常媒體報導的彙編以及新聞剪報的蒐集，從這些資料裏，我們可以發現數量驚人的當代傳奇（Delaloye, Vergez）。這些著作讓我們認識當代傳奇。

面對眾多可以解讀這個世界但同時也需要詮釋的文字書寫，為了這本書，我們必須作一個選擇。長期以來，作者盡全力克制撰寫一本百科全書的強大誘惑，因為我們根本不可能分析研究得既深入透徹，又涵蓋到每一個面向。我們放棄一些與法國幾乎毫無關係的傳奇，像是一些關於撒旦邪教犧牲嬰兒罪行之類令人心生惶恐的敘事；或是有關萬聖節化妝討賞的美國小孩從鄰居那兒收到有毒糖果的謠言。我們同樣地將一些現代神話排除（所有關於可怕的雪人、古代的星際飛航員、湖中怪獸、外星人以及神祕的百慕達三角的故事）。

本書的章節以法文篇名之字母次序排列，從字首爲A的「鱷魚」，到字首爲V「上當的小偷」。這種專斷的秩序似乎能配合記憶操作的邏輯，因爲這些自然產生的敘事標題雖然只是一個簡短句子，但往往能勾勒出整樁故事。

我們希望在書中能平衡敘事與評論的分量。每一個章節裏，在一段敘事的記載或摘要的故事劇情之後，我們將介紹隱含其中一些可變的原則，並強調一些不變的特性。我們會自我檢討這樁敘事的眞實程度，審視那些尙合情理或値得相信的部分，以及混淆眞實與虛構的部分。然後我們將揭露這個敘事散布傳播的社會文化脈絡：它在何時、何地有所迴響？是誰在傳布？最後我們解釋它的動機與主題。每一章節之後都附有參考文獻，一方面呈現這件敘事相關研究的重點，一方面也載明我們的資料來源。

【參考文獻】

Nicole BELMONT, 《Le folklore refoulé, ou les séduction de l'archaïsme》, *L'Homme*, 97-98, 1986, p. 259-268.

Gillian BENNETT, *Traditions of Belief Women, Folklore and the Supernatural Today,* Londres, Penguin Books, 1987.

Jacques BERLIOZ, 《L'homme au crapaud. Genèse d'un exemplum médiéval》, *Tradition et histoire dans la culture populaire,* Grenoble, Centre alpin et rhodanien d'ethnologie, 1990, p. 169-203.

Cesare BERMANI, *Il Bambino è servito. Leggende metropolitane in Italia,* Bari, Dedalo, 1991.

Rolf Wilhelm BREDNICH, *Die Spinne in der Yucca-Palme*：*Sagenhafte Geschichten von heute, Munich, Beck, 1990.*

-,*Die Maus im Jumbo-Jet*：*neue Sagenhafte Geschichte von heute,* Munich, Beck, 1991.

Jan Harold BRUNVAND, *The Vanishing Hitchhiker. American Urban Legends and their Meaning,* New York, Norton, 1981.

-, *The Choking Doberman and Other* 《*New*》 *Urban Legends,* New York, Norton, 1984.

-, *The Mexican Pet. More* 《*New*》 *Urban Legends and Some Old Favorites,* New York, Norton, 1986.

-, *Curses! Broiled Again. The Hottest Urban Legends Going,* New York, Norton, 1989.

Maria Teresa CARBONE, *99 leggende urbane,* Milan, Arnoldo Mondadori, 1990.

Rodney DALE, *The Tumour in the Whale. A Collection of Modern Myths,* Londres, Duckworth, 1978.

-, *It's True, it Happened to a Friend: a Collection of Urban Legends,* Londres, Duckworth, 1984.

Laurent DELALOYE, *Quelle planète! Dix ans de faits divers incroyables et authentiques,* Lausanne, Kesselring, 1988.

Paul DICKSON et Joseph GOULDEN, *There Are Alligators in Our Sewers and Other American Credos,* New York, Dell, 1983.

Helmut FISHER, *Der Rattenhund: Sagen der Gegenwart,* Cologne, Rhein-land-Verlag, 1991.

Raoul GIRARDET, *Mythes et mythologies politiques,* Paris, Le Seuil, 1986.

Arthur GOLDSTUCK, *The Rabbit in the Thorn Tree:Modern Myths and Urban Legends of South Africa,* Londres, Penguin Books, 1990.

Jean-Noël KAPFERER, *Rumeurs. Le plus vieux média du monde,* Paris, Le Seuil, 1990 [1987] coll.《Points actuels》.

Bengt af KLINTBERG, *Rattan i pizzan. Folksänger i var tid,* Stockholm, Norstedts, 1986.

-, *Die Ratte in der Pizza und andere moderne Sagen und Grosstadt Mythen,* Kiel, 1990

Hal MORGAN et Kerry TUCKER, *Rumor,* New York, Penguin Books, 1984.

-, *More Rumors,* New York, Penguin Books, 1987.

-, et Marc VOLINE,*Vraies ou fausses? Les rumeurs,* Paris, First, 1988.

Ethel PORTNOY, *Broodje Aap. De folklore van de postindustriele samenleving,* Amsterdam, 1987.

Paul SMITH, *The Book of Nasty Legends,* Londres, Routledge and Kegan Paul, 1983.

-, *The Book of Nastier Legends,* Londres, Routledge and Kegan Paul, 1986.

Michel VERGEZ, *Un monde fou, fou, fou. Les dépêches de l'AFP,* Paris, Balland, 1985.

-, *Faits divers. Un étonnant portrait du monde,* Paris, AFPLieu commun, 1990.

Leea VIRTANEN, *Varastettu isoäiti. Kaupungin Kansantarinoita,* Helsinki, Tammi, 1987.

紐約下水道裏的鱷魚

在紐約市下水道裏有一些長大了的鱷魚。最早的時候是有人在到佛羅里達州度假時，從可愛小寵物專賣店裏將這些鱷魚買來帶到紐約，但後來因爲厭倦而把它們沖入抽水馬桶丟棄（一九六〇年代）。

——《可能是真的》（Probablement vrai），Morgan et Tucker 1988, p. 180*

以上這段摘要重點式地介紹了當代傳奇中最有名與流傳最廣的故事。從地球的這一端到另一端，幾乎每個人都知道這件怪異的故事，也都聽過別人訴說它發生的原委。

我們以一九八〇年代中期的版本來檢視這椿傳奇的幾個主要情節：鱷魚以店售小寵物的身分從佛羅里達而來；經由抽水馬桶被放逐；在下水道裏存活且成長。鱷魚的一些特徵因此浮現：失明與白化症（這些鱷魚在暗無天日的新環境裏，漸漸失去視力，同時身軀也變得蒼白），同時變得非常兇猛殘暴（因爲它們是城市下水道裏各種暴力的攻擊對象）。

在一九六〇年代末，加州大學柏克萊分校的學生們爲這件傳奇增添一項變數：在紐約的下水道裏，據說確實可以發現一種品質很好的大麻，就叫做「紐約白大麻」。這些大麻植物是在一段警察強烈掃盪毒品期間，被人丟到抽水馬桶沖進下水道裏，居然就在這個新環境裏茂盛成長了。可惜的是，採收這些大麻的難度非常高，因爲下水道裏同時還有巨大危險的鱷魚……

在有關大麻說法出現的十餘年間，這個變數給了年輕族群參與轉化這件傳奇的藉口。於是在學生們中，不管它們是否來自紐約，在飲酒作樂且大麻煙霧繚繞的場合裏，這個故事都可使得紐約的名氣更響亮，並增添一些集體的奇幻氣氛：

有一回，伴隨著一些好朋友，我們在街上閒逛，並且開始試著解釋爲什麼冬天下水道的出口會冒煙。我們想像，被人從抽水馬桶裏沖掉丟棄的大麻、嬰兒和鱷魚統統都長大了，在下水道裏長大的孩子大麻菸癮愈來愈重，抽得愈來愈凶，而且騎著鱷魚到處兜圈子，因此下水道會冒出煙來。（Brunvand 1981, p. 95）

揉合了戲謔玩笑與惶惶不安，這段展現豐富創造力的敘事出自一位紐約學生之手，一九七八年被蒐集彙編。

從此，這個故事傳布到整個世界，而令人不安的情節一再地被強調。一九八二年，就有一

＊為了方便讀者查閱，我們在此標註引用原文之作者姓氏與出版的時間，讀者可以在每一章節的最後，發現有關這個主題的完整參考文獻。

些持續激烈的論戰環繞著法國南方的鱷魚養殖計畫——這個計畫使用法國波列納（Bollène）地區「提卡斯坦」（Tricastin）核能中心所排放出來的熱水來飼養這些冷血動物，結果引發了許多宣稱在隆河（Rhône）、在加爾省（Gard）看到爬蟲動物的檢舉函。也有人信誓旦旦地確認加隆河（Garonne）裏食人魚的存在（*Le Monde*, 31/8/1991），這些食人魚就像其他稀有寵物一樣由國外進口，然後被它們的主人任意放生。

鱷魚已經變成了當代都市奇幻異想的共同主題。在一九七〇年代的一本名叫《地下世界》的集子裏，我們發現一篇由吉伯・拉斯寇爾（Gilbert Lascault）所撰寫〈地下之下的謊言與恐嚇〉的文章：

所有的下水道工人們都知道，在聖馬歇爾大道之下，有一個走道禁止任何人進入，入口處日夜有三個戴著面罩的武裝警衛守護。從這裏進去，是一個迷宮似的水路網，有一艘架設輕機槍的摩托船在此繞行監視，而你相信嗎，一大群蒼白而飢餓的鱷魚就在那兒游來游去。

（Lascault, 1973, p. 5）

在一段比較不那麼注重遣辭用句的文字裏，法蘭斯瓦・馬斯佩侯（François Maspero）因為他在巴黎近郊的勘查，相信已經發現無所不在的鱷魚最近的蹤跡：

途經聖丹尼區。
是不是就在這一天，晚上相當晚的時候，在市政廣場上的披薩店裏，有人告訴他一些鱷魚聚集在拉維雷特的下水道，並且就在城市暖氣管線系統的出口？法蘭斯瓦的筆記總是含糊不清。

（Maspero, 1990, p. 264-265）

在佛羅里達，這個故事在一九五〇年代末就已經存在，我們可以確定一位在一九五八年時年僅十歲的小女孩甘奈斯・西格潘（Kenneth Thigpen），曾聽過許多次同儕間傳述紐約人——這些北方洋基佬觀光客——有多麼愚蠢。這些傢伙不曉得應該跟鱷魚這種危險的爬蟲類保持謹慎的距離。他們把鱷魚帶回家，養在浴缸裏，然後以丟到抽水馬桶沖掉的方式擺脫它！但是鱷魚因此入侵下水道。

每個人都不禁自問：這種說法是不是有一部分是眞的？在紐約，確實曾有一條鱷魚在哈林河畔的一個下水道出口處，被一群住在一二三街的年輕人捉到，這個新聞就刊登在一九三五年二月十日的《紐約時報》上。在一九三〇年代，還有其他的鱷魚在紐約或附近地區被發現，其中之一在布魯克林的一個地鐵車站，一些在布朗士區的幾條河與東河裏，另一些則在郊區的湖裏。在一九三八年八月十六日，《紐約時報》即宣稱一個週末之內，漁夫們密集地在新羅契爾的胡格納湖捕到五隻鱷魚。

在一九三五到一九三六年，紐約下水道管理總監組成一個特別的公司來消滅管線裏的動物，公司的員工們一邊工作一邊喝著威士忌酒壯膽。這個公司的掃蕩行動相當成功，鱷魚在一九三六年底就在下水道裏消失，因此過去有關鱷魚的陳舊事實似乎很快被人們忘記。當一九五九年，一位《紐約時報》體育記者羅伯・達利（Robert Daley）出版一本《城市底下的世界》的書，以一整個章節介紹一九三〇年代紐約下水道裏的鱷魚時，招致很多嘲笑。批評這書的人都談論鱷魚，但是只有極少的人提到管理總監的掃蕩功績。達利本人在《紐約時報雜誌》發表這本書的書摘時，也忘了提及一九三〇年代鱷魚入侵的事件已經被一場成功的掃蕩給終結了。

鱷魚傳奇最後是以文學的型態正式發表。一九六三年，小說家湯瑪士・平雄（Thomas Pynchon）以此做爲新出版小說《V》的主題，比起前面幾本，這本小說顯然非常成功。小說主題展現的方式相當傳統：

> 你還記得那些鱷魚寶寶嗎？去年，或者是前年，紐約所有的年輕小伙子都在搜索這些小鱷魚們。在瑪西的店裏，一隻小鱷魚的售價爲五十美分，每一位小朋友都想擁有一隻。但是小朋友們卻厭倦得非常之快，有些就把鱷魚棄置在馬路上，大部分則將它們丟到抽水馬桶沖走。然後鱷魚們長大、繁殖，靠下水道裏的垃圾和老鼠維生。它們變得盲目且蒼白，充斥在下水道的每一處，天知道地底下一共有多少隻鱷魚！有些鱷魚開始吃人，因爲它們所在的地下角落，老鼠不是被吃光，就是全被嚇跑了。
>
> （Pynchon 1963, p. 43）

但是緊接著，作者開始創造並上演兩隻一組的「鱷魚突擊隊」，一隻負責掩護，另一隻主動攻擊，它們潛在下水道的深處，合作搜尋獵捕各種危險的野獸怪物。

面對這種地底下的冒險故事，我們是否可以從中讀出一些關於民俗傳說典型主題，例如「屠龍傳奇」、「被綁架的三個公主」以及「孿生兄弟」或「骨肉親兄弟」，這些關於英雄在地底世界裏追逐巨龍情節的主題？甘奈斯．西格潘，建議我們進行這種解讀的一位民俗傳說研究者，她發現《V》這部小說的結尾並未落入「勝利主義」、「英雄主義」的窠臼，而回到現代性：鱷魚最後被殺了，但是殺他的人深覺後悔，並且認爲自己做錯了。

這些以不尋常的面貌出現的敘事其實有著眞實的基礎，因爲把小鱷魚當作家庭寵物這種開場白，在美國與法國都曾經存在，事實上現在依然存在。

大部分的人進口從佛羅里達沼澤捕捉到的野生小鱷魚，飼養長大後賣給皮革加工廠，在一九三〇年代是一項相當興盛的活動。一位法國西部普瓦圖地區年輕人所寫刊登在地方性雜誌《大嘴巴》的文章中，提到他曾在往來紐約與佛羅里達州捷克森維爾市的夜行火車裏，碰到一位販賣鱷魚的商人。這個鱷魚小販以袋子裝著無數隻活生生的小鱷魚運送，宣稱要賣給那些喜歡標新立異的紐約客。這些紐約客把小鱷魚當作寵物飼養，而當鱷魚長得過大之後，他們再想辦法找到買主把它賣掉。這種「家庭寵物」的逃脫或放生，無疑可以做爲這段期間紐約持續出現鱷魚的原因。

鱷魚出現在不屬於它的地方不是只發生在紐約。在法國，小鱷魚常被當作寵物，大鱷魚則被送到馬戲團展示。在一九八八年筆者所進行的訪問調查中，文森區的動物園負責人指出，巴黎地區的動物園平均每年會收到警察送來的三隻鱷魚，它們多半是在市區的公共空間裏被發現。其實，就統計數字而言，發現鱷魚的數量遠少於蟒蛇（平均一年發現十二條）、猴子（一年十二隻）、蜥蜴（二十四隻），以及一年發現數量超過一百隻的龜類動物。但很顯然，在巴黎地區發現一隻鱷魚已經成爲一件常見而且相當平常的事了。

媒體常會報導巨蚺或者其他種類蟒蛇經由建築物管道潛入住宅的新聞。通常這種報導有一套刻板情節：野獸經由廁所或浴室管道，出現在單身女子的公寓裏。如同紐約的傳奇，一九八五年九月二十六日巴黎的下水道裏捕獲一隻鱷魚。因爲這是一件大事情，全國性報紙《法國·夜晚》刊出相關照片，並理所當然地重提紐約傳奇：

> 許多年前，在紐約，流行在家裏飼養爬蟲類寵物。但是因爲這類動物成長迅速，令人不安，許多主人就把它們丟到廁所沖掉。結果，幾個月之後，曼哈頓下水道裏鱷魚們萬頭鑽動……

大文豪維多·雨果在《悲慘世界》這部小說裏，藉由巴黎現代下水道系統的創造者布魯涅索（Bruneseau），展現帝國半下流社會的英雄事蹟，並揭露地底下的怪異世界：

> 在布魯涅索從上游走到下游的探險旅程裏，（……）我們在下水道裏零星發現一些如蜂巢

般的古老單人囚房，而在巴黎法院下方的這一區數量尤其多，這些就是惡名昭彰的「黑牢」。其中一間牢房牆上還遺留著古老刑具「鐵頸圈」。未來我們會將它們全部封死。有一些新發現讓人覺得怪異：其中之一是一八〇〇年巴黎植物園遺失的一具猩猩骨骸，它遺失的原因，可能與十八世紀末在聖貝納爾教派修院所在的聖貝納爾街著名的惡魔現身事件有關，這可憐的惡魔最後被驅逐到下水道裏去了。

（Hugo, 1951 [1862], p. 1292）

就在最近，諷刺性的滑稽周刊《巴黎的一天》以極度認眞的方式描述，一頭名叫伯納的鱷魚，原出生於拉丁美洲的圭亞那，幼小時遭捕獲轉賣到巴黎，然後再被它的主人丟棄三年之後，現在成爲游走於下水道與塞納河之間的巴黎明星，在塞納河上乘坐觀光船遊河的眾多觀光客，一看到它就鼓掌歡呼。因爲鱷魚伯納有許多英雄事蹟，它拯救了跳河自殺的人們，以及在下水道裏遭遇危險的清潔工人。

於是我們瞭解，這樁傳奇的成功之處不在於眞實性，而在於它的象徵性價値、它所蘊含的豐富意義。

爲大眾文化或菁英文化服務的藝術家、影像與故事的創作者們，立刻察覺到紐約下水道鱷魚這樁傳奇的發展潛力，並將此一潛力大大地發揮。前面提到的小說家平雄就是一例。一九六七年，英國電影《閣樓》就將這個故事的象徵性價値展現在世界觀眾面前。銀幕上壞人的殘忍形象——這些壞人在整個週末期間殘暴地凌虐一對住在閣樓裏的年輕夫妻——是以與紐約下水道鱷魚形象疊映的方式呈現。這些壞人向受害者解釋，他們既然被丟棄在充滿敵意的世界裏，因此必須冷漠無情地在我們這個野獸國度裏掙扎求生。

一九七〇年代，這個故事在好幾個電視劇中重複出現，喜劇演員亞特・卡爾尼（Art Carney）還在其中兩齣名爲《貝尼・米勒》（*Barney Miller*）與《蜜月客》（*The Honeymooners*）的劇中扮演下水道工人。一九八〇年，美國人以同樣的主題拍攝了一部名叫《鱷魚》的恐怖電影，這部電影在法國上映時更名爲《不可思議的鱷魚》：在這個敘事裏，小鱷魚在被丟棄於下水道裏十二年之後，因爲遭受化學物質污染，以及實驗室不慎流出的特殊荷爾蒙的影響，變體成爲巨大異常的怪獸，從下水道爬出，在曼哈頓街上橫行，屠殺擋住它去路的一切生物。在這兒值得注意的是新的生態變數，動物因爲受到污染而變得危險。

爲什麼這個故事出現之後變得深具象徵意義？爲了回答這個問題，我們必須分析成功的關鍵元素，故事結構中有兩個具有強烈象徵力量的素材：鱷魚和下水道。

鱷魚在象徵性動物寓言裏，代表著純粹的攻擊性，一位諷刺漫畫家只要畫出一張凶殘貪婪的大嘴，大家會立刻明瞭這張嘴所代表的動物。從民俗文化學精神分析的角度詮釋，城市下水道裏的鱷魚反射出我們對於雄性閹割永遠的焦慮。支持這種詮釋的人們往往認爲這是一個關鍵——然而這個關鍵太常見了，幾乎可以說是普遍存在於所有的主題中。爲了支持這個論點，米蓋爾・凱羅爾（Michael Carroll）就一項不變的論述自問：鱷魚是經由抽水馬桶被丟棄到下水道的。鱷魚並不是一種常見的家庭寵物，它絕對不是小貓咪、白老鼠這類討人喜歡的小動物；

但是另一方面，這卻又使得它被直接丟棄在街邊下水道口的事變得十分合理。

由此推論，我們可以說是鱷魚與抽水馬桶的組合，創造了這個口耳相傳與文字紀錄的故事，它等同於一項令人滿意的象徵事物。更精確地說，它是一系列的象徵事物，因爲鱷魚被認爲就像所有爬蟲類一樣會分泌黏液、令人感覺噁心的動物＊，在這個故事裏它是糞便的替代品，經由抽水馬桶這個路徑，將閹割去勢憂慮感覺像排便一樣地排解出去。傑伊・麥契林（Jay Mechling）曾提出一套象徵性行爲的綜觀看法，並以鱷魚做爲立論基礎，他舉例闡述，在佛羅里達州的遊樂園裏，遊客們喜歡以將自己的臀部塞進鱷魚標本張大的巨嘴裏的姿勢拍照，許多留念明信片也以此爲主題，證明了在美國版的動物預言裏隱含著「鱷魚／去勢」的象徵相依關係。另一方面，他也引用了一句英文俚語「When you're up to your ass in alligators」——這句話逐字翻譯爲「當你將自己的臀部塞進鱷魚群裏」——其意同樣有閹割攻擊的意思（同時其中含有強烈的焦慮涵義）。下水道鱷魚傳奇的變形版，收錄於迪克遜（Dickson）與古爾登（Goulden）合編之傳奇文集中，有關鱷魚從下水道爬出來，攻擊使用公共廁所的紐約人的故事，也強化了同樣的訊息。

＊在《蟒蛇與人類》（*Des serpents et des hommes*）這本著作裏，戴斯蒙・模里斯（Desmond Morris）以引用人們當時關於蟒蛇的熱情與著迷，來確認這種象徵。

恐怖的鱷魚們是在大城市的下水道裏出沒的。下水道是令人不安的，它是集中所有都市濃縮廢棄物的地方。我們再回到維多・雨果，他在他的幻想性創作裏，先驅地提出大型現代都市地下世界的戲劇性概念。

> 在這個世紀一開始，巴黎下水道仍然是一個神祕的場所。它的出口從來未曾嚴密地關閉，而它的名聲惡劣到令人害怕的地步。巴黎隱隱約約知道在它的底下，有一座恐怖的洞穴。（……）科學與迷信在對其之厭惡上達成一致的立場。（……）修道士布律（Moine-Bourru）就是在穆法達爾下水道充滿惡臭的拱形出口下誕生；未成年夭折的小男孩屍體則被棄置在巴希里的下水道裏。
>
> （Hugo, 1951 [1862], p. 1289-1290.）

下水道是一個危險的，充滿細菌、害蟲與惡獸的場所。爲數眾多有關老鼠的傳奇故事，足以證明這一點。在當代社會，關於生態憂慮的升高更加重了這一類的不安。許多幻想出來的奇異情節就在這種空間裏上演——下水道裏的動物因爲遭受污染而變形，攻擊性與體型都變得異常增長。關於紐約下水道鱷魚的傳奇其實僅做了幾處小修改：失明、白化症、更加地凶殘。至於巨鱷，一直要到恐怖電影裏才出現。紐約下水道裏因爲核子污染而變形的忍者龜，是爲了吸引年輕的觀眾而依據鱷魚故事所改寫的。

無論在傳統的或當代的傳奇故事裏，一些看起來不相干的象徵元素往往蘊含著共通的意義：鱷魚象徵著波濤洶湧水流底下所暗藏的攻擊性，喜歡被撕裂了的獵物；下水道則是人造的泥濘、充斥著腐臭物的沼澤。

下水道鱷魚傳奇的特徵之一，是它並沒有被個性化而成爲僅僅在朋友間流傳的軼事趣聞。這是不是因爲它一出現就能取信於人，不需要一些眞實事蹟來補強？

除了呈現閹割焦慮的心理分析詮釋之外，這個傳奇也可能有其他的解釋。這是一樁有關被人類虐待之動物復仇的寓言故事。鱷魚被丟到抽水馬桶裏，經歷一種厭倦與倉促的遺棄過程，來到充滿敵意與嫌惡的下水道世界。原來在飼主住所裏，它就像家庭寵物一樣喜悅地享受安和寧靜；但被棄置在下水道之後，它又必須重新變回蠻橫殘酷的野獸。

這同時也是一種人們不可能完全主導原始自然的隱喻：原始自然隨時準備出現在我們的門前，或者出沒在我們的腳底下。城市是文明與秩序的表現，而地底下則相反，流竄著不可控制的自然力量。

我們能夠繼續相信城市是一處展現文化的均衡場所地談論它嗎？傳奇就像一種評論缺乏人性現代大城市之危險性的敘事，一種形容城市是充滿匿名嘶吼回音之叢林的隱喻。因爲在缺乏人性的現代大城市裏，居民們其實很接近原始野獸。這可以解釋爲什麼這樁傳奇會在最具代表性的城市——紐約，都市暴力之城——生根茁壯。

坎皮儂・文森　撰文

【參考文獻】

Jan Harold BRUNVAND, *The Vanishing Hitchhiker,* 1981, p. 90-100.

Véronique CAMPION-VINCENT, 《Légendes urbaines et représentations de la ville》, *Ethnologues dans la ville,* Paris CTHS, 1988, p. 125-132.

Michael CARROL, 《Alligators in the sewer, dragons in the well and Freud in the toilet. Some contributions to the psychoanalytic study of urban legends》,*The Sociological Review,* 32, 1984, p. 57-74.

Peter COLLINSON, *The Penthouse,* film britannique, 1967, 90 mn, scénario de Peter Collinson tiré d'une pièce de C. Scott Forbes, *The Meter Man.*

Paul DICKSON et Joseph C. GOULDEN, *There Are Alligators in Our Sewers and Other American Credos,* 1983.

Gary Alan FINE, 《The Kentucky fried rat: legends and modern society》, *Journal of the Folklore Institute,* 17, 1980, p. 222-243.

France-Soir, 26 septembre 1985, 《Le crocodile des égouts de Paris s'est bien défendu》.

Victor Hugo, *Les Misérables,* Paris, Gallimard, 《Bibliothèque de la Pléiade》, 85, 1951 (1862), livre II, p. 1289-1290 et 1292.

Jour de Paris, 5 mai 1992, 《Ce crocodile est un héros! Bernard le crocodile a déjà sauvé plusieurs désespérés de la noyade!》

Gilbert LASCAULT, *Un monde miné*（*Mensonges et menaces de l'en-dessous*）, Paris, Christian Bourgois, 1973, p. 5.

François MASPERO, *Les Passagers du Roissy-Express,* Paris, Le Seuil, 1990. p. 264-265

Jay MECHLING, 《The alligator》, in Angus K. Gullepsie et Jay Mechling（eds）, *American Wildlife in Symbol and Story*, Knoxville, The University of Tennessee Press, 1988, p. 73-98.

Hal MORGAN et Kerry TUCKER, *Rumor!,* 1984, p. 149-153.

- et marc VOLINE, *Vraies ou fausses? Les rumeur*, 1988, p. 180-185.

- Patrick B. MULLEN, 《Modern legend and rumor theory》, *Journal of the Folklore Institute,* 9, 1972, p. 95-109.

Andrée RENARD, 《Petite histoire à l'usage des quelques personnes qui n'ont pas visité la Floride》, *La Grand'Goule,* Poitiers, 23, 1932, p. 13-15.

Kenneth A.THIGPEN, 《Folklore in contemporary American literature: Thomas Pynchon's *V.* and the alligators in the sewers legend》, *Southern Folklore Quarterly,* 43, 1979, p. 93-105.

生吞活物

一位女子的胃中取出一隻重達一．八公斤的青蛙。

（……）瑪麗安．珂絲（Marianne Kosse），二十九歲，起先自己也無法解釋爲什麼一隻巨大的蛤蟆會選擇住在她的胃裏頭，後來她才想起來在一場宴會裏，在酒醉恍惚的狀態下曾吞下一隻蝌蚪。

「蝌蚪就待在胃裏，並且蛻變成長成青蛙。」吉爾．雷畢德醫師（Dr Giles Lebideux）說明道：「更糟糕的是，青蛙厚韌的皮膚保護它免於胃內消化液的侵蝕。這隻青蛙以女子吞嚥的食物維生，不虞匱乏，因此體型變得十分巨大。」

事件最早發生在瑪麗安的生日宴會上，有一位朋友挑釁，打賭她不敢吞下從附近沼澤捉到的蝌蚪。剛開始瑪麗安十分遲疑，但是幾杯酒下肚之後，她變得勇氣倍增。「我通常不會做這類怪異的事。」她解釋道：「但是蝌蚪是如此之小，我想它應該不會對我造成任何不舒服。我一口把它吞下，沒有任何感覺。」

瑪麗安很快地將這份倒胃口的食物拋諸腦後，直到幾個月之後，她開始感到不適。瑪麗安回憶道：「不管我吃什麼，我的身體變得越來越虛弱，就像營養不足似的。同時我的腹部顯得異常，甚至可以聽到一種奇怪的聲音從胃那兒傳出。整天我都有強烈的噁心嘔吐感，就好像有什麼怪物在我的肚子裏蠕動翻滾。」瑪麗安的醫師爲她進行超音波攝影診斷，發現有一大團東西在她的胃裏遊走。因爲擔心這是一種怪異的癌症腫瘤，雷畢德醫師立刻爲瑪麗安進行手術。（……）目瞪口呆地，外科醫生驚恐地看見一隻前所未見的巨大青蛙，從瑪麗安的胃裏跳出來，跌落在手術房的地面上。

醫生將瑪麗安的腹部縫合，根據醫院的診斷，目前她的身體狀況良好。而令人震驚的是，青蛙也十分健康。這隻青蛙體型爲同屬青蛙的兩倍大，現在是法國亞爾（Arles）當地動物園裏的明星。

——《太陽報》，一九八九年十二月十二日，p. 15.

這篇發表在美國報紙上的新聞報導，是一個虛構的事件，卻是一件眞實的傳奇。這個故事被假設發生在遙遠的法國，因此無從查證！但是逐漸有一些累積的反證：在亞爾地區，甚至在亞爾所屬的整個省分裏，沒有人認識故事裏的主角們（他們的名字也並非眞是法文慣用字，而是從法文名字變形轉化而來，Kosse應該來自於法文的Causse，Giles Lebideux其中的名在法文裏多一個「l」，應作Gilles Lebideux）；亞爾並沒有動物園；蝌蚪不可能在胃裏存活……，因此，我們立刻可以獲得一個結論：這個故事不是眞的。

另一方面，這個故事的結構完全符合一種盎格魯・撒克遜的傳奇類型《腹中之蛇》（Bosom Serpent）。如果不考量發生地點與狹義的情節內容，吉立安・班納特（Gillian Bennett,

1991）彙整出下表，呈現這個傳奇的順序特徵。

順序	亞爾的青蛙	可變因數
輕率的行為	進行愚蠢的賭注；喝醉酒；吞下一隻蝌蚪	飲用來自沼澤或河流的水；食用摻雜著動物的食物；在自然原野中睡覺、洗澡或排泄；魔法妖術或強迫罪行；罪孽報應
進入或在身體裏長大動物之特質描述	變成重達一．八公斤青蛙的蝌蚪，後來保存在亞爾動物園	蛇類、青蛙、蟾蜍、蜥蜴、蠑螈、鰻魚、章魚、蛔蟲、昆蟲、蜘蛛的蛋、幼體或成體，以及小家鼠或大老鼠
動物進入的入口	嘴	嘴、陰道、尿道、肛門、鼻孔、耳朵、皮膚
動物停留的器官	胃	胃、腸、陰道、尿道、直腸、心、肺、腦、皮膚
受害者的症狀	虛弱、消瘦、胃部鼓起、噁心想吐、胃內有聲響與異物移動	消瘦、身體某一部分鼓起、缺乏食慾或特別有食慾、虛弱、噁心想吐、感覺到體內有異物移動、搔癢、疼痛、死亡
動物移出	外科手術	嘔吐、灌腸、用計驅趕而出（禁食、吞食大量的鹽、水、牛奶、洋蔥、乳酪）、蠻力（用力擠壓）、分娩、外科手術、受害者死亡時移居體外

每一組可變因素的運作，往往得到近似的結果：對每一道順序而言，某一項變數很容易爲另一項變數取代，而故事的其他部分仍維持不變。這可以解釋不同的組合將造成故事非常大的變化，也因此若想依據型態來爲故事進行分類，有其困難。

體內動物傳奇的歷史與變化

基於某些寄生蟲存在於人體內的事實（條蟲、蛔蟲、蟯蟲、血吸蟲、線蟲），人們因此想像蛇狀動物可以在人體器官裏生存。「驅除蛔蟲」觀念的實踐至今仍可在大眾習俗中看到，例如有一種說法：小孩子在早上喝一小杯蒸餾酒或白葡萄酒，可以預防或醫治腹內出現蛔蟲。根據摩里斯・哈特（Maurice Rat 1957）的研究，這種「醫學迷信」出現得很早，一直可以追溯到中世紀時期。

十六世紀的醫生們認爲，胃裏的寄生蟲與心臟的寄生蟲都是由鼻孔進入的。從《一名巴黎布爾喬亞的日記》（*Le Journal d'un Bourgeois de Paris*）裏我們讀到，一五一九年，外科醫生在一位猝死不久女子的心臟裏，發現一條活生生的寄生蠕蟲，這條寄生蟲讓她的心臟穿孔。一五四八年，在《四分之一書》（*Quart Livre*）中，拉伯雷（Rebelais）描述一名嚴重痙攣的病人「就好像有蛇從嘴巴進入他的胃裏似的」。著名的外科醫師安布羅斯・帕雷（Ambroise Paré）一五六一年在巴黎曾揭露一樁騙局，一名女子宣稱肚子裏有一條蛇，事實上她是利用腹部肌肉的運動造成腹內有異物亂竄的假象。一六三九年，一份英國報紙頭條報導標題爲：「確切且眞實的證據顯示，一位二十一歲的紳士約翰・潘諾特（John Pennant）心臟的左心房裏發現類似蛇類的怪物」。幾年後，一六七五年，英國又流傳一個故事：一位鞋匠因爲長達十年持續難忍的腹痛而以匕首切腹自殺，結果隨著傷口湧出的鮮血，有一條長約成人手肘長度、寬約兩指的蛇流出來（Bennet 1991, p. 6-7）。

在十八世紀，一位傑出的智者觀察到被禁閉在石塊堆裏的蟾蜍仍能長久維生，因此推論這種頑強的動物也可以在人的胃裏生存（*Foaftale News*, 1987）。一七八〇年在英國，在一名年輕男人的肚子裏發現一隻蟾蜍。一七九〇年，一位女子吐出一條在她胃裏已經待了七年的蛇，原因是她曾食用黏附著蛇卵的芥菜。這條蛇後來還被送到藥劑師那兒以防腐劑保存，以便送往大英博物館展示（Wright, 1930）。

一八二二年在巴黎，聖路易醫院的醫生從一位農夫的心臟裏取出一條蜷曲的兩足怪蛇，經查證這名農夫曾在五年前吃下暗藏幼蛇的食物，這條蛇從此在他的胃裏居住下來（Barnes, 1972）。一八九六年在美國肯塔基州，一名女子腹痛嘔吐出一條三吋長的蠑螈，而大概很短的時間之前，她曾喝過直接從河中汲取的水（Barnes, 1972）。

這類故事並未在二十世紀裏消失，反而變本加厲。就像在古老時代一樣，這類故事在大眾化的報章雜誌上流傳，並每隔一陣子就引發迴響，特別是在盎格魯・薩克遜國家裏。一九一六年，在英格蘭格洛斯特郡，爲了醫治一位肚子裏有青蛙的女子，人們在這名女子的舌頭上放置一塊氣味濃烈的乳酪，結果青蛙因爲被美味吸引而從嘴裏跳出來（Schechter 1988）。一九三〇年代中期，在美國東岸，人們傳述著在一名年輕女子尿道發現章魚卵的故事（Bennet 1991, p. 26）。一九八〇年代，有一件趣聞軼事在美國加州流傳，一位少女顯露出一切懷孕的徵兆，檢查結果居然是有一隻活生生的章魚在她腹中（Brunvand 1984, p. 110-111）。

另外一些有關性主題的謠言，敘述對於口部受精或因爲游泳受孕的恐懼：「如果吞食男性精子，就可能懷孕」（Morgan 1988, p. 70）；「一個女人如果在公共游泳池裏游泳，有機會因此懷孕」（Morgan 1988, p. 70 et Roberge 1989, p. 81）。一九九〇年，樂蓋勒（Le Quellec）曾蒐集彙整法國普瓦圖（Poitu）與旺代（Ventee）兩個地區這一類的謠言：「我們闢建了一座裏頭有生猛精子的游泳池，在這兒游泳的女子將會懷孕。」（Le Quellec 1991, p. 70）。同樣的，男性也擔心會發生經由尿道的微生物或微小動物的感染或入侵。在有關梅毒傳染謠言最興盛的時候，許多男子在公共廁所小便時，都刻意斷續排尿，以避免梅毒病菌循著連續尿柱攀升爬上尿道（Le Quellec 1991, p.70）。一九六〇年代期間，巴黎謠傳在熱帶國家的河流裏，有一種雄性的魚，會受到噴灑至河裏尿液溫度的吸引，而循流鑽入卡在河邊灑尿人的尿道裏。

一九七〇年代末，北美洲傳佈著一則謠言，認爲某些減肥藥丸裏暗藏著絛蟲或蛔蟲（Tucker 1978）。這種謠言其中一個版本在法國流傳：

一位女子渴望減肥並嘗試各種不同的方法。有一天，她在一家商店裏注意到一則神奇產品的廣告。她立刻訂購並收到了一盒藥丸。這名女子服用了這些藥丸，但無意中將其中一顆遺忘在角落裏。在潮濕悶熱的天氣裏，這女子發現這顆藥丸膨脹變大了。她將藥丸拿去化驗，裏頭居然包著一粒條蟲卵。

（引用Le Quellec 1991, p. 59）

故事可以有不同的變形，例如當女子睡覺時，有一隻條蟲從鼻孔裏探頭出來；或是當她準備喝牛奶時，條蟲受奶香吸引從鼻孔裏鑽出。

相對於爬蟲類與兩棲類，昆蟲或蜘蛛同樣可能入侵人體。一篇由羅爾夫・貝德尼契（Rolf Brednich）所蒐集的德國故事《黑莓甲蟲》，就將這兩類動物結合在故事裏。它同時將食物裏不潔淨動物——特別是蛔蟲——這個主題，與人體內活生生動物的另一個主題結合在一起：

我們鄰居的一位女性朋友最近幾個月身體不舒服。她幾乎不想吃任何東西，而且日漸消瘦。到最後，她的體重已經減到三十五公斤！沒有一位醫生能診斷出她得了什麼病，因此她不斷地轉診。最後，一位醫生告訴他可能是胃出了問題。於是這位女子被送到醫院，醫生們爲她的胃開刀，結果在裏頭發現一隻仍然存活的黑莓甲蟲。估計這隻甲蟲在胃裏已經待了兩個月。回溯過程，一隻甲蟲在黑莓果實上產卵，這女子沒有洗淨就吃下已經含有幼蟲的黑莓，於是其中一隻幼蟲順利在胃中孵化成長爲甲蟲。即使如此，這位女子仍算是幸運的了。我丈夫的一位遠房長輩，幾年前去世。他一向身體健康，幾乎從未生過病。但是突然之間明顯消瘦，很快就過世了。

（Brednich 1990, p. 77-78）

昆蟲——螞蟻與蒼蠅——通常是從人頭部的細小入口，也就是鼻孔或耳朵，進入人體，然後產卵：

一位女子在户外進行日光浴時睡著了，一隻螞蟻爬進她的鼻孔，並在鼻竇部位產卵。當卵孵化後小螞蟻所造成的劇癢，讓那位女子不斷搔抓，幾乎把自己兩頰的肉撕裂扯下。

（Morgan 1988, p. 79）

接下來的故事，與一條小蛇由嘴進入嬰兒體內，留在他的胃裏享用母奶，最後長大而造成孩子窒息而死的故事十分近似：

夏天，一位母親讓自己的寶寶在户外休息，小嬰孩蓋著毯子睡在草地上，在媽媽不留神的當兒，一隻螞蟻爬進寶寶的耳朵裏。螞蟻產卵造成嬰兒死亡，受害者的腦部幾乎有一半被吃掉了。

（Brunvand 1981 et Roberge 1989）

至於蜘蛛，則在皮膚上產卵。有一個著名的傳奇《癤子裏的蜘蛛》：

一位女子在熱帶國家度假之後，面頰上長了一個小疣。這個疣癤日漸長大而且變得奇癢難忍，這女子用力搔癢，甚至把皮膚抓破了，結果傷口裏爬出一些小蜘蛛。原來這位女子曾被蜘蛛叮咬，而蜘蛛就在叮咬的地方產卵。

（Morgan 1988, p. 79）

還有關於頭髮——人造的或眞實的——的故事，頭髮因爲長久不梳洗，引來蜘蛛棲息其中，往往這些蜘蛛還有劇毒，最後發生蜘蛛叮咬頭髮主人的事件。一個類似但經過恐怖改寫的故事，敘述一個嬉皮死亡，原因是一隻住在他茂密長髮裏的小老鼠，居然鑽進他的腦部。

（Morgan 1988, p. 78）

有一些軼聞講述被迫鑽進人體的動物。在《酷刑博物館》（*Musée des Supplices*）這本書裏，羅蘭・維納夫（Roland Villeneuve）引用一本十六世紀義大利著作，描述新教徒利用山鼠折磨天主教徒的故事：「他們在受害者的腹部上倒扣一個盆子，裏面放著山鼠，然後在盆子上方燃火，受熱驅趕無處可藏，老鼠於是在受害者的腹部打洞，鑽進人體裏。」在歐塔夫・密爾波（Octave Mirbeau）所著的《酷刑花園》（*Le Jardin des Supplices*）裏，一位中國的劊子手用老鼠進行同樣的酷刑，他用火驅趕老鼠從肛門鑽進死刑犯的肚子裏。在美國諺言裏，快感則取代了痛苦，傳說一些男同性戀者會自願將沙鼠放進直腸裏。

以體內動物為主題的文學與電影作品

「腹中之蛇」的主題頑強地延續穿越好幾個世紀未曾消失，因此吉立安・班納特深入分析這類故事，以瞭解「現代傳奇」的情節與主題，以及古老傳奇如何「現代化」的過程

（Bennett 1985）。同樣地，哈洛德・謝契特（Harold Schechter）也曾發表一篇名爲《腹中之蛇》（*The Bosom Serpent*, 1988）的論文，說明傳統民俗傳說與當代大眾文化之間的主題連續性。

斯堤士・湯普森（Stith Thompson）所著的《民俗文學的主題索引》（*Motif-Index of Folk-Literature*）進行了傳統民間故事主題的型態學分析，在這本書裏，我們幾乎可以發現所有有關生吞活物主題的現代傳奇。其中一項主要分類《一種動物活在一個人的胃裏》，編號B 784，又被細分爲幾個小項：動物如何進入人體、動物如何進食生存、最後如何擺脫這動物。我們在此引用一些特別的例子：《一個人吞下蠑螈或青蛙的卵》（B 784.1.1）；《一個人食用蔬菜時連帶吞下蛇的精液或卵》（B 784.1.3）；《一名女子生吞章魚，而章魚在胃裏繼續長大》（B 784.1.4）；《一隻被吞入人體的蟑螂繼續繁殖》（B 784.1.5）；《一名女子吃了含有蛔蟲的李子，蛔蟲在人體內成長》（B 784.1.6）；《使用水或牛奶將人體內的蛇或青蛙引出》（B 784.2.1.1）；《一位醫生將病人胃裏的動物取出》（B 784.2.4）；《一條蛇進入一個人的直腸並使其萬般痛苦》（G 328）。

美國作家納塔尼爾・霍松爾（Nathaniel Hawthorne）的小說《自戀癖，或腹中之蛇》（*Égotisme, or the Bosom Serpent*）則是以文學展現人體內動物主題的具體做法。霍松爾在作品前言裏寫道：「在這裏，不只一次，我們證實自然現象被賦予道德上的意義」。十九世紀初，許多研究者（Barnes 1972）在他們於報章雜誌上所發表的文章裏，都曾嘗試確認霍松爾小說的故事源頭。這部小說講述一位冷酷無情地拋棄迷人妻子的年輕人羅德瑞克・艾利斯頓

（Roderick Elliston），他一點一滴地發現原來自己胸口裏潛伏著一條蛇。霍松爾同時以「崇拜我的怪獸」與糾纏這位年輕人的「內疚」來解釋這種象徵性的情境。小說的寓意很常見：一位充滿野心且行事毫無忌憚的政客掩護一條蟒蛇；守財奴與銅頭蛇（Copperhead）在同一個屋簷下生活——在這兒，「銅頭蛇」是一個有趣的雙關語，它既是一種美洲洞蛇的名字，「銅」又意味著「金錢」。

在其鄉野故事集《貝隆姆老爺的蟲子》（*La Bête á Maît'Belhomme*, 1886）中，摩帕松（Maupassant）並無任何道學說教的企圖，趣聞軼事只是呈現十九世紀大眾心理的一種包裝：

在諾曼地，大夥正在教堂裏虔誠祈禱的時候，一名農夫掏出手巾按在耳朵上，並且發出痛苦的呻吟。

「你的耳朵上有什麼，一個膿包？」

「我不知道它是不是個膿包，但我確定它是一隻蟲子，一隻大蟲子，它趁著我睡在穀倉乾草堆上的時候，鑽進我的身體裏。」

「一隻蟲子，你確定嗎？」

「你還問我確定嗎？我現在痛得就像在地獄一樣，神父！你看他正在耳朵深處啃咬著我。它在吃我的頭！你還問我確定嗎？它在吃我的頭！」

聚攏來幫忙的人們都深感興趣。每個人都有各自的建議。有人認爲那是蜘蛛。村裏的小學老師則認爲是毛蟲——當他六歲的時候，曾在奧恩省（Orne）的卡普幕瑞（Capemuret）看過一次類似的案例。那一次毛蟲是由耳朵進去，從鼻孔出來，結果那個人一隻耳朵因此變聾，因爲他的耳膜破了。本堂神父則宣稱：「這應該是一隻蛔蟲。」（……）「我相信那是一隻螞蟻，一隻大螞蟻！他正在咬我！神父，趕快幫我，趕快！」

在一家小客棧裏，大夥在病人耳朵灌滿調了醋的水，然後再將水全部倒在一個小木桶裏。結果眞的有一隻小蟲沉在木桶深處。貝隆姆老爺仔細凝視這隻蟲子，嘟噥一聲：「好了，死掉了。」然後吐一口痰在蟲子的屍體上。

幻想文學或電影廣泛地運用這個主題，以製造恐慌不安的效果。哈登斯．凱利雪（Hortense Calisher）的小說《心灼熱》（*Heartburn*，胃酸逆流造成的食道或胸腔灼熱），講述一種「活的東西」如何從一個人移居寄生到另一個人身上，只要後者不願意相信有這個「東西」的存在：

它們在這些人之間盤旋，在光滑的木製地板上，感覺上有東西在動，就彷彿桃花心木板上的紋路其中之一活動起來似的。在很短的時間裏，那個東西向前向後地摸索著，就好像是毛蟲在辨別方向的動作。然後它跳進醫生因爲看到這種不可思議的現象而驚恐張大、忘了閉上的嘴裏，消失了。（……）他小聲囁嚅地說：「這眞是讓人無法置信。」訪客舉起手，做出一個抗

議的姿態，以平靜的語調說：「剛好相反。」（Calisher 1964, p. 124）

在幻想電影裏，怪獸或外星動物鑽進並寄生在地球人體內，以控制他們的思想。著名電影《人體搶匪的入侵》（*Invasion of the Body Snatchers*, Don Siegel 1956, 1978重拍）——這部電影在法國上映時有一個差勁的譯名《褻瀆墳墓者的入侵》（*L'Invasion des Profanateurs de Sépultures*）——裏，「人體小偷」的文學意義更強了。在這部電影裏，外星怪物一個個占據男主角身邊的人們的身體。在《寄生謀殺案》（*The Parasite Murders*, David Cronenberg 1974）——法文名字《顫慄》（*Frissons*）——這部電影裏，危險的寄生蟲入侵住家，而被它們附身的宿主則變得既暴力又放蕩。哈洛德・謝契特則強調，《異形》（*Alien*, Ridley Scott 1979）這部電影最接近「胃裏動物」這個主題。

在一座陌生但曾發出危險警戒訊號的星球上探險時，一位探險隊的成員發現一批巨大的蛋。這位隊員逼近其中一個蛋仔細觀察，蛋突然裂開，一隻類似海蜘蛛的生物撲向他的臉，緊緊黏在上面。隊員跌倒昏迷。一會兒，那隻生物跌落地面死去。隊員甦醒後，覺得非常飢餓。返回基地後，這名隊員與其他同伴同桌進食，突然間他痙攣抽搐，腹部爆開，血肉模糊中跳出一頭像是具有食人魚牙齒的鰻魚般凶殘怪物。原來當最先那奇怪的生物黏在隊員臉上時，已經在他體內產卵，怪物是從體內孵出的。

從這一段情節裏，我們可以發現許多這個傳奇的面向：魯莽不小心的行爲、黏人的動物、在人體內產卵、在吃飯的時候動物跑出來。「黏人的動物」這個主題常在神話或民間故事中出現。賈克・培里歐茲（Jacques Berlioz 1990）曾根據一個十三世紀初的故事《蟾蜍人》（*Homme au Crapaud*），研究一個十分有趣的情節發展：

> 一位年輕人強逼父親賣盡家產，全部給他舉辦一場華麗的婚宴。失去房子之後，父親變得非常貧窮。一天，這個兒子坐在餐桌前準備享用一盤美味豐富的食物，父親前來敲門。兒子立刻把食物藏起來。父親離開之後，兒子找尋那一盤食物，結果美味變成了蛇與癩蛤蟆，它們跳到年輕人的臉與脖子上，並且緊緊地黏住不放。有的故事版本記載這個兒子從此身上滿佈蛇與癩蛤蟆，四處流浪至死；另一些版本則說他最後還是擺脫了這些怪物。（Berlioz 1990, p. 169）

我們注意到食物與動物之間的相通性，以及被選擇的動物種類：蛇與癩蛤蟆，這兩項特性都可以在現代有關「生吞活物」的故事中發現。「黏人的動物」在象徵意義上等同於「被吞下的動物」，它們的「寄生蟲角色」是一致的。中世紀傳道錄中的道德意涵——對忘恩負義兒子的懲罰、關於罪孽的象徵動物——遠比當代傳奇要來得強。最後，在現代的故事裏，將食物變成動物的「奇蹟」元素消失無蹤了。

驚悚電影《躲藏》（*Hidden*, Jack Sholder 1987）創造了一隻黏搭搭令人厭惡的怪物，寄生人體並導致宿主死亡，它從垂死的人口中爬出，蜿蜒爬到另一個人身上，作者賦予這種怪物惡毒的形象以及幾乎無法殺死的特性。

悲喜劇《艾爾麥腦筋錯亂》（*Elmer, le remue-méninges*, Frank Henenlotter 1987）講述一隻聰明寄生動物，能夠噴射出令人有快感的液體，並以人腦爲食物維生。

最後，有些電影採用更確切的主題：女子因爲怪獸或外星動物授精而懷孕。例如在《嬰兒血》（*Baby Blood*, Alain Robak 1989）一片裏，一條奇怪的蛇在熟睡的女子身上糾纏攀爬，後來女子發現自己因爲一個食用人血的生物而受孕，腹中所懷的胚胎當然也是一個怪物。

人體內動物的主題詮釋

主題的逼眞性奠基於人體裏確實可能有寄生蠕蟲存在，也因爲人們也許是自願、也許是意外，但的確可能吞食蛇類、兩棲類，甚至活生生的小動物。在過去，「生吞青蛙的人」曾是市集賣藝的焦點之一。而昆蟲鑽進人的鼻孔或耳朵裏，也是生活中偶爾會發生的眞實事件。傳奇就是事實推展到極致的延長：我們想像蛔蟲就是蛇虺；被吞下的動物還可以在人體裏苟延，甚至存活好幾年；在人體裏，蛋可以孵化，動物可以產卵……等等。就像摩帕松所強調的，這些故事引發「極大的興趣」，它們令人著迷是因爲它們體現了幻想、信仰與神話。我們以下將討論四個主要的題材：懷孕的幻想、穿透的幻想、野蠻自然的勝利、死亡的過程。

在大部分的故事裏受害者都是女性，這個現象並非巧合。傳奇的結構循著一種再生產的大綱：受孕（動物或卵的進入）、懷孕（動物在人體內部成長）與分娩（動物離開人體）。主要的症狀爲：腹部鼓起、食慾欠缺或高張、噁心想吐、體內有異動。故事也可能以男性爲主角，例如羅貝托・札佩利（Roberto Zapperi 1983）所特別關切的民俗傳說主題：《懷孕男子》。

蛇與青蛙的象徵同樣也反映出受孕意義，如同《象徵辭典》（*Dictionnaire des Symboles* 1969）裏關於「蟾蜍」與「蛇」的解釋條文。在許多傳統文化裏，蛇是男性生殖器的象徵，是受孕力量的代表，同時也是一種生命力的具體表現。一項關於希臘哲學家柏羅丁（Plotin）之死的傳奇，敘述他的靈魂以蛇的形狀從嘴部脫離身體。在古老文化的傳奇裏，重要人物的母親常常會遇到蛇：羅馬皇帝奧古斯都之母阿提亞（Atia）；亞歷山大大帝之母奧林匹亞斯（Olympias）；羅馬大將軍西庇阿（Scipion）之母；甚至在耶穌基督聖經記載之外傳說故事裏的聖母瑪麗亞！在黑色非洲，蛇的出現意味女子的受孕與土地的豐收：在達荷美（Dahomay），年輕女子在蟒蛇祭祀裏被祝聖，並依慣例在播種時節訂婚。在瑜伽密宗教義裏，「貢荼利尼」（Kundalini）是存在於每個人身上的宇宙生命力，它被象徵化爲盤在脊骨底部的蛇，透過一系列的修行，貢荼利尼可被喚醒攀升，而獲致精神解脫。

在克爾特人的神話裏，經常可以發現有關「口部受孕」的主題：女子在飲用泉水時，吞下一隻蠕蟲或一條小蛇，因此懷有一個嬰孩或一條蛇。（Le Quellec 1991, p. 67）有些信仰將蛇連接上女性月經：在非洲新幾內亞的一個猶太傳奇裏，月經是因爲蛇——女性與受孕之神——咬傷所致。在許多傳統社會裏，女性害怕蛇會因爲受到月經之血的吸引，鑽進她們的陰道或嘴裏，讓她們受孕，或者在她們體內產卵，甚至囓咬損壞她們的內臟。至於青蛙或蟾蜍，民俗傳說將外表近似的這類動物與胎兒聯想在一起：有時人們會暱稱一個可愛的嬰兒為「癩蛤蟆」。非洲的班巴拉人（Bambara）將女性人類胚胎比喻成青蛙類動物，男性胎兒則是小蜥蜴。

害怕被可見的或不可見的、自然或超自然的生物鑽進體內，是最古老與最普遍的人類恐懼之一。這就是為什麼大部分的傳統文化裏，都會有儀式或具有魔力的護身之物來保護人體的開口。口與耳無疑是最需要這類的神奇保護，這種保護功能比美麗珠寶的裝飾作用更重要。基於有關強迫性行為的聯想——性的攻擊者與受害者——體內動物的主題可以做為入侵、攻擊、玷污的象徵。這種象徵是由有關「夢魔」——在睡夢中玷污婦女的雄性魔鬼——邪惡占有與授精的古老故事合理化與現代化而來的。

蛇悄悄地入侵、蝌蚪成長、昆蟲飛繞，這些都是陌生人或「外來敵人」潛入的隱喻。電影《異形》以太空戰艦的形式出現，同時擁有「入侵人體」與「入侵地球」兩種意涵。在英文裏，alien這個字意味著「外人」，同時也有「反對」、「相反」的意義。在電影裏，異形是入侵者，是不受歡迎的偷渡客，事實上這部電影的副標題就是《第八位乘客》。外星人入侵的主題，在一九五〇年代反映了共產黨的威脅；在一九七〇與在一九八〇年代則反映第三世界移民潮的壓力與所帶來的危險。如同羅傑・凱伊洛斯（Roger Caillois 1938）所指出的，動物本能行為與人類的神話或幻想故事之間，有著神祕的連結。最符合人體內動物恐怖象徵的動物是「姬蜂」：這種昆蟲的產卵器特別發達，往往足以穿透樹皮，雌蜂在其他昆蟲的幼蟲身上產卵，卵孵出後姬蜂幼蟲就取食宿主的脂肪與體液而長大。

接著討論第三個主題：野蠻自然的勝利，獸性勝過人性。如果當代傳奇常揭露科技的危險性，它們也同時提醒我們防備不可馴服之自然的反撲。前面引述的故事裏，受害者都太接近自然了：她們喝下未經檢驗的水、睡在草地上、食用野生桑葚……。獸性進駐人體深處，居住其中的動物象徵著原始的、兩棲的、蠢動的生活。科學家們認爲包括人類在內的哺乳類是從兩棲類演化而來。而早在古埃及時代，人們相信蛇與蟾蜍象徵著從最原始的水裏自發而生的生物。

最後，人體內動物的主題象徵死亡的過程。受害者即使原來身體健康，也正逐漸衰弱瀕死，或有死亡的危險。如同吉立安・班納特所強調的，許多故事都曾提及醫生們的束手無策。人體內的動物是一種多疑的幻想，是啃食我們屍體的蛆蟲一種象徵性的表現，是一種對疾病原蟲的迷信。班納特注意到，有時我們會相信肺結核病可以因爲呑食蠑螈或它的卵而引起，而微生物可以想像成會鑽進人體的「微小動物」。這也是一種表達疾病的隱喻。古代的醫生一方面觀察星象徵兆，一方面則採用cancer——「螃蟹」的拉丁文名字——來描述所有折磨人的疾病：壞疽、梅毒、結核病、惡性腫瘤。當一位法國不列塔尼亞地方上了年紀的人要表達他的焦慮時，可能會使用「我的心裏有一隻螃蟹」這樣的俗語。多明尼克・厄德（Dominique Eudes 1992），一位對抗癌症的記者，曾寫道：「螃蟹（……）攻擊我左邊的腎和我的肺。（……）對我而言最困難的考驗，就是嘗試確定螃蟹還沒有在我腦袋裏築巢。」

在中世紀，蛇與蟾蜍意味死亡，並且以它們的骨骸做爲代表。基督教則以他們做爲淫蕩與罪孽的象徵。這個主題因此也代表「道德上的惡」。受害者因爲他們的犯錯行爲而被懲罰，在本篇一開始瑪麗安與青蛙故事的結尾是：「她好好地學了個教訓。」霍松爾認爲「腹中之蛇」象徵罪孽與悔恨：因此蛇總是坐落在心臟裏或心臟附近，那是被認爲支配情感的地方。在查理・貝侯（Charles Perrault 1697）所著的童話故事《仙女們》（*Les Fées*）裏，壞女孩被詛咒每次說話時吐出蛇與蟾蜍，好女孩則吐出花朵與寶石。而《躲藏》這部電影裏說的好：「就像在中世紀的韻文故事裏一樣，惡是一種實體，以行動展現，我們可以藉由結果辨認出來。」

荷納　撰文

【參考文獻】

Daniel R. BARNES,《The bosom serpent: a legend in American literature and culture》, *Journal of American Folklore,* 85, 1972, p. 111-112.

Gillian BENNETT,《What's "modern" about the modern legend?》, *Fabula,* 26, 1985, p. 219-229.

-,《The legend of the bosom serpent》, *Dear Mr. Thoms...,* 22, août 1991, p. 1-36.

Jacques BERLIOZ,《L'homme au crapaud. Genèse d'un exemplum médiéval》, *Tradition et histoire dans la culture populaire*, Grenoble, Centre alpin et rhodanien d'ethnologie, 1990, p.

169-203.

Rolf Wilhelm BREDNICH, *Die Spinne in der Yucca-Palme*, 1990, p. 77-78.

Jan Harold BRUNVAND, *The Vanishing Hitchhiker,* 1981.

-,*The Choking Doberman*, 1984.

Roger CAILLOIS, *Le Mythe et l'homme,* Paris, Gallimard, 1938 (rééd. 1972).

Hortense CALISHER, 《Le parasite》, *Histories insolites,* Paris-Tournai, CasTerman, 1964, p. 109-125.

Jean CHEVALIER et Alain GHEERBRANT（dir.）, *Dictionnaire des symbols, Paris,* Laffont, 1969.

Dominique EUDES, 《J'ai été un cobaye heureux》, *Paris-Match*, n° 2241, 7 mai 1992.

Foaftale News, 6, juillet 1987 (Paul Smith, cité par Bennett 1991, p. 8).

Jean-Loïc LE QUELLEC, *Alcool de singe et liqueur de vipère,* Vouillé, Geste Éditions, 1991, p. 57-71.

Octave MIRBEAU, *Le Jardin des supplices*, Paris, Fasquelle, 1957, p. 188-193.

Hal MORGAN *et alii*, *Vraies ou fausses? Les rumeus,* 1988, p. 70, 78-79.

Ambroise PARÉ, *Des monstres et des prodiges* (éd Jean Céard d'après l'édition de 1585), Genève, Droz, 1977.

François RABELAIS, *Le Quqrt Livre,* chap. XLIV, 1548 (cité par Le Quellec 1991, p. 65).

Maurice RAT, *Dictionnaire des locutions francaises,* Paris, Larousse, 1957, p. 396.

Martine ROBERGE, *La Rumeur,* Québec, Célat-université Laval, 1989, p. 81, 85 et 89.

Gilbert SALACHAS, 《Hidden》, Télérama, n° 1933, 1988.

Harold SCHECHTER, *The Bosom Serpent. Folklore and Popular Art,* Iowa City, University of Iowa press, 1988, p. 1-24.

Sun, 12 décembre 1989, p. 15 (article aimablement communiqué par Bill Ellis).

Stith THOMPSON, *Motif-Index of Folk-Literature*, Copenhague, 1955-1958.

Elizabeth TUCKER, 《The seven-day wonder diet: magic and ritual in diet folklore》, *Indiana Folklore*, 11, 1978, p.141-150.

Roland VILLENEUVE, *Le Musée des supplices, Paris,* Henri Veyrier, 1973, p. 70.

A.R. WRIGHT, 《Animals in people's insides》, Folk-Lore, XLI, 1, 1930, p. 105-106.

Roberto ZAPPERI, *L'Homme enceint,* Paris, PUF, 1983.

攔路搭便車的鬼魂

一九八一年五月二十日，四位認識多年且經常碰面的年輕朋友，相邀到法國南部帕拉瓦（Palavas）開車兜風。這大約是晚上十一點的時候。

到了午夜零時三十分左右，他們決定返回蒙柏里耶（Montpellier）。這四個人坐在一部紅色的雷諾五號雙門跑車裏，兩位女生在後座，兩位男生在前座，車子以高速行駛，車內的收音機固定在播放現代音樂的電台頻道。

就在要離開帕拉瓦往蒙柏里耶的路口，介於十字路口圓環與加油站之間，在道路右邊的一面廣告招牌下，站著一位女士，她比著一個搭便車的手勢。這位婦女穿著一件長及膝蓋的白色雨衣，頭上披圍著一條白色的絲巾，大約五十歲左右。

開車的M先生建議搭載這位女士，他把車子停在這位婦女所在位置之後幾公尺的地方。坐在他旁邊的L先生，探出身來朝這位離他們不遠的女士說：「我們要到蒙柏里耶去，和您順路嗎？」這位女士以行動代替回答，朝車子走來。L先生走下車來，調整前座的座椅，這位女士於是進入後座的斗型車位裏，坐在兩位小姐之間。車子繼續往蒙柏里耶前進，到了瑪格隆尼新鎮（Villeneuve-lés-Maguelonne）路段，在一個叫做「綠點」（Point-Vert）的地方，道路有一個非常大幅度的轉彎。

這位搭便車的女士突然大聲喊道：「小心轉彎！」她的聲音蓋過車內喧嚷的音樂。開車那位先生驚恐異常，放緩車速停下來，有一段時間一動也不動，和其他的乘客一起盯著車前看。然後後座的兩位女生放聲尖叫，前座的人被感染似地也喊叫起來——因爲那位女士已經不在車內了。

在幾秒鐘的恐懼與遲疑之後，M先生加速開往蒙柏里耶警察局，大約在凌晨一點到達警局，並向警察描述他們的這段奇遇。

（摘自於一九八一年五月底蒙柏里耶警察總局一位偵查組長所做的報告）

這個故事經由媒體的轉述，在法國廣爲人知。它成爲地方傳奇中的一個故事，並且特別在年輕的低年級學童中流傳——當然故事會經過一些修改。「帕拉瓦的白色婦人」——媒體這麼爲這樁傳奇命名——令那些不尋常案件故事的愛好者們感到興奮。這個故事奠基於眞實經驗的筆錄——警方並沒有說明這案件是吸食毒品或某些中毒原因所造成的幻覺，也沒有解釋成是作弄人的把戲，同時這個故事包含了一些傳奇的特徵與主題，它被歸類爲《消失的搭便車乘客》（*the vanishing hitchhiker*）或《搭便車的鬼魂》的傳奇型態，五十餘年來爲各國的民俗傳說研究者長期探討，主題索引編號爲E332.3.3.1。從畢德斯利（Beardsley 1942）與漢其（Hankey 1943）先驅性的大學研究出版品，到強・哈洛德・布朗范德（Jan Harold Brunvand）所撰寫的《消失的搭便車乘客》（*The Vanishing Hitchhiker* 1981），許多相關分析研究著作的出版，讓都市傳奇的概念漸漸爲社會大眾知曉，因此也讓當代傳奇這個觀念浮現出來。在帕拉瓦故事的各種發展與變形裏，傳奇模式的影響清晰可辨。因此，許多人講述這位「白色婦人」——故事傳奇在結構中已先存在的固定用語——就是在她所消失的那個道路轉彎發生車禍而死婦人的鬼魂。

且不理會警察報告的枯燥與客觀立場，這個故事的傳奇特徵，或者由其中「萃取」感受到的傳奇特質十分清晰：主角出現的時間是在午夜，這是對鬼魂最有利的時機；出現與消失的地點都接近道路交叉口與圓環，這是傳統上超自然生物選擇出現的場所（這些場所象徵陽間人世與冥間彼世之間的「通道」）；最後，「全身著白色裝束的女士」符合歐洲民間傳說有關鬼魂的古典形象。這個故事由兩個主題所建構：無法解釋的消失，關於轉彎危險的提醒。一項可以發揮的變數往往加入成爲第三個主題：一位重返人間的婦女鬼魂。

關於搭便車鬼魂故事的各種變化之多，使得建立一種令人滿意之型態學分類工作顯得困難重重。我們藉由一個不變常數（一名駕駛搭載了一位陌生人）與兩個主題中的一個（「消失」與/或「重返人間」）來解析這個故事，分析過程中還加入「提醒」這個主題。故事因此成爲一種組合，以加入這個或那個主題來強化效果。最後，關於匿名的搭便車乘客，或相反的，確認一個文化人物（虛構的實體、聖人、神祇）的，比一個主題更完整的「模態」呈現出來。

消失的主題

有關搭便車乘客無法解釋的消失此一主題，在「搭便車的鬼魂」故事，或美國民俗傳說中的「消失的搭便車乘客」裏出現得非常頻繁。在這個主題中有一些重要細節：汽車行駛非常快速且一路不曾停止；汽車車門一直是緊閉的；搭便車的乘客繫上安全帶；此人坐在兩門汽車的後座（如同帕拉瓦的案例，尤有甚者，搭便車乘客就坐在另外兩位乘客之間）。故事非常強調主角現身的具體性：「我們可以感覺到與她皮膚的接觸，以及她身體的熱度。」帕拉瓦故事的一年輕女孩向《法國—星期日》周刊的記者宣稱。搭便車乘客常常在消失之後留下一件衣服、一個小東西、一條線索、一股香氣，以證明短暫存在的事實。人們試圖表明搭便車一切就這樣，乘客並非幻覺，即使重返人間的主題起了作用，這位神奇的乘客也從未被認爲是不可觸知、模糊不清、漂浮在空中的鬼魂。

以下是兩個有關搭便車鬼魂的故事，它們的內容只提及消失的主題。

麥可．哥斯（Michael Goss）曾撰寫一本關於搭便車鬼魂現象的著作，書中蒐集了一個發生在羅伊．富爾頓（Roy Fulton）身上的故事。富爾頓是一名二十六歲的英國年輕紡織工人，一九七九年十月十二日在貝佛雪爾（Bedfordshire）的史丹橋（Stanbridge）：

我曾參加一場在列夫頓．伯札德（Leighton Buzzard）舉行的擲標競賽。我約莫在晚上九點二十分離開，開車穿過史丹橋。（……）駛出城市道路出口大約九十公尺遠，我看到在道路右側有一個人影正在招呼要搭便車。我在他面前停車，因此我可以利用車頭燈照明仔細地觀察他。他穿著一件深色套頭羊毛衫，一件深色長褲，配著一件白色開領襯衫。他向車走來，鑽進車裏，坐下。他是自己打開車門的，我坐在車裏根本沒做什麼。我問他想去哪裏，他只用手指出方向，一句話也沒說。我假設他要去旦斯塔伯（Dunstable）或托特侯（Totterhoe）。（……）我繼續開了四到五分鐘的車，時速大約六十公里。我轉向他想索取一根香菸，結果這個小夥子已經消失了。我緊急剎車，很快地檢查後座看看他在不在，他不在那兒！然後我緊握方向盤加速駛離現場。一切就這樣，你知道……

（Goss 1984, p. 90.）

麥可・哥斯評論道：「一切就這樣，但是某些人可能會說，這樣就已經過頭了！」然而，這個故事如同一個枯燥但精確的敘述，呈現一樁無法想像、不可能、違反物理世界法則的事實。當然沒有任何一個合理的解釋，但是也沒有任何一個不合理的解釋，可以說明是什麼讓便車乘客變成重返人間的鬼魂，一個分身有術的個體，另外一名替身駕駛。如同美國人查理斯・福特（Charles Fort）和他的跟隨者們所仔細與熱衷搜羅的那些粗糙且讓人無法接受的「事實」。以上這個故事所展現的傳奇內涵其實只有兩項：一是穿著深色衣服的陌生人，這項特質讓人回憶起魔鬼故事裏的「黑衣男人」，以及最近流行的，來去無蹤的黑影外星人；另一則是搭載乘客的地點，市郊邊緣象徵著從這個世界轉換到那個世界的中間地帶。

從搭便車鬼魂發展出來的第二個故事與上一個截然不同：主角不再是匿名的陌生人，而具有文化上的意義。丹尼爾・瓦塞伊（Danièle Vazeilles），蒙柏里耶的人類學教授，是北美印第安人蘇族的專家，他曾記下一九七〇年從一位住在南達寇塔（Sud-Dakota）保留區的年輕印第安人那裏聽來的故事：

一九六〇年代某一個十一月分的夜晚，大雪鋪滿山丘，我的祖父母打算到「老鷹崗」我們家來拜訪。他們兩個開車前往，由祖父駕駛。他們從坐落在較低的「白馬」的住所出發。在通過「綠草」十字路口幾公里之後，他們看見一位婦人在雪中行走。他們無法了解爲什麼自己在大雪紛飛中還能分辨出一位穿著白色鹿皮外套的人影。他們停下車搭載這位婦人。我的祖父母心裏非常震驚，因爲這個女子所穿的外套非常美麗，彷彿精心打扮要去參加印第安舞會似的，但是這個保留區這段期間裏沒有任何活動。但是他們沒有說話，因爲那女子的神情既悲傷又冷漠。他們只是給她一條圍巾禦寒。

他們保持沉默繼續前進。我的祖父一邊開車一邊思索要提供給兒孫們的印第安傳統教誨，祖母則昏沉沉地睡著了……

在距離「老鷹崗」只剩下幾公里遠的地方，祖母被冰冷的氣候凍醒，她轉頭發覺那位陌生女子已經不在位子上。祖母詢問祖父這位女子何時離開，祖父聽說女子已經離開，大驚失色，馬上緊急停車，仔細地張望找尋那人的行跡。但女子已杳然消失，而汽車後座的窗玻璃是打開的。

我的祖母非常恐懼。她告訴祖父說剛剛那女子就是傳說中的「鹿女」，因爲她在汽車裏留下強烈的麂皮氣味。祖父母們在原野裏繼續開車向前。對於鹿女並沒有作祟，他們一方面慶幸，一方面意外。也許是因爲他們載了鹿女一程，並且對她非常和善的緣故。但是直到他們抵達我們家時，依然驚魂未定，並且全盤告訴我們旅途中所發生的故事。

（Vazeilles 1977, p. 171-172.）

同樣是沉默的搭便車乘客，同樣是無法解釋的消失，但是在這個故事裏，我們可以從神祕乘客的穿著與氣味辨認出她是蘇族神話裏的一個人物：「鹿女」。這是個神話人物，既不爲善也不特別作惡，常常出現在傳統的刺繡圖案裏，但是她會迷惑引誘男人或是以邪惡的舞蹈勾引男人，然後把他們殺掉。我們可以藉由觀察她們的下半身來揭露其眞面目，因爲她們有一雙鹿腳。這個特徵與歐洲傳說裏魔鬼因爲跳舞而漏出馬腳暴露身分的故事有所關聯。說故事的祖父，因爲具有純正的印第安血統，所以具有文化上的能力辨認出這位神祕的搭便車乘客。另一方面，如同瓦塞伊在文章中說明的，這位祖母則在解釋夢兆與傳統女紅方面都頗負盛名。於是這個神祕的奇遇經驗可以放到文化的架構裏去解釋，而不必然非得賦予主角所謂「天使報信」傳遞某些訊息的職責，事實上這位鹿女從頭到尾都保持緘默，什麼話也沒說。

「天使報信」的主題

在搭便車鬼魂的故事裏，「天使報信」的主題不曾單獨出現，它總是與配合：消失／重返人間的主題搭配，以超自然的現象強化所傳遞訊息的價值。傳遞的訊息可能根據個人、區域以及世界的利益關聯而有三種變形：提醒汽車駕駛路上的危險、告知災難、預言世界末日。帕拉瓦的故事就屬於第一種類別的最佳案例。第二種類別的例子之一，是一九六七年魁北克關於搭便車乘客的宗教故事，神祕人物在通知正在舉行世界博覽會的特蒙克婁聖母島即將傾倒的消息之後，就消失無蹤了——這個故事由魁北克拉瓦爾大學（Universite Laval）宗教科學研究員亞蘭・布夏爾（Alain Bouchard）提供。另外還有一個從義大利流傳而來的例子：

一九七七年二月，兩位年輕人在聖哥倫巴諾（San Colombano）與藍伯洛（Lambro）之間旅行，汽車行走在這個終年濃霧繚繞的地區之中。他們注意到路旁有一位矮小的老婦人招手要搭便車，於是停車讓這位老婦人坐在後座。車子行駛之後，老婦人在一聲嘆息與一聲乾咳之間，發出了一個可怕的預言：「二十七日晚上不要到米蘭去，那兒將發生一場大地震，一半的城市會被摧毀。」這兩個年輕人轉頭觀望，老婦人並不在位子上，她已經消失了。稍後在車子後座上發現一張屬於一位已過世十年的老人的名片！

（Toselli 1990.）

以上這樁傳奇完整包含了三個主題：天使報信、消失與重返人間。那位矮小的老婦人並非無名之輩，而很可能是貝法納（Befana），義大利民俗傳說中身穿黑衣的老婦人，她在主顯節到封齋期開始之前——也就是在二月間——會分送禮物給兒童。

費德里克·杜梅夏（Frédéric Dumerchat）在一九八二年五月曾分析過一樁法國故事《旺代地區的修士》（*Moine Vendéen*），這是值得我們注意有關搭便車鬼魂的法文案例。

> 許多汽車駕駛都曾搭載過一位修士，他總先是沉默地待在車裏，然後發出一些預言式的句子：「今年春天是溫暖的，夏天將會炙熱，冬天則將酷寒。」之後就像蒸發似了地消失無蹤。往往，敘述這個故事的人還會引用這位修士自己的話語，補充說明他是來自於拉荷榭·戌雍（La Roche-sur-Yon）附近一座建造於十七世紀的封德耐爾修道院（Abbaye des Fontenelles）。據說這類的事蹟從拉荷榭·戌雍一直到薩博樂·多倫納（Les Sables-d'Olonne）整個地區都曾發生過。但是對媒體而言，這只是個謠言，因爲無法找到第一手的證人。當地的駐警或巡邏警察也一樣，他們早已不再盤問過路的眞正修士們，然而警察們依然常會接到類似情節的報案與詢問電話。
>
> （Dumerchat 1900, p. 261-262.）

一九八二年十月，德國的報章雜誌則因爲以下的故事而引起迴響：

> 一位汽車駕駛在十月十日往來於慕尼黑與薩爾茲堡之間，在公路旁搭載了一位穿藍色牛仔

褲背著背包的搭便車乘客。才剛剛上車，這位年輕人就大聲宣布：「我是大天使加百略，我告訴你，最後審判的時間是在一九八四年！」完全不等聽話的人有機會回應，天使就在以時速一百四十公里行駛中的車上消失了。這件事是這位駕駛親自在警察面前所陳述的，同時其內容與半打以上巴伐利亞地區汽車駕駛的證言相吻合。

（Midi libre，一九八二年十月二十八日。其他許多報紙在同一天也都有類似的快電報導）

一九七〇年初期，在美國的公路上，有一名穿著白色嬉皮裝的搭便車鬼魂，散布著耶穌重返世間的消息（Fish 1976）。費德里克·杜梅夏曾引用許多關於搭便車鬼魂預言的故事，時間從第二次世界大戰（宣布關於戰爭結束的消息）到我們這個時代（宣布世界末日）都有。

罕見但值得一提的是，搭便車鬼魂也會帶來對汽車駕駛不利的壞消息。吉立安·班納特（Gillian Bennett 1984）指出被歸類在這種次主題的搭便車鬼魂會製造意外。我班上一個研究關於《蒙大邑克的白衣婦女》（*Dame Blanche de Montagnac*, Hérault）的學生，蒐集了幾樁關於搭便車鬼魂在公路轉彎處發出尖聲嚎叫，以震懾駕駛心神而發生意外的故事，發生意外的地點往往可以發現其他的死者。

重返人間的主題

重返人間在以口述形式發展的傳奇中，出現的頻率比其他主題要高出許多，因爲得「證明」

搭便車乘客是死者復生。大部分證明的方式是：搭便車乘客給了駕駛一個地址（他父母親的家或者是墓園），日後駕駛循址前往，才發現當初他所搭載的乘客早已過世；駕駛詢問當地警察或附近鄰居，得知其搭載的乘客已經不在人間；搭便車乘客留下一些足以證明身分的東西（例如身分證）；搭便車乘客向駕駛索取或借用的東西或衣服，後來在墳墓上甚至是墳墓裏被發現；比較少見的是，搭便車乘客自己宣稱已經在一場意外裏喪生了。以下是一九五〇到一九六〇年代的一些相關故事範例：

某個朋友的堂兄弟是一位二十五歲的年輕人，當他騎著偉士牌摩托車往史特拉斯堡去的時候，途中搭載了一位年輕女孩子。他覺得「一股不舒服的冰冷襲人」。他送這位女子到一棟房屋之後離去，因爲這女子十分美麗動人，於是這位年輕人幾天之後又來拜訪。房子裏的一位老人接待他，讓他看一張照片，照片裏的人正是那美麗女子。這女子已經去世五年。而這位年輕人已經是第二位來拜訪老人的仰慕者了。（Dumerchat 1990, p. 261.）

重返人間主角的兩項特徵是：寒冷的感覺，以及鬼魂在同一個地點一再出現。

下一個故事一九五九年在義大利流傳，曾被法國的媒體報導：

在一座靠近拿坡里名叫卡斯特拉瑪列（Castellamare）的小鎮，一位騎摩托車的年輕人，在下雨天搭載一位年輕女子，他借給她自己的外套。這女子在十字路口下車，指出自己的家，要年輕人明天再來。後來這年輕人得知女子已經過世兩年了，並且在墓園裏她的墳墓上發現自己的外套。

（Dumerchat 1990, p. 268.）

這類故事有一個令人毛骨悚然的引申發展，一位年輕人與搭便車的年輕女子一起喝咖啡，有一滴咖啡漬灑在女子的衣服上。後來，打開墳墓，死者身上的衣服有同樣的咖啡漬跡（Carbone 1990, p. 46-47.）。

最常出現的情況——但不一定必然——是，死者是意外身亡（汽車意外），並且/或者是早熟的（年輕人）。我們也可以觀察到這類的故事降低了「無法解釋的消失」與「天使報信」的分量，甚至完全忽略這兩個主題。

在相當數量的搭便車鬼魂傳奇裏，名人死而復生：從《旺代地區的修士》故事中，我們可以辨認出主角是畢歐修士（Padre Pio）；一九四一年在紐約州的金士頓（Kingston），一位搭便車的鬼魂被認出是天主教的眞福之母加畢妮（Cabrini），聖心孤兒院的創辦人（Brunvand 1981）；在孟斐斯，一位汽車駕駛堅持說他曾搭載過歌手貓王的鬼魂，但是貓王是不是眞的已經過世了呢？這又是另一樁傳奇！

搭便車鬼魂傳奇的歷史

搭便車鬼魂的故事是從民俗傳說的幻想主角（淘氣小妖精、仙女、魔鬼、死人），以及重返人間的故事、先知的故事發展推演而來。關於重返人間的主題，塞薩爾·貝馬尼（Cesare Bermani 1991）發現幾個傳統的傳奇形式——其中有些迄今仍在流傳——是搭便車鬼魂故事的直接源頭：一位騎士發覺參加舞會的某位年輕女子其實已經去世了；一位旅行者在夜裏，讓一位重返人間的乘客進入他的馬車；年輕女子的魂魄回到她自己的家裏；鬼魂爲瀕臨死亡的親人求援。

十九世紀末由安納托爾·勒巴茲（Anatole Le Braz）彙編的一本布列塔尼傳奇集裏，敘述有關瑪麗賈伯·蓋格奴（Marie-Job Kreguénou）的故事：

> 她駕著一輛由一頭老馬拉著的兩輪馬車在冬天的夜晚上路，突然之間老馬駐足，不肯再走一步。一位非常蒼老的小老頭爬上車，和她坐在一起，馬兒才繼續向前。他要求前往在阿莫爾海岸（Côtes-d'Armor）的大島（Ile-Grande），在一座墓園前下車，然後消失。這是個鬼魂。他曾說他受到一項詛咒的迫害，因此有一宗債務必須償還。瑪麗賈伯不久就去世了。
>
> （引自Le Braz 1902）

麥可·哥斯所蒐集的一篇十七世紀初的瑞典文稿如下：

一六〇二年二月，一位我們不知道姓名的牧師與兩位農夫一同旅行（騎馬，或者最可能的是搭乘馬拉的雪橇），打算到維斯特高蘭德（Västergötland）參加聖臘節慶典。在維德斯特納的路上，路邊一位穿著像僕人的美麗女子請求他們搭載一程，他們照辦了。途中他們在一家小客棧休息，並且進食。那位年輕的女子不吃任何東西，僅願意喝點飲料。侍者於是爲她送來一大杯啤酒。牧師注意到那年輕女子一點也沒碰酒杯，但是酒杯卻裝滿了麥芽。第二杯啤酒則神奇地變成橡樹的果實，第三杯幾乎就在牧師的眼前變成鮮血。這時候，這女僕像是要詮釋這些神蹟似地宣布：「今年農作物將會有好的收成，果樹將會有好的收穫，同時將會有許多戰爭與瘟疫。」話說完，她突然消失。

（引自Joan Petri Klint, 瑞典Linköping大學圖書館手抄稿，摘要撰寫Goss 1984, p. 46-47）

最古老的搭便車鬼魂故事出現在兩千年前，利迪亞．費雪（Lydia Fish 1976）從新約聖經《宗徒大事錄》第八章二十六節到四十節的記事中發現！這段情節可以摘要敘述如下：

在沿著由耶路撒冷到迦薩的路上，中午在曠野中，先知斐理伯攔住厄提約丕雅女王宮中一位擔任寶庫總管的太監的馬車，登車坐在這位有權勢的太監旁邊。斐理伯在宣講耶穌的福音並爲他受洗之後，被聖神接到天上，消失無蹤。

各種主題的詮釋

消失的主題使得傳奇成爲奇特的故事，它所隱含的意義是不尋常的事可能在日常生活中發生。另一方面，配合適當的場景，故事也可能朝向幻想文學的方向發展：冬天的夜晚、下雨或濃霧、午夜——或者正午，這也是鬼魂出現的時機，如同羅傑・凱伊洛斯一九九一年的著作《正午的魔鬼們》（*Les Démons de Midi*）。在傳統社會裏，神祕的乘客往往會被辨認出來（死人復生或聖者降臨），而匿名的鬼魂——請注意「鬼魂」這個名詞並不必然與「死人重返世間」畫上等號——則較常出現在現代文化裏（如同史丹橋與帕拉瓦的例子）。也就是說，異常與神怪不是或不再是魔法教派的專利。

相反地，重返人間的主題卻持續將傳統信仰帶到我們的時代，即使今天這類傳奇在西方社會中仍屬少數。在美國德州的墨西哥族群裏，一名搭便車鬼魂被認爲是重返人間傳奇中的一位人物：蘿羅納（Llorona）或「哭喪婦」，因爲被丈夫遺棄而殺死自己親生小孩做爲報復的一位婦女，死後鬼魂就出沒在殺嬰的地點（Glazer 1984）。在這個例子上，搭便車鬼魂的故事不僅企圖證明死去的人可以重返人間，塞薩爾・貝馬尼更強調這故事反映了幾個道德的基調：死者的忠誠或仇恨；因爲對過錯的補贖而被詛咒必須在犯錯的現場出沒；寧可死也必須維護尊嚴的價值。貝馬尼依循這個思路進一步引申出，故事細節裏留在衣服上的污漬象徵著被玷污的貞操。

關於天使報信的主題，我們認爲與眼見幻象的傳奇有所關聯。在一般的情況下，傳遞的訊息是提醒危險彎路，或是預告下一個死亡事件乃至於世界末日，這個主題與現實命運有關。即使今天這類的迷信與宗教或全能上帝的關聯愈來愈弱，但是命運的觀念以及預兆的遠距感知，依然深深地根植在現代人的心裏。杜梅夏分析《旺代地區的修士》後指出，因爲先知們具有宗教的特質，所以這類的故事通常含有世俗化的天主教教義，並且反映天主教完整教義派對於奇蹟、耶穌現身、毀滅災難的偏愛。

最後，道路與搭便車乘客本身也有濃厚的象徵意義。道路無論在什麼時候都是冒險的場景（Goss），以及與陌生人物遭遇的地點（從魔鬼、仙女一直到外星人，參考Meheust 1992, p. 51-52），象徵著命運。命運總是伴隨著對死亡的焦慮，這也是爲什麼許多在道路交通意外死亡又重返人間的鬼魂，後來就成爲那個地點的守護神。至於搭便車乘客，他是無人認得的陌生人，可以展現同情也可以顯露厭惡，既可能帶來好事，也可能伴隨詛咒。當代一些傳奇將搭便車乘客發展成喬裝成老婦人、卻因爲手臂的濃毛而洩漏身分的殺手（Brunvand 1984），或是所謂的「鐵鉤殺人魔」。搭便車乘客與保母很類似，常常成爲恐怖傳奇的主角，因爲這兩者都很容易進入私密之處，例如汽車或房子裏，因此代表一種潛在的危險。在義大利公路的入口處，常會有警告標誌提醒駕駛不要隨便搭載陌生人（Carbone 1990, p. 45）。而爲人津津樂道有關搭便車女乘客或保母的情色笑話或故事，也常伴隨著詭異與死亡而在傳奇中出現。

相對於其他的當代傳奇，搭便車乘客的故事在各種敘事類型裏出現：朋友間的耳語、謠言、謊言或不實報導（參考麥克．高斯著作的第四章），文學創作以及有確實證據的眞實經驗。因爲搭便車乘客的故事從這個人流傳到那個人，集體創造出一系列的傳奇，而成爲當代神話，就像是百慕達三角和一些超自然的故事，比許多狹義的當代傳奇更吸引人們的注意。眞實經驗與傳奇——其中有相當數量的事件是毫無根據的謠言——並存的現象引發一個關鍵問題：是經驗發展成傳奇，還是傳奇「誘導」經驗的發生？貝特朗・梅爾斯特（Bertrand Méheust）提出了一個新的研究方向，他認爲所有的神話都是一個「眞實」與「文化詮釋再現」的互動系統，兩者缺其一將導致神話的幻滅。梅爾斯特借用人類學者米歇爾・波卡拉（Michel Boccara）的詞彙，提出了「神話的眞實」（Méheust 1992, p. IV-VII）。無疑地，在我們的領域裏，「傳奇的眞實」概念値得更深入的研究。

荷納　撰文

【參考文獻】

Richard K. BEARDSLEY et Rosalie HANKEY, 《The vanishing hitchhiker》, *California Folklore Quarterly,* 1, 1942, p. 303-335.

-, 《A history of the vanishing hitchhiker》, *California Folklore Quarterly*, 2, 1943, p. 13-25.

Gillian BENNETT, 《The phantom hitchhiker: neither modern, urban, nor legend?》 *in* Paul

Smith（ed.）, *Perspectives on Contemporary Legend,* Sheffield, CECTAL, 1984, p. 45-63.

Cesare BERMANI, *Il bambino è servito,* 1991, p. 51-111.

Rolf Wilhelm BREDNICH, *Die Maus im Jumbo-Jet,* 1991, p. 33-35.

Jan Harold BRUNVAND, *The Vanishing Hitchhiker,* 1981, p. 24-46.

-, *The Choking Doberman,* 1984, p. 52-54.

Roger CAILLOIS, *Les Démons de midi,* Saint-Clément-la-Rivière, Fata Morgana, 1991（rassemble les études publiées dans la *Revue de l'histoire des religions,* mars-décembre 1937, et la *Revue des études slaves,* 1936-1937）.

Maria Teresa CARBONE, 99 *leggende urbane,* 1990, p. 45-47.

Frédéric DUMERCHAT, 《Les auto-stoppeurs fantômes》, *Communications,* 52, 1990, p. 249-281.

Lydia M. FISH, 《Jesus on the thruway: the vanishing hitchhiker strikes again》, *Indiana Folklore,* IX, 1, 1976, p. 5-13.

Mark GLAZER, 《Continuity and change in legendary: two Mexican- American examples》, *in* Paul Smith（ed.）, *Perspectives on Contemporary Legend,* Sheffield, CECTAL, 1984, p. 108-127.

Michael Goss, *The Evidence for Phantom Hitch-Hikers,* Wellingborough, The Aquarian Press,

1984.

Anatole LE BRAZ, *La Légende de la mort chez les Bretons armoricains,* Paris, 1902, t. I, p. 126-140（cité par Dumerchat 1990, p. 269-270）.

Bertrand MÉHEUST, *En soucoupes volantes. Vers une ethnologie des récits d'enlèvemnts,* Paris, Imago, 1992, p. iv-vii et 51-53.

Paolo TOSELLI, Document de présentation du *Centro per la Raccolta delle Voci e Leggende Contemporanee,* Alessandria（Italie）, novembre 1990.

Danièle VAZEILLES, *Le Cercle et le calumet,* Toulouse, Privat, 1977, p. 171-172.

摧毀雲霓的飛機

一九八六年的夏天，一樁謠言經由媒體在法國多爾多涅（Dordogne）省四處散布。人們傳說旱災的罪魁禍首是那些園藝作物大農場以及其所屬的保險公司，他們或許有意或許無心，為了防止冰雹發生所可能帶來的損失，而改變雲雨的狀態。地區報紙的報導是基於超過五百名牧牛人所連署提交多爾多涅省長的陳情書內容：「他們指控，不知名的飛機駕駛以在空中傾倒碘化物或硝酸銀的方式，溶解破壞大雷雨雲層，但同時也讓降雨雲霓消失。這些人之所以這麼做，是為了避免夾雜冰雹的雲層可能損及蘋果樹的收成。」

（*La Montagne*, 一九八六年八月五日，Brodu 1990）

如果自然界的大旱災影響了農作物的生長，往往就會成為刺激謠言或傳奇故事滋生的溫床。民俗傳說研究者尚路易・布洛度（Jean-Louis Brodu）就蒐集了許多有關《摧毀雲霓飛機》故事的不同版本。當然這是一樁鄉村傳奇，而非都市傳奇。但是它的確是一樁不折不扣的當代、現代傳奇，一方面是因為故事中所使用的科技工具：飛機、化學藥品，另一方面也由於被視為罪魁禍首者的職業：單一園藝作物商業化生產大農場的主人。在農業專業化分工的時代，農人們對於氣候的期待愈來愈分歧衝突：牧農們希望多下雨以便讓牧草迅速成長，園藝農夫則需要更多的陽光使得水果質量提高。

一九八六年的夏天，多爾多涅並非法國流傳這類故事的唯一省分。在魁爾西（Quercy），旱象不利於松露的生長，人們指控塔爾．加宏耐（Tarn-et-Garonne）的果農租用飛機追蹤雲層的發展並阻止降雨。自從大面積果樹農場採用自動控制灌溉系統之後，爲了避免降雨破壞了人工灌溉的規律，這類的指摘就更言之鑿鑿了。

而在前一年，一九八五年，西班牙也曾出現類似的故事，當時它的南部地區有嚴重的旱災。群眾們控訴一批不同的地方團體以人工方法造成這種艷陽高照的天氣而獲利，這些團體包括生產水果的大農場，特別是那些所謂的「蕃茄大王」們；觀光業者；還有星象研究者，因爲他們需要晴朗無雲的天空以便觀察星象。這種摧毀雲霓的飛機念頭縈繞腦海的「強迫妄想症」症狀如下：大家無時不注意觀察天空、許多人即使看不見飛機也聽到空中有引擎聲、有些激進的人甚至向在農場噴灑農藥的小飛機放槍。大約有五千名農人在羅爾卡（Lorca）集結示威遊行，抗議「大農場人爲干預自然氣流」。還有人指控農業部夥同國防部，造成這場乾旱。這個故事在整個伊比利亞半島南部流傳，從慕爾西亞（Murcie）、阿爾梅里亞（Almería）、格瑞那達（Grenade），一直到卡塔盧尼亞（Catalogne）。這個農業傳奇廣泛散布的原因，是因爲乾旱加上了政治經濟的社會脈絡：當時西班牙即將加入歐洲共同市場，而農業問題是最重要且難解的課題之一。

尚路易．布洛度指出，這個故事是經由西班牙在農忙季節到法國來打工的農業工人之媒介，而傳到法國來的。九月份在法國多爾多涅省幫忙採收蘋果的西班牙工人，在其他時節裏也受僱於西班牙南部的大農場。在這些流動工人之中，大夥流傳著生動的故事：

有一場巨大的暴風雨即將來臨，但是某一個「蕃茄大王」農場的工頭依然召集了許多採收工人到田間工作，工頭告訴大家不會下雨。在聽到一陣飛機的嘈雜聲響後，大家很震驚地發現雖然並沒有下雨，但是雲層卻消失了。這就是乾旱發生的原因。

根據比爾．艾利斯（Bill Ellis 1990）的說法，類似的故事曾於一九八三年間在美國流傳。當時有一場旱災侵襲馬里蘭州的西部地區，許多居民指控不下雨的原因，是有人「在雲層中傾倒化學藥品以嘗試改變天氣」。有大約六千名農人聯名提出一份抗議請願書，要求禁止人爲干涉氣候。州長於是在一九八三年簽署了一份禁止非法干預自然雲雨活動的法令。

分析這些不同的案例，我們發現一個相同的事件發生脈絡、一種近似的故事結構，以及一些非常接近的社會心理行爲。

事件發生脈絡同時包含了兩個情境：異常的氣候（嚴重的乾旱）與社會衝突（小農與大農、農業與觀光產業、農人與國家之間的對立）。面對大家都不習慣的旱災，自然的因素被排除，於是謠言塡補了功能空缺，滿足大家對解釋答案的需求——「這下子那些壞人獲益了」。通常相信謠言的人，就是那些在旱象中受害的人們。

在不同的故事背後，我們發現一種相同的故事結構，以下敘事的順序可以被些微調整：

1. 一場乾旱發生，非常地嚴重，卻又缺乏一個天然的原因。
2. 旱災是由X集團以人爲方式引發的，這個集團占據了支配性的社會地位，並且因爲旱象而獲利。
3. 所採用的科技工具是飛機飛到雲間，傾倒複雜的化學藥品（例如多爾多涅牧牛人陳情書裏提及的硝酸銀）。
4. 所使用的飛機無法證實其身分（沒有註冊），神祕地出現又神祕地消失，我們無法發現它是從何處起落。
5. 飛機經過之後，雲層消失，沒有下雨（如同敘事1：整個循環又繞回原點）。

最後，我們觀察到一些相同的社會與心理行爲。累積的不滿演變成示威、塗鴉或陳情，以要求當局禁止破壞雲霓的行動。作惡飛機縈繞腦海形成一種強迫症，引發負面的解釋與視覺幻象，彷彿飛機的影像與空中的引擎聲音無時不在，如同飛機幽靈的故事一樣（Caudron 1990）。偶爾也會有一些眞實的飛機與駕駛員沒有理由地飛來，加強故事的眞實性。隨著第一滴雨的降下，謠言消失無蹤。但謠言已經流傳到鄰近的鄉村，蟄伏潛沉，等待下一個時機在原處或其他地方出現。

破壞雲霓飛機故事的眞實感，來自於一九四六年一項眞實的科技發明，將水銀與乾冰播撒在雲層上，可以進行人造雨，以解決乾旱問題。播撒化學藥劑的方法可以利用火箭、飛機，或以發動機在地面製造。自此，第一項不眞確的元素就出現在傳奇故事裏，事實上迄今人們是否有能力讓雨不降下仍尙有疑問。其他包含在故事裏的錯誤或不眞確還有：所使用化學藥劑的不正確名稱；輕型的小飛機不太可能願意冒險飛進濃厚的雲層裏；另外，一般飛機出航與返航卻在機場毫無紀錄的發生機率也很低。最後，一個簡單的證據說明無辜的團體中沒有人會願意去阻擋下雨，因爲嚴重的乾旱將會一視同仁地傷害每一個人（例如強制限水等）。

此一傳奇的源頭

破壞雲霓飛機故事的源頭，在於三個關於集體心理的不同層次。

最立即的緣起，是利用雲層來抗旱的技術建議在專家之間所引起的對立，以及在農民本身間所造成的矛盾：對某些人而言是有效的，在另一些人眼中卻無效。的確有一群人確信人造雨的技術會造成阻止降雨的反效果，這直接形成破壞雲霓飛機故事的立論基礎。根據布洛度提供的資料，在一九六四年，一項在一座果園上空進行的預防旱災的美國官方支持的研究計畫，再經過七年的實驗之後，因爲鄰近農夫害怕造成降雨減少而被迫停止。類似的情形在一九七七年也曾發生在聖路易谷（San Luis Valley），一架飛機穿越大西洋以播種製造雲層的過程，卻造成了妨礙降雨的爭議與恐懼。

第二個觀點是，破壞雲霓飛機的傳奇根植於科技想像的沃土，而彷彿能提供有智慧的人控制氣候的權力。在十七世紀，法蘭西斯・培根（Francis Bacon）在其所著烏托邦故事集《新亞特蘭提》（*La Nouvelle Atlantide*）中，賦予亞特蘭提人主宰天氣的能力。一八三六年，路易·傑歐法（Louis Geoffroy）則在其著作《拿破崙僞傳》（*Napoléon apocryphe*）中，提到一種以蒸氣「混合火藥」做爲動力的機器，能夠「以驚人規模的爆炸追捕雲彩，消弭暴風，控制氣候」。事實上長達好幾個世紀裏，人們的確持續以加農炮射擊雲層，試圖讓它們消失。在一九○六年，英國作家喬治·葛里斐斯（George Griffith）出版一本幻想小說《大氣候企業》（*The Great Weather Syndicate*），描述一群工程師以控制氣候的方式主宰全世界。一九四三年，想像與事實混合爲一塑造了一項謠言：德國人發明了一件恐怖的祕密武器「冷凍炸彈」，其所攻擊之處都將全部結冰。這樁謠言的起因，是有人發現V1與V2飛彈發射之後，其尾流煙霧有結冰的現象，此一現象被佩寧慕德（Peenemünde）的德國工程師命名爲「冷凍閃電」。一九四六年人造雨的發明，強化了人類製造「氣候武器」這類想法的可能性。一九五三年，在《燃燒的水晶》（*Le Cristal ardent*）一書中，查理·摩根（Charles Morgan）敘述利用電磁波撞擊大氣的電離子層，製造出一座巨大的透鏡，將太陽光線聚焦以製造或摧毀雲霓。一些受到大眾歡迎的漫畫故事也以科學控制天氣爲主題：像是由艾得加·賈克伯（Edgar P. Jacobs）創作，描述布萊克（Blake）與摩提邁（Mortimer）冒險故事的著名漫畫《求救氣候》（*SOS météores* 1959）。我們也可以舉魔法精靈施楚帕斯（Schtroumpfs）的冒險爲例，在這個幽默故事裏，有一種控制氣候的機器——佩尤（Peyo）繪圖、德波特（Delporte）與瓦特希（Walthery）編劇的《施楚帕斯的下雨機器》（*Le Schtroumpfeur de pluie* 1969）。

在此我們討論絕對不能被忽視的第三個源頭：民俗傳統。能夠控制氣候的智者，其實就是魔術師、小妖精（施楚帕斯的鼻祖！）、北歐神話裏的精靈愛爾菲（Elfe），尤其是巫師的直接繼承人。中世紀的確曾流傳「暴風巫師」或是暴風雨製造者的說法，十五世紀法國里昂大主教阿果巴爾（Agobard）就在他名爲《冰雹與狂雷》（*De la grêle et du tonnerre*）的論文裏，宣稱要對抗這一類的民俗迷信。十六世紀指控巫師的許多罪名之中，就有一條是製造冰雹破壞農作。根據《民俗傳統期刊》（*Revue des traditions populaires*, t. III, 1888, p. 624）的資料，一直到十九世紀的中歐，如果某人有「暴風巫師」的嫌疑，還可能被送上法庭審判。民俗迷信提供了許多有關改變天氣的說法與實踐行動：如果撒一點麵粉在泉水裏，再以榛樹枝攪拌，就可以製造雷雨；將一枚有神奇魔力的符咒浸在水裏，可以產生對人們有利的及時雨，也可以喚起破壞力很大的暴風雨；在原野中立起一枝長桿，在高處掛上寫著神奇咒語的紙條，可以防止冰雹的發生；將廚房用具丟到房子外頭，可以避免暴風雨的侵襲；如果我們將一顆祝聖過的子彈射向暴風雨，可能會從雲端擊落一名巫師（Ruffat 1951, et Dictionnaire des superstitions, 1967）！在聖經《默示錄》第十六章裏，提到在世界末日的時候，出現七位帶來災禍的天使，第四位天使引發太陽以烈火炙烤世人，第七位天使則製造了閃電、雷霆、暴雨與巨大的冰雹，以迫使罪人悔改，並展現上帝的權柄。比較「暴風巫師」族群與村莊附近因爲好氣候而受益的團體，我們可以發現謠言表達出一種社會衝突的情境，如同我們在破壞雲霓飛機故事中所發現的情況一樣。

所以，當代控制天氣的傳奇其實是將古老迷信現代化的結果，將舊神話披上科學理性的新外衣。改變氣候的不再是巫師或超自然的神力，而是利用人造衛星或核能的科學家，或是外星人——在一九五五年法蘭斯瓦．葛蘭吉耶（François G. Grangier）製作的電影《氣油》（*Gas-oil*）中，由米歇爾．歐迪亞爾（Michel Audiard）飾演的人物說了這麼一句話：「外星飛碟搞亂了天氣」，這句話多少反映了一九五〇年代的某些想法。舊時代對魔法的恐懼，在新時代裏，演變成對科學的恐懼……

荷納　撰文

【參考文獻】

Jean-Louis BRODU, 《Une rumeur de sécheresse》, *Communications*, 52, 1990, p. 85-97.

Dominique CAUDRON, 《Le Baron noir et ses ancêtres》, *Communications,* 52, 1990, p. 219-248.

Dictionnaire des superstitions, Forcalquier, Rober Morel Éditeur.

Bill ELLIS, 《Editor's note》, *Foaftale News*, 20 décembre 1990, p. 3.

Andrée RUFFAT, *La Superstition à travers les âges,* Paris, Payot, 1951.

Pierre VERSINS, *Encyclopédie de l'utopie et de la science-fiction*, Lausanne, L'Âge d'homme, 1972, article《Météorologie》, p. 586-588.

嬉皮士保母與烤熟的嬰兒

一對育有一名成年兒子與一個嬰兒的夫婦外出，把嬰兒留在家裏，托兒子的一位嬉皮女友代爲照顧。這對夫婦在外共進晚餐或參加一個夜間活動，期間做母親的打了一通電話回家詢問一切可好。「當然，」那女孩回答說：「我剛剛把火雞肚子塡滿肉醬，送進爐子裏去烤。」

那位女士知道家裏並沒有火雞，她省悟到可能有些不妥的事發生了。她和她的丈夫趕回家，發現那女孩是把嬰兒的肚子塡滿肉醬，然後送進烤爐。他們的兒子吸食毒品，而這位女子是他的女友，因此他們明白這位保母也吸毒了。這是一個眞實的故事。我們在學校有一個聚會，心理輔導師提到這個故事。我相信那位心理輔導師說過，這件事發生在他一位朋友的鄰居身上。

（William K. Kreidler於一九七一年在紐約州對Lydia Fish敘述這個故事，由Brunvand紀錄出版，1981, p. 65.）

一九七○年代初期，以上這個故事在美國東北部與加拿大地區流傳，如同一個吸毒慘事的戲劇性案例。這是有關濫用ＬＳＤ毒品所造成惡果的無數恐怖故事中的一個。但是這個故事與學生們的恐怖故事不同的是，它是有關於一些已經擔負著爲人父母責任的年輕成人所犯的過錯。故事也明白呈現父母、年輕人或沒那麼年輕的人，面對他們所不能理解的叛逆吸毒年輕人時的焦慮——我們引用的故事版本，就強調吸毒的保母是家裏年長兒子的女友。

在這整個民俗故事裏，洋溢著對於一位把自我利益擺在所有事務之前的年輕人所做惡行的恐懼，而年輕天眞的父母則有點過度信賴自己的子女。二十世紀前期「美好時代」的法國，關於困倦的年輕女僕為應付大聲吵鬧的嬰孩，而讓他們吸一點廚房煤氣或在奶瓶裏加一點烈酒的故事流傳得非常之廣。事實上富人們對於所謂「危險階層」因敵意與恐懼混合而成的併發症候群，放諸四海皆準。額內斯特・波夫曼（Ernest Baughman）說過一個一九五〇年代有關大都會紐約生動的恐怖故事：

> 在紐約必須對嬰兒保母特別注意。我們不會事先知道會有什麼樣的事情發生。有一天，我妹妹的朋友坐在地鐵裏，她聽到鄰座有兩位女士在討論擔任保母照顧嬰兒的事。其中一位說：「至於我，我就把他們帶到廚房，讓他們聞一點點的煤氣。」這種做法事實上極端危險！關於照顧嬰孩的事，不可以信賴任何人。
>
> （Brunvand 1984, p. 77-78.）

其實這類的故事同樣有其歷史悠久的發展系譜，神話裏就有關於不幸的父母親不小心把自己嬰孩當作食物調理的故事情節。一位阿根廷心理分析師一九四九年在布宜諾斯・艾利斯紀錄下一樁情境完全不同的故事：

一對新婚夫婦僱用了一位女僕。後來這位太太發現自己懷孕了，生下一名嬰兒。幾個星期後，這對夫婦晚上外出去看電影，由於女僕已經贏得信任，他們就把嬰孩留在家裏由那位女僕照料。當他們回家的時候，女僕以盛大的場面歡迎，她穿著女主人結婚時的禮服，告訴這對夫婦她爲他們準備了一個大驚喜。女僕邀請他們到餐廳並宣稱將送上一道特別的大餐。他們一進餐廳就見到一幅恐怖的景象。在餐桌的正中央，撒滿了鮮血，一個大盤子上放著烤熟的嬰兒和許多馬鈴薯。可憐的母親受此刺激立刻發瘋了，從此不言不語，再沒有人聽過她開口講任何一句話。父親（……）取出來福槍殺了那位女僕。然後逃跑消失無蹤。（……）這個悲劇後來查明原因，原來這位沒有人認識的女僕是一名精神病患，不久前才從一家瘋人院裏逃出來。

(Langer 1952, p. 509-510.)

這個故事裏的主角不是臨時打工的嬰兒保母，而是長期在家裏幫傭的年輕女僕。事件發生的原因既不是毒品也不是嬉皮文化，而是既無地域性也無時間性的精神錯亂。這個結局是很悲慘的，在另一些美國版本的類似故事裏，父母親因爲嬰兒保母所打來的電話——「我剛剛把火雞放進烤爐裏。」——而警覺，及時趕回家裏解救了嬰孩。所以「烤熟的嬰兒」這個主題有兩種版本的詮釋，一種是許多不忍心的美國作者的說法，另一種是布朗范德認爲相當重要的，他於一九七七年在美國猶他州蒐集到的故事版本：

回到家之後，他們聞到一股微微淡甜、有點油膩的香味。做母親的急急忙忙趕到廚房。她發現桌子已經安排好兩個人的座位，以最好的餐具與最精緻的酒杯布置。電燈已被關掉，桌上擺設著照明燭臺。烤爐裏放著的是他們的嬰孩。那女子正在烤嬰孩！她告訴他們說：「看，我爲你們準備了特別的晚餐」。

（Brunvand 1981, p. 67.）

瑪麗．隆婕（Marie Langer），一位深受瑪麗．波納帕特（Marie Bonaparte）影響的心理分析師，曾分析過第二次世界大戰所引發的焦慮如何反映在現代神話上的課題。她認爲這種焦慮是被民間故事與有關人吃人的偉大神話有關，如同希臘神話中宙斯的兒子坦塔羅（Tantal）的故事：坦塔羅爲眾神服務，但是爲了測試眾神的能力，於是殺死自己的兒子普羅普斯（Pelops）作成菜餚，供眾神品嚐。最後他被懲罰永遠飢餓與永遠口渴，永不得解脫。隆婕也引用了白雪公主的故事，在故事裏獵人把野兔的心臟當作白雪公主已經被殺死的證據拿給後母，而狠心的後母居然吞食這顆心臟。還有漢森（Hansel）與葛雷戴（Gretel）將想要吃掉漢森的巫師給烤了。類似的參考文獻還有許多。

按照瑪麗．隆婕的詮釋，這些普遍流傳的故事反映了一種「壞媽媽」恐懼症，這是孩子們在恐懼被拋棄，以及忌妒她分享了父親的愛，因爲攻擊性衝動投射出來的負面形象。隆婕在烤熟的嬰孩主題中，找尋下意識的、一般化的本質內容，這些內容依據不同時代的社會問題，而展現出不同的故事形式。在一九四九年阿根廷充滿社會對立與緊張的環境裏，富裕階級在當時受到了貝隆主義（Peronisme）勃發的威嚇——女僕不可能被允許穿著年輕女主人的新娘袍！或是一九七〇年代的美國，因爲新毒品的氾濫與對現狀不滿的年輕人所創造新生活風格所引發的問題，塑造了完全不同的故事。但這些故事總都有一個殘忍「壞媽媽」的身影貫穿整個劇情。

至於當代的故事，則敘述一個不熟悉現代科技的獨居婦女，她不太會使用微波爐，就像使用傳統火爐一樣將她的寵物，一隻小貓或是小狗，放進微波裏取暖，結果烤熟了——這類故事無疑是前述那些具有侵略性的幻影與讓人不安的人物，在我們這個時代裏的微弱迴響。

坎皮儂・文森　撰文

【參考文獻】

Jan Harold BRUNVAND, *The Vanishing Hitchhiker,* 1981, p. 65-73.

-, *The Choking Doberman,* 1984, p. 77-78.

Marie LANGER, 《Le "mythe de l'enfant rôti"》, *Revue française de psychanalyse,* 16, 1952, p. 509-517.

不由自主的食人族

1. 麵包裏的斷指

一九八三年八月十六日，在德國的弗瑞迪奇夏芬（Friedrichshafen），一位男士在他剛剛買來當作早餐的麵包裏，驚訝地發現一截人的指頭。當地警察查明這麵包是由在巴登—符騰堡地區漢契根（Henchingen）的一家工業化麵包廠生產的。這家工廠一位員工在幾天前工作時，不小心切斷了手指，雖然曾在麵包餡料裏仔細的搜尋過，但始終找不到斷指。

（Delaloye 1988, p. 78.）

麵包裏的斷指這個主題，搭配著釀酒桶裏的屍體、人肉大餐等故事，塑造出一整套有關食物恐怖故事的不同漸變層次。在這些故事裏，吃人肉的古老禁忌無意地被打破了。斷指麵包的故事形式呈現了在食物中發現一塊人類身體的情節。釀酒桶裏屍體的主題暗示著人體汁液融入飲料或營養品之中。最後，人肉大餐以一種令人無法忍受的方式揭露，餐桌上的肉排其實來自人體。

麵包裏的斷指軼聞是在食物中發現人類身體肉塊主題故事的一種原型。在其中我們可以發現一種常常出現在當代傳奇裏的架構，即所謂的「日常陷阱」：每天生活裏的尋常動作——在早餐裏吃麵包——卻可能帶來令人非常不愉快的發現。故事裏的各種物體都有強烈的象徵意義：麵包是非常好的食物，而指頭，一節一節地構成手，配合著人的頭腦，是人體最機動最靈活的器官，毫無疑問具有神祕的能力。最後，故事裏提到的「工業化麵包廠」隱含著道德性的暗示：以傳統方法做出的食物總比工廠製造的要來得好，特別是麵包。

蘇珊・多摩維茲（Susan Domowitz 1979）曾蒐集許多在異國菜餚中發現斷指的故事：中國餐館的炒雜碎或義大利餐廳的義大利麵。布朗范德（1984）則提及在冰塊裏發現一隻跳蚤、在蕃茄汁裏發現一塊人類的皮膚，以及在一罐普羅格雷素（Progresso）醋醃醬裏發現一截帶著手套的斷指。美國民俗傳說研究者強調斷指主題出現的高頻率，以及這類故事同時具有擬眞實性（工作意外）與象徵性（我們一看到就可以立刻認出來，因爲手指是人體中最容易辨識的一部分）。這些相關的尋常商品通常就像血一樣是紅色的，並且往往是食品產業裏著名的品牌。麥當勞漢堡——它是許多謠言的對象——裏夾著一小截斷指（Roberge 1989）。樂蓋勒（1991）指出，在一九八〇年在法國伊爾─維蘭省的雷登（Redon），有人從一瓶萬寶龍牛乳中發現一截人類的手指。

這種主題流傳得如此普遍，深入民間，一九九一年七月兒童雜誌《畢夫玩具》（*Pif Gadget*）甚至推出隨雜誌附贈的整人玩具，在兩截軟麵包中藏著一節塑膠製的模擬斷指，這個玩意可以讓小朋友們開一些令人毛骨悚然的玩笑。

雖然人類身體的其他部分很少在這類的故事中出現，但有時我們會發現指甲（它是斷指的另一種形式），或是牙齒（根據Roberge 1989，牙齒在一瓶牛奶中被發現）。另一方面，在一些故事中，時常接觸到人體的物件也會在食物中被發現，例如香菸的菸頭、髮夾、安全別針，甚至保險套（Fine 1979）。而依據法蘭斯瓦・賀莫克斯（Françoise Reumaux 1991）的分析，在食物中發現其他物件或動物，像是老鼠、蠕蟲、油漆、汽油或水泥塊，它們的構思源頭也與人體有關。

根據社會學者的說法，在食物裏所發現物件的異質外表下，隱含著同質的、與性有關的切口暗語，這些暗語有嚴重的性別歧視：例如老鼠（英文作mouse，法文作souris）意味著容易搭上的女生；油漆（英文作paint，法文作peinture）等於紅色，意味著紅唇；菸頭（英文作butts，法文作mégots）意味著臀部；蠕蟲（英文作worm，法文作ver）指的是卑鄙下流的人物；汽油（英文作kerosene，法文作pétrole）指的是凡士林潤滑劑；水泥（英文作concrete，法文作ciment）則是意指勃起。發現這些物件的受害者，往往不是年輕女性就是受人尊重的老婦人。她們對於這些物件的恐懼是雙倍的，有兩個不同層次的意義，真實的與象徵的。當然，這種對故事的詮釋有其限度，一來這些故事流傳很廣，常常超過盎格魯・薩克遜語言領域的界線，一旦不使用英語，切口暗語的雙關性就喪失了；再者，在食物中發現的物體很多並未具有與性相關的意涵。然而這些食物中的異物都有令人倒胃口的效果。性衝動的幻想只不過為「無名軀體」增添一些重要的象徵意義，以強調它與「正常軀體」的差別，表現人們對於軀體污染的恐懼（Douglas 1971）。在這些故事裏，在食物裏發現倒胃口的物件之後，緊接著就是嘔吐的動作，如同在令人反感的性行爲之後常會感覺噁心——法蘭斯瓦·賀莫克斯如此強調——但是連續的嘔吐也同時意味著吃人肉的行爲（食人族的行爲）並非出於自願。

食物裏的保險套

在食物裏發現保險套的故事，因爲兼具在食物中發現異物的倒胃口感，以及對他人的身體以及性慾的排斥感，因此被視爲一種特殊的類型：

買麵包返抵家門後，一位勇敢的女士在她所買的棍子麵包裏發現一枚保險套。這成爲麵包舖的醜聞，並且演變成一項指控證據。經過調查，一名店裏的小夥計被宣稱是罪魁禍首……。他在工作時切傷了手指，因爲他沒有繃帶包紮，舖裏又嚴禁讓血液污染餡料，小夥計於是以保險套包裹傷口。保險套滑脫了，怎麼找也找不到，事情就是這樣發生的。因爲對此感到羞愧，所以他就沒把這件事告訴任何人。

（*50 Millions de Consommateurs*, 1990, p. 8.）

一九九一年一月，《費加洛雜誌》上登載了一個由上述類型發展出來的故事：

一枚保險套在一塊葡萄乾麵包裏被發現。

去年六月，一間巴黎聖丹尼區相當知名的維也納點心店的常客，在她從這家店裏買來的葡萄乾麵包裏發現一枚保險套。這位年輕女子回到點心店抗議，被老闆私下安撫了。店裏主管飲食衛生的人員們對此警訊大爲緊張，他們仔細檢查整個工作流程與工作場所。在冗長的討論之後，他們總算發覺，一名麵包學徒切傷了手指，拿保險套包紮傷口。在攪拌餡料的時候，保險套不見了。這實在是一件很蠢的事，所以當那位熟客來店抱怨，老闆道歉解釋時，老闆也同時忠告那位學徒什麼話也不要說。最後，這個事件造成的恐懼比眞正的衛生影響還來得嚴重。

（*Le Figaro Magazine*, 1991, p. 106.）

這些故事擁有一樁當代傳奇所須具備的一切特徵：一件不尋常的新聞報導、圍繞在同樣的架構上的劇情變化、類型化的主角（女士、麵包學徒）、民間故事式的修辭（例如：保險套滑脫了，怎麼找也找不到，事情就是這樣發生的）。令人感到冒犯的是，故事裏的受害者總是一位「勇敢的女士」或一位「年輕的女子」。在上述的第二個版本裏，那家點心店雖然「知名」，但是卻坐落在聖丹尼區——巴黎有名的私娼紅燈區。因此當我們延伸想像麵包學徒是不是有利用麵糰做一些不可告人勾當的壞習慣時，事情很可能更糟，也可能更好。其實眞實情境應該牽扯不上保險套，因爲它並不便於保護手指，麵包學徒更可能使用的是臨床醫藥用的護指套——這種指套很近似保險套——或是膠手套。另外，如果眞是保險套留在麵糰裏，經過高溫烘烤之後，它應該已經燒焦到無法辨認了。

另一件類似的不幸事件一年之後在美國發生：

> 奧克蘭的麥斯威爾・墨格藍（Maxwell Moglen）先生在他的妻子茹絲（Ruth）在柏克萊一家超級市場裏買的一塊麵包中發現一枚保險套之後，向超級市場連鎖公司塞福維（Safeway）提起訴訟。茹絲已經八十歲了，她在咀嚼自製三明治時，感覺其中有異物，結果發現麵包中央雜一個塑膠製品。據他們的律師宣稱，從此以後，這對夫婦都沒有勇氣再嚐一口麵包了。塞福維超級市場的負責人檢視這個異物後，說明他是塑膠手套的一截指尖。本案目前還在阿拉孟達（Alameda）郡法院審理中。
>
> （*Chronicle* 1991.）

我們從以上的故事中可以觀察到，保險套是一截受傷手指的替代物，它很自然地就意味著一截被切斷的手指。尙路易・樂蓋勒曾提到一位廚師或一位廚娘在準備餐點時弄傷手指的情節，就好像紡織工人或裁縫師同樣很容易弄傷手指，經常成爲傳統民俗故事的主題，這種主題蘊含著一種死亡的象徵。另外，故事裏不斷出現的抱怨或法律訴訟，則呈現消費者保護的精神，如同在許多當代傳奇中所呈現的一樣。

以上這些故事藉由保險套其他用途的解釋說法，以減緩降低發現異物的恐怖感。但是有些故事則非常直接，簡直要把人逼到牆角無處可逃似的。在《海洋報》（*Presse-Océan*）上一則不起眼的小新聞裏，一名十一歲的加拿大小女孩在她的麥片粥碗裏發現一枚「用過的保險套」，這麥片是一家生產廠商的贈品。「小女孩母親受到很大的驚嚇，害怕有感染愛滋病的危險。」於是對性的倒胃口在最近則加上了感染愛滋病的恐慌。

體液污染食物

很自然地，有一些故事談論污染食物的體液：精液、唾液、尿液。布朗范德（1984）曾記載一樁謠言，敘述一位廚師以自瀆的方式射出精液，混合餡料，製作一種一著名品牌的餡餅。賈內・隆古瓦（Janet Langlois 1991）最近則研究有關漢堡王聯鎖店的謠言，據說一位罹患愛滋病的服務生在美乃茲醬裏射精，意圖讓顧客們也感染這種絕症。在這兒，故意散播性病的主題與食物的污染結合起來。另外一些故事則是有關超級市場裏賣的檸檬，爲了保持外觀美好，而噴灑了清潔劑或亮光劑之類的有害藥物（Morgan 1988, p. 64）。

還有一些關於疾病感染與食物污染的謠言和傳奇，則有關於唾液。道伊爾（Doyle 1978）曾敘述一樁有關一位口渴的小偷，喝了裝有肺結核病患唾液水壺的故事。這個傳奇的法文版本由尚路易・樂蓋勒從民俗研究者米歇爾・瓦利耶爾（Michel Valière）處獲知而紀錄下來。這個傳奇大約一九五〇年在法國艾羅（Hérault）省流傳：

> 在一輛從納爾波爾（Narbonne）駛往蒙柏里耶的火車上，兩名旅客面對面地坐著。天氣非

常燠熱。兩人其中之一看來持續地從他握在手裏的一個小瓶子啜飲水。另外一人非常口渴，因此十分妒嫉有水喝的旅客。突然間，火車進入一條隧道，嘩一下，那人把小瓶子搶過來，喝光裏面所有的液體，再把它放回去。火車出了隧道，另一名旅客問道：「是您喝了這東西？」「是的……」「這裏頭裝的是我的唾液，我正打算把它送到蒙柏里耶的實驗室化驗。」

（Le Quellec 1991, p. 125 et 249.）

疾病感染也可能是無意間發生的，而且與偷竊無關。在加拿大魁北克，描述最近流傳很廣的傳奇顯示對於愛滋病的恐懼：

在許多餐廳裏，靠近收銀機的櫃台上，總會放置一個裝著薄荷糖果的小碟子。萬一要是有一位愛滋病患者在碟子上方打了一個噴嚏，而有人又在很短的時間內吃了糖果，就可能罹患愛滋病。

（Roberge, 1989, p. 89.）

以上的故事很接近一個古老傳奇——大約在一八三〇年流傳，傳奇中提到「我們發現有一位痲瘋病人在維吉尼亞州瑞琪蒙（Richmond）的契斯特費爾（Chesterfield）香菸工廠裏工作。」（Morgan 1988, p. 178）

在魁北克，有一些人言之鑿鑿地說，在一個知名品牌的巧克力裏或在另一個品牌蛋糕的奶油裏，發現唾液或濃痰（Roberge, 1989）。

以下兩個傳奇敘述尿液污染飲料的故事。第一個是前述「唾液水壺」的變形版本，敘述一瓶裝在小型威士忌酒瓶裏、將送到實驗室化驗的尿液檢體，小偷因爲瓶子的外型與內含液體的顏色，誤認爲威士忌酒而偷走（Doyle 1978）。第二個故事曾經過葛瑞・芬倪（Gary Fine 1989）的研究，在一九八六年於美國加州流傳：人們謠傳從墨西哥進口的可樂娜（Corona）啤酒要出口到美國前，會找自願的墨西哥工人往啤酒瓶裏灑尿，以賦予啤酒美麗的黃色色澤與大量的泡沫。對食品的貶抑象徵用語常以糞便做爲比較——差勁的食物就好像「狗屎」，差勁的飲料則是「馬尿」或「驢尿」，而這種比較方式在此則以謠言的型態實踐了。芬倪說明傳奇往往攻擊成長迅速的商品，而可樂娜這個美國進口第二名的啤酒品牌，北美人的幻覺裏，似乎是第三世界對於富裕國家的一種報復工具。於是這個謠言被納入一系列從第三世界來的危險進口品故事之一。

有三種體液並未出現在這類的傳奇中：母乳，因爲太珍貴了；汗水，因爲太難蒐集了；最後是血，它不屬於這一類傳奇，而被歸類於另一種更恐怖的吃人肉故事類型裏。

其實利用人體肉塊或體液污染食物以造成倒胃口效果的故事，是爲了指控一些機構或團體：食品產業以及外國餐廳（所謂的健康食品品牌讓斷指留在食物裏；可樂罐裏發現髮夾）、性別錯亂者、小偷、傳染病患者、國外進口產品。在「食物裏的異物」這個句子裏，「異」這個字具有各種關於「外來的」意涵。

最後，在食物裏發現人體肉塊的主題還可能呈現更恐怖的事實：將整個人體混合在食物中，讓消費者成爲不由自主的食人族。一九九二年，一名學生曾敘述一樁謠言：「我們在頭肉醬裏發現一顆假牙」，聽衆所提出的恐怖問題當然會是：「頭肉醬，什麼動物的頭？」

荷納 撰文

【參考文獻】

Philippe BÉNET, 《Vous l'avez échappé belle》, *Le Figaro Magazine,* 12 janvier 1991, p. 104-108.

Jan Harold BRUNVAND, *The Choking Doberman,* 1984, p. 115-118.

50 Millions de consommatureus, 227, avril 1990, p. 8（cité par Le Quellec 1991, p. 225）.

Chronicle（San Francisco）, 28 décembre 1991（cité par *Foaftale News*, 25, 1992, p. 10-11）.

Laurent DELALOYE, *Quelle planète!*, 1988, p. 78.

Susan DOMOWITZ, 《Foreign matter in food: a legend type》, *Indiana Folklore*, 12, 1979, p. 86-95.

Mary DOUGLAS, *De la souillure*, Paris, Maspero, 1971.

Charles Clay DOYLE, 《Roaming cannibals and vanishing corpses》, *Indiana Folklore*, 11/2, 1978, p. 133-139.

Gary Alan FINE, 《Cokelore and Coke law: urban belief tales and the problem of multiple origins》, *Journal of American Folklore*, 92, 1979, p. 477-482.

《Mercantile legends and the world economy: dangerous imports from the Third World》, *Western Folklore*, 48,1989, p. 169-177.

Janet LANGLOIS, 《Hold the mayo: purity and danger in an AIDS legend》, *Contemporary Legend*, 1, 1991, p. 153-172.

Jean-Loïc LE QUELLEC, *Alcool de singe et liqueur de vipère,* Vouillé, Geste Éditions, 1991.

Hal Morgan et alii, *Vraies ou fausses? Les rumeus*, 1988, p. 64 et 178-179.

Presse-Océan, 10 août 1990, p. 4 《cité par Le Quelle 1991, p. 255》.

Françoise REUMAUX, 《L'actualité de la rumeur》, *Sociétés*, 31, 1991, p.15-20.

Martine ROBERGE, *La Rumeur,* Québec, Célat-université Laval, 1989.

2. 酒桶裏的屍體

當從阿爾及利亞來的運輸船上的大酒桶被清空時，赫然發現底部有一具屍體。但是這個令人毛骨悚然的發現太遲了，人們無法追回已經運送出去的葡萄酒，這些酒已經抵達消費者那裏。突如其來遭遇這樁不幸意外的葡萄酒品牌在故事中很明確地被說出，有時連這批酒放在哪一家批發商的酒窖裏都會被指出。阿爾及利亞的船籍或摩洛哥裔的死者也往往被標示出來，因此很清楚的，被污染的酒是由北非地區進口。法國，一九六〇以及七〇年代。

（Campion-Vincent 1988, p. 78-79.）

以上這個摘要說明情節的故事，在法國流傳得很廣。尚路易・樂蓋勒於一九八九年曾在法國旺代省的拉荷榭・戌雍，蒐集到一個口傳故事：

那批從阿爾及利亞來的葡萄酒，釀酒桶裏曾跌落淹死過一位阿拉伯人。經過思索後，我自問也許這件事可不只這麼一個單獨案例，因爲這件事緊接著發生在阿爾及利亞戰爭之後，甚至就發生在戰爭期間（……）。這個人掉落在釀酒桶裏，然後等到酒桶被倒空時，哎呀人們發覺有一具屍體留在桶底裏（……）。這個故事無疑是發生在阿爾及利亞（……），是在一個農業合作或者類似的組織裏。

（Le Quellec, 1991, p. 222.）

一九八〇年代初期曾居住在法國的心理學者強・柏克胡特（Jan Berkhout），曾聽過關於這個故事的許多版本，他統統告訴了強・哈洛德・布朗范德。在某些版本裏，跌落釀酒桶並非一件意外。有些人繪聲繪影地說，在阿爾及利亞人屍體的背上插著一隻匕首，或是脖子上還套著一圈繩索。（Brunvand 1984, p. 117）

這個故事可以有三個層次的詮釋。首先它呈現一種戲劇性的死亡：因爲意外（工作環境的艱難與危險，例如因爲蒸發的酒精而導致暈眩），或因爲無恥的謀殺，而屍體被藏在一個令人意想不到的所在。第二個主題常出現在當代傳奇裏，就是仇外排外情緒：這個故事涉及到外來的葡萄酒，或者更明確地說是從摩洛哥來的。它會勾起法國人對與阿爾及利亞戰爭或阿拉伯移民的集體情緒，並顯現一種長期存在的種族歧視立場。在這兒，我們也想強調一種冷酷無情的反諷，一位回教徒在他所信仰宗教禁止飲用的飲料中淹斃沒頂。最後一個主題就是所謂的「不由自主的食人族」：所有關於這個故事的版本都說，這飲料或人肉補酒已經裝瓶並送到零售商那裏去了。

布萊德尼契（Brednich）在一九九〇年曾蒐集到這故事的一個德國版本：

> 在法蘭克福，一座可口可樂工廠在清洗製造槽時發現一位失蹤好幾年的工人屍體，軀體血肉大部分已被溶解。當人們發現這件意外並找到骷髏骨架時，製造槽裏的飲料已經裝瓶分送各地了。（Brednich 1991, p. 104-105.）

在這兒，猜疑從外國飲料轉向可口可樂，以及製造可口口樂當地工廠的生產環境。有關可口可樂的民俗傳說——葛瑞・芬倪稱之爲「可樂傳說」（Cokelore），很大一部分奠基於這飲料配方的神話。有人說可口可樂裏放有「公牛血」，那麼爲什麼不會意外地是一名工人的血肉？這個故事也採用其他可樂傳奇的情節：可樂能夠將血肉溶解——因此人們不由自主地食用人肉的主題就顯得更合理了。

一九八一年在利比亞的提波里（Tripoli），流傳一名工人被發現溺斃於可口可樂製造槽的故事（Morgan 1988, p. 172）。這個謠言的衝擊讓可口可樂的銷售量直線下降，迫使該公司不得不在媒體刊登闢謠澄清啓事。利比亞人將這個故事視爲美國威權剝削當地工人的象徵，當地的歐洲企業人士則以此做爲第三世界國家不注重衛生的證明。

在美國德州，跨過一九六六年與一九六七年的那個冬季，有人發現一名工人溺斃於聖安東尼奧（San Antonio）一個名叫「孤獨之星」（Lone Star）啤酒品牌的啤酒釀造槽裏（Morgan 1988, p. 172）。在另一個改寫的故事裏，一些殺手殺死工人，並將屍體切塊丟進釀造槽裏。

在一九五〇年代，另一樁謠言敘述一名墨西哥農場工人在密西根一家泡菜工廠跌進絞碎機裏（Domowitz 1979）。這個故事結合了幾個不同、甚至彼此矛盾的主題：非人性地剝削外籍工人、外籍工人不夠專業或能力不足、工廠工作環境的危險、泡菜的神祕配方（裏頭總是混有一些無法清楚辨認的塊粒），以及不由自主的食人族。

《酒桶裏的屍體》與文學

文學創作非常頻繁地採用酒桶裏的屍體這個主題。一九五九年，英裔美國作家羅德・達爾（Roald Dahl）在他許多新派黑色幽默小說中一本名爲《豬》（*Pig*）的作品裏，想像紐約一座豬隻屠宰、切割、肉品加工廠，偶爾因爲來工廠拜訪的觀光客被生產線設備捲入，而製作出人肉產品。

著名漫畫《丁丁歷險記》比利時作家艾傑（Hergé）的讀者，應該都熟悉《丁丁在美國》（1931-1932）裏的情節：丁丁拜訪芝加哥一家屠宰與肉品加工廠，曾被丟到一個製造槽裏，而遭遇到被絞碎製成醃牛肉的危險。在這樁惡行之後，工廠負責人還宣稱：「是什麼肉都一樣，只要我把肉裝進罐頭裏，史立夫（Slift）工廠就承認這是他們的產品……」——丁丁之所以獲救，是因爲一場突如其來的罷工讓機器停止運轉。根據工人們的解釋：「這是一場大規模的總罷工。因爲經營者意圖降低價格，所以工廠就購買狗肉、貓肉與老鼠肉，要我們製作兔肉醬。」書中離這段情節的不遠處，有一格漫畫顯示，工人們毫不掩飾地在一幅「禁止抽菸」的標誌下抽菸。所有這些笑料都證明，艾傑或直接或間接地從戲謔雜誌《小臼炮》（*Crapouillot*）有關美國的專刊號、喬治・杜阿邁（Georges Duhamel）的小說《未來生活的景象》（*Scénes de la vie future*, 1930），以及第一次於一九〇六年出版，後來再版多次的美國作家烏普頓・辛克萊（Upton Sinclair 1878-1968）非常成功的著作《叢林》（*La Jungle*）那兒獲取靈感。

辛克萊有著支持共產主義的傾向，這使他成爲揭露野蠻資本主義的專家。他宣稱根據堅實證據而創作的小說，往往成爲社會主義與進步論者的宣傳工具。《叢林》的故事是在芝加哥屠宰與肉品加工廠中發展，那兒的衛生條件非常低落：工人們在拿來製作臘腸的水裏洗手；每天晚上，清潔工人把地上掃集的食物碎屑丟進製造槽裏，但是地上也有工人們所吐的痰，其中有些工人還患有肺結核病。反對資本主義的口號常控訴資本家以工作扼殺勞工，這種口號在這裏成爲事實。資本主義一方面讓市民變成「人肉炸彈」，另一方面利用工人成爲「人肉糜醬」。老闆是象徵性但主動的食人族，他們剝削工人，並讓消費者成爲享受以工人肉體做成醃牛肉的眞實但不由自主的食人族！

> 對於那些在充滿高熱蒸氣、地上放著許多沸騰大鍋爐的熬煮室工作的工人而言，最大的恐懼是擔心自己掉進鍋爐裏。因爲幾乎沒有人能掉進去還被救回，就算被撈起也已經被煮爛了：如果有人掉進鍋爐，通常就讓他留在裏頭幾天，然後這個可憐鬼的整身軀體將被煉成品質保證的純豬油，掛上杜爾漢（Durham）公司的品牌，銷往全世界。（Sinclair 1963, p. 245.）

烏普頓．辛克萊並非發明酒桶裏屍體主題的人。他應該是從對美國工人們的訪談中發現這個題材，而他自己也從英國民俗傳統中獲得啓發。如同賈桂林．辛普森（Jacqueline Simpson 1983）所指出的，察理斯．迪克遜（Charles Dickson）作品中許多趣聞軼事是從十九世紀傳奇發展而來的。作家瑪麗．魏樂（Mary Weller）的奶媽就很喜歡講恐怖故事給她聽。在《匹克維克歷險記》（*Pickwick Papers*, 1837-1838）這本書裏，匹克維克先生的僕人山姆・魏樂（Sam Weller）——這個巧合的名字無疑有其特殊含意——向他的主人講述以下有關倫敦一家豬肉食品專賣店的故事：

在那兒一位著名的工業家神祕地消失已有四年了。（……）他曾是這家專賣店的主人，他發明了一種新式的蒸汽機，取得專利權，可以不停止地製造臘腸。將肉塊放進機器，它可以輕易地把肉絞碎製成像嬰兒般柔嫩細緻的臘腸。有一天，在與妻子爭吵後，豬肉食品專賣店的老闆失蹤了。爲了尋人，他所有可能去的地方都找遍了。同時在事情發生的兩個月之內，只要人們一發現死屍，就會立刻送到臘腸店裏辨認，但始終音訊全無。妻子故意讓她丈夫因故逃走的傳說在外流傳，並且繼續經營專賣店的生意。一個星期六的晚上，一位又老又瘦、十分矮小的紳士來到店裏，氣得滿臉通紅：「請您瞧一瞧，女士！當您不能用最好的牛肉來製作您的臘腸，總不能爲了降低成本在裏頭塡塞鈕釦吧！」女主人問：「鈕釦？先生。」「鈕扣，女士！」這位紳士打開紙包向她展示二十到三十片鈕釦的碎片，回答道：「您看，臘腸裏有這麼美麗的調味料，女士！褲子上的鈕釦！」「見鬼了！」女主人驚叫地說：「這是我先生的鈕釦！」聽到這回答，這位老先生的臉立刻轉成像豬油一樣慘白。「我認得出這是什麼，」這位寡婦緊接著說：「他一定被做成臘腸了！」這是眞的，山姆面對著匹克維克先生因爲恐懼而發白的臉龐說，這是眞實的故事。很可能男主人掉進機器裏去了。但無論如何，那位酷愛臘腸的老紳士發瘋似地從專賣店裏逃出去，從此再沒有人聽說過有關他的消息。

（Dickson 1878, t. II, p. 19-20.）

以上這個故事包含了幾個重要的傳奇主題：掉在製造槽裏的軀體，並與食物混合（如同在辛克萊與艾傑的故事裏，一條製作臘腸的自動化生產線）；跌落背景原因的不確定性（自殺、意外、謀殺？）；在食物裏找到的線索（麵包裏斷指主題的變形）；最後，消費者發覺自己所吃的東西是什麼時的驚嚇。這個故事的恐怖已經從一種敘述風格中透露出來：「機器（……）可以輕易地把肉絞碎製成像嬰兒般柔嫩細緻的臘腸。」

意外地掉落在一座工作槽裏的主題，是這類故事中很重要的一項元素，被採用的非常廣泛。尚路易．樂蓋勒曾寫過：

在普瓦圖（Poitou），一些人會認眞地把關於老爺爺在葡萄收成季節監督釀酒過程的故事當作一回事：他彎下腰檢視釀酒槽（或大木桶）裏的葡萄有沒有適當發酵，結果酒精蒸氣沖昏老人的頭，他跌落在葡萄與葡萄汁之中……老人因此溺斃，並且在過世好一陣子之後才被發現。

（Le Quellec 1991, p. 221-222.）

在希臘神話裏，格勞科斯（Glaucos）是克里特國王彌諾斯（Minos）與妻子帕西淮

（Pasiphae）的兒子，很年輕的時候，他曾掉入蜜罐中溺斃，屍體被撈起來。後來一位魔術師以神奇的法力讓這男孩復活。

我們可以把這一系列內容相近的傳奇，歸類成職場意外悲劇的故事，但悲劇的境遇可能截然不同。一些工人跌落於正在施工中的混凝土漿裏——橋樑或水壩，屍體就埋在建築物裏（Morgan 1988, p. 175-176）：這類的小事件卻往往因爲建築工程的特殊性，而有爲重大工程奠基而犧牲的迴響與回憶，在二十世紀之初，中歐就有一些抒情詩記述這類的犧牲回憶。另一方面，一些負責清洗或維修有劇毒物體容器的工人，因爲吸入毒氣而昏迷，倒斃在容器裏，我們就無情地再補充僱用一些新工人。一名焊接工人掉進鍋爐裏，我們關心的反而是他的屍體造成堵塞而導致水蒸氣壓力的不足。

海軍司令的生命之水與猴酒

酒桶裏屍體主題的一項變形發展成一系列的故事：一群人喝了一桶俗稱「生命之水」的蒸餾烈酒，結果發現桶裏保存著一具屍體。這種防腐保存屍體的做法在十八、十九世紀相當常見，主要是爲運送過世海外的歐洲重要人士回歸故土之用。

有關故事中最有名的是英國海軍名將納爾遜（Nelson）。有一首海軍的歌謠，敘述海軍艦隊的成員們，如何在一八〇五年運送這位英國海軍司令的遺體返國。他們用一桶白蘭地酒來保存這位在特拉法爾加角（Trafalgar）大敗西班牙艦隊的勝利者軀體。英國俚語中還保留著關於這段傳奇旅程的影響：例如「喝一滴納爾遜的血」（to drink a drop of Nelson's blood）意味著「喝一小口酒精濃度很高的烈酒」；「從海軍司令那兒汲酒」（to tap the Admiral）意味著「隨便喝什麼都可以」。流傳類似故事裏的主角還有一位英國將軍（1812）、一位在拉丁美洲馬提尼克（Martinique）去世的法國富商（1826）、另一位在印度去世的英國海軍司令（大約在1830-1840），以及一八八五年在遠東地區去世的法國海軍司令亞邁德・庫爾貝（Amédée Courbet）。

「不由自主食人族」傳奇的一種次類型，則將人類的軀體換成猴子的屍體。尚路易・樂蓋勒在他一九九一年的著作《猴酒與蛇酒》（*Alcool de singe et liqueur de vipère*）中，曾特別分析這類故事。其中一個最古老的、十九世紀末在火車司機間流傳的故事如下：

> 一八六一年酷寒的冬天裏，一位列車長在車輛長途旅行中暫住在一節貨車廂裏，車廂內放著一個很大的包裹，（……）當鐵路調車工與制動員操作移動車廂時，常常會聽到包裹裏傳出液體流動的咕嚕咕嚕聲：包裹裏裝有某種飲料，而據員工裏的萬事通先生說，這飲料是酒。（……）有一天列車長搖晃包裹，驚喜地發現漏出來的液體果然是酒，琥珀色的烈酒，口味非常細緻也非常獨特。（……）於是一夥七個人，非常高興地分享大約兩公升的美酒。（……）當列車抵達終點站時，（……）一位留著山羊鬍子、戴著眼鏡的教授來取這個包裹，他要求當場打開包裹，以便檢驗裏頭的「東西」是否有所損害。（……）他小心翼翼地把包裹打開，眾人聚攏圍觀，在烈酒之中蜷曲的是一頭巨大婆羅州猿猴的標本，這位教授很高興地仔細檢視這

件罕見標本，列車長及那些曾享用過美酒的列車工人則臉色變綠，悔不當初。

（Henri Vincenot 1975, p. 155-156.）

在英法海峽與大西洋沿岸一帶，類似的故事有另外一個版本流傳：在失事船隻擱淺在海灘上的殘破船艙裏，發現了裝有猴酒的酒桶。

在法國旺代省，以下的民俗傳說流傳很廣：

一艘載著勃提紐爾（Bretignolles）地方船員的船隻，在聖吉爾（Saint-Gilles）的沙灘上發現一桶藍姆酒。大夥商量後一致認爲與其把它搬到船上，不如立刻就地喝掉。這酒的品質很不錯，船員們都喝得微醺。（……）其中一個人突發奇想，將木桶剖開，企圖取得一些有用的木料。結果大家驚訝地發現，酒裏頭保存著一頭要送到拉荷榭（La Rochelle）自然歷史博物館的猴子標本。所有人都感覺不舒服並立刻嘔吐。

（Le Quellec 1991, p. 12.）

尚路易．樂蓋勒曾仔細調查這樁地方傳奇，以印證故事發展的機制。侯榭弗（Rochefort）航海歷史檔案中心的一份資料顯示，一九一一年十二月二十七日，一位海岸巡守員在勃提紐爾岸邊拾獲「一個酒桶，裏頭有保存情況相當不錯的猴子屍體，桶外沒有任何標示」。一九一二年一月五日，地方報紙《旺代出版人》（*Le Publicateur de la Vendée*）則更明確地說明，所發現酒桶裏裝的是葡萄酒，並非烈酒，裏頭封藏著一頭巨大猿猴的屍體。但是一九一二年一月十四日在《薩勃勒報》（*Le Journal des Sables*—係旺代省Les Sables-d'Olonne地方報紙）上的敘述就幾乎是百分之百的傳奇版本了：首先發生事件的地點錯置爲聖馬丁德波姆（**Saint-Martin-de-Brem**），桶子裏裝的是生命之水烈酒，船員喝了酒，酒桶是打開的，喝酒的人發覺桶裏有一頭猩猩的屍體，紛紛嘔吐起來……。估計大約在十五天左右的時間裏，一個地方新聞就轉變成一項「猴酒傳奇」——這是因爲一個地方事件可以提供一項啓動的機制，以及一個被人們接受的故事結構（發現裝有猴子的酒桶）。再一次，我們發現在傳奇散布過程裏新聞媒體的關鍵角色。

因此，旺代省猴酒的故事很快地流傳開來。一九一二年，靠近勃提紐爾的聖吉爾戌維（**Saint-Gilles-sur-Vie**）一家商店印製了一系列有關這個傳奇故事的明信片，當作連環漫畫來販售。《布列塔尼航海年鑑》（*Almanach du marin breton*）上敘述了這個故事，還配上兩幅連環漫畫似的插圖。尤有甚者，這樁傳奇出現了許多口耳相傳的不同版本，許多情節也有相當幅度的改變：一名喝酒的人「發現酒杯裏留下動物的毛髮，但他並不引以爲意」（關於徵兆的主題）；剖開酒桶，「裏頭有兩團如同腳足一樣的肉塊，乍看之下，就像是人的腳」（暗示這是人的軀體）；這猴子證實是蘇門答臘猩猩（猩猩是猴類中最接近人的一種，至於蘇門答臘的說法，可能是一八六一年火車工人發現婆羅州猿猴故事的影響）。

所以我們可以說，猴酒傳奇是酒桶裏的人類屍體與食品裏的動物屍體兩種主體的中間產品。

這些傳奇故事是有趣的、不尋常的，但它們同時也包含著道德教誨的含意：故事裏的主角——同時具備小偷與酒鬼雙重身分——因爲他們自己所犯的過錯而受到懲罰。《布列塔尼航海年鑑》上登載這個故事的目的，很清楚是要壓抑船員酗酒的風氣。我們甚至可以在全世界不同的民間故事裏發現這個主題。樂蓋勒曾提及一樁流傳於中非洲的民間故事，泰樂・拉瑞涅（Téré l'Araignée）因爲她的貪吃而受到懲罰：當她將一整罐蜂蜜吃得精光時，才發覺罐底有一頭猴子的屍體（Le Quellec 1991, p. 125）。

以上的故事引發我們回溯有關放在食物餐盤上人類屍體的古老故事。

古老的相關故事

在義大利作家吉諾瓦尼・法蘭契斯哥・波吉歐・布拉吉歐里尼（Giovanni Francesco Poggio-Bracciolini 1380-1459）所著之《戲謔集》（*Facéties* 1450）裏，敘述以下的故事：

> 一位死去的猶太人被一位佛羅倫斯人當作食物吃掉了。
>
> 有兩位猶太人從威尼斯出發，打算旅行到波隆納，但當他們抵達時，其中一位因病去世。另一位猶太人想把他朋友的屍體運回威尼斯，但這顯而易見是法律所不允許的行爲，於是他將朋友的屍體切成塊狀，混合著蜂蜜與其他香料，放在蜂蜜罐子裏，這樣罐子就發出宜人的香

氣。然後他把這個罐子交付給另一位將搭乘小船經由運河到費拉瑞（Ferrare）去的猶太人。同一時間，有許多人搭乘這艘船，其中一位佛羅倫斯人就正坐在這蜜罐子的旁邊。到了夜晚，罐子所發出的陣陣香味讓人懷疑裏頭裝著美味食物。這位佛羅倫斯人偷偷地把罐子打開，嚐了一點罐中之物。他發覺味道非常香甜，於是一點一點地，在黑夜中，他開始吃到肉塊，依然深信自己正在食用絕佳的食物。當船抵達費拉瑞時，猶太人拿起蜜罐，發覺重量過輕，事實上罐子已經變空了，於是大喊屍體被人偷走了！這時，佛羅倫斯人才明瞭自己的身體已經成爲一名猶太人的墳墓。

（Poggio-Bracciolini 1450.）

《戲謔集》在一五四九年被翻譯成法文，同時在文藝復興時期在整個歐洲有無數種流傳的版本。這本書甚至引發了模仿之風：在一個十七世紀的故事版本裏，一群飢餓的船員將從埃及亞歷山卓港運來桶裝鹽醃的猶太人屍體給分食了。事實上，波吉歐·布拉吉歐里尼本人對於以上這個故事的態度是半信半疑，因爲他也是從別人那裏聽來的。而在土耳其寓言作家納斯雷丹·哈達加（Nasreddin-Hadja）所撰、被暱稱爲「土耳其伊索寓言」的故事集裏，也可以發現這樁傳奇的蹤影。這個故事的眞實信相當值得懷疑，因爲在猶太教的傳統裏對屍體是非常尊敬的。將一具猶太人的屍體切塊，甚至剔去骨頭，是完全違反希伯來宗教中必須將完整的屍體呈獻在上帝之前的信仰。

察里斯·道伊爾（1978）曾評論過這個故事，認爲它與另一樁當代傳奇《被偷走的祖母》

（*La grand-mère volée*）近似。這兩個故事擁有一組幾乎相同的情節元素：

1. 一群旅行者中的一位去世了，遠離家鄉。
2. 他的同伴迅速採取一些辦法打算將遺體運回。
3. 爲了規避政府的行政管制，必須以某些方法掩飾屍體。
4. 屍體由一位同伴或親人護送。
5. 旅途中，屍體被偷走了。
6. 小偷最初並不知道他所偷走的東西是屍體。

在某些《被偷走的祖母》故事版本裏，有人聽說她可能被吃掉了。道伊爾認爲，一具屍體被偷走，就像家中寵物、乃至於任何一位家庭成員如祖母或其他親人走失一樣，直到屍體被吃掉了或確定沒有被吃掉，才回到「食人族」這個主題。「所有這些關於被偷走屍體的故事，都呈現了一個一般性的發現：關於死亡陰森森的事實，以及死者於活人間令人害怕的近距離。」（Doyle 1978, p. 138）。這種近距離發展到極致，就是吃掉屍體。

第二個古老故事是由一位十三世紀出生於巴格達的阿拉伯醫師兼旅行家亞伯德·艾爾拉提夫（Abd el-Latif）所撰寫，收錄在《與埃及的關係》（*Relation de l'Egypte*）書中：

一位信實可靠的男人曾向我敘述，有一次，他和其他的人一起在金字塔附近尋寶，他們發現一個密封的罐子。打開後，發現裏頭裝著蜂蜜，於是大家很高興地分食。其中一個人發覺有頭髮纏住自己的手指，他用力一扯，發覺罐子裏還裝著一具小嬰孩屍體。所有參與這件事的一批人至今仍結成死黨。

（Abd el-Latif 1810.）

古代很多作家，例如史特拉博（Strabon）與希羅多德（Hérodote），都證實的確有將屍體放在蜂蜜中保存的做法。我們注意到這位阿拉伯旅行家對於這個故事眞實性的憂慮（「一位信實可靠的男人曾向我敘述……」），雖然所有的人都可能質疑一位盜墓者的誠信！這個故事當然反映了某種道德訴求：盜墓者與貪吃者都應被懲罰。

酒桶裏屍體的傳奇呈現了無可避免的一般性，每一種文化、每一個時代都在這種傳奇裏反映出適切的社會心理。因此火葬的殯葬儀式，會不會引發一系列關於人們無心吃下死者骨灰的故事！

死人骨灰與粉狀食物

這個主題已經有悠久的歷史（Dale 1978, Newall 1985），而大約在第二次世界大戰之後最爲流傳，可能是戰後有許多士兵將在前線戰死的戰友骨灰寄回家鄉，而同時從美國又有許多歐洲移民郵寄食品包裹給家鄉的親友所致。

大戰後，一個德國家庭固定收到住在美國的親近親人寄來的糧食補給包裹。這些包裹內容有巧克力、咖啡、奶粉等等。一天，他們發現在一個包裹裏，有一個精美的盒子，裏頭裝著無名的粉末。他們認爲這是一種新的營養食品，所以每天都加一點在他們的食物裏。幾個星期之後，這個家庭收到一封信，通知他們很快就會收到在美國去世祖母的骨灰盒。

（引自Brednich 1990, p. 73.）

根據不同的版本，骨灰往往被誤認爲即溶脫水濃湯、雀巢即溶咖啡、麵粉、咖哩粉、香料，或者是可可粉（根據Dale 1978的敘述，從澳洲寄出的骨灰被放在一個舊的可可粉盒子裏）。在一個英國的故事版本裏，一位在遠東旅行的老祖母在他鄉去世，骨灰被放在一個香料罐裏寄回家，結果被家人拿來做爲聖誕節蛋糕的調味料（Smith 1983）。

馬丁妮・侯伯傑（Martine Roberge）曾敘述一個發生在加拿大魁北克的故事：

這個故事與一對姊妹有關。其中一位與她的丈夫住在多倫多，另一位住在蒙特婁。住在多倫多的那位寫了一封信給妹妹說寄了一些做蛋糕的香料給她。但是在這期間，她的丈夫去世了，因此她也將丈夫的骨灰寄到妹妹那兒。沒想到骨灰比香料早寄到。因此妹妹用骨灰做成蛋糕，吃掉，並且覺得味道可口，而將眞的香料灑在湖裏。

（Roberge 1989, p. 91.）

傳奇敘事手法中很常見的一個現象是，利用修辭學的技巧呈現——香料與骨灰的對比——與結構化，在以上的故事裏，蛋糕裏的骨灰與湖裏的香料交錯配列。同時在這類故事中，總是會很明確地說出所吃的食品味道非常之好。

食用骨灰的傳奇同時顯示兩項不良的運作模式：現代食品無法辨認原貌的粉狀形式，以及屍體火葬的骨灰。這兩種運作不良將造成名牌食品被換成骨灰，而出現了不由自主的食人族。將人體混合或是溶解在食品中，然後無形之中吃下肚裏，形成一種恐怖的吃人行爲。在其他故事裏，相反地強調食用明顯具體的肉，這就是另一種關於人肉的故事：人肉大餐。

荷納　撰文

【參考文獻】

ABD EL-LATIF, *Relation de l'Égypte*（traduction Silvestre de Sacy, 1810, cité par Morgan 1988, p. 174 et Le Quellec 1991, p. 123-124）.

Rolf Wilhelm BREDNICH, *Die Spinne in der Yucca-Palme*, 1990, p.73-76.

-, *Die Maus im Jumbo-Jet,* 1991, p. 104-105.

Jan Harold BRUNVAND, *The Choking Doberman*, 1984, p. 115-118.

Véronique CAMPION-VINCENT, 《Les légends urbaines》, *Cahiers de littérature orale*, 24, 1988, p. 75-91.

Rodney DALE, *The Tumour in the Whale*, 1978.

Charles Dickens, *Les Aventures de Monsieur Pickwick*, Paris, Hachette, 1878.

Susan Domowitz, 《Foreign matter in food: a legend type》, *Indiana Folklore*, 12, 1979, p. 86-95.

Charles Clay DOYLE, 《Roaming cannibals and vanishing corpses》, *Indiana Folklore*, 11/2, 1978, p. 133-139.

Gary Alan FINE, 《Cokelore and Coke law: urban belief tales and the problem of multiple origins》, *Journal of American Folklore*, 92,1979, p. 477-482.

HERGÉ, *Tintin en Amérique*, Paris-Tournal, Casterman, 1983.

Jean-Loïc LE QUELLEC, *Alcool de singe et liqueur de vipère*, 1991.

Hal Morgan et alii, *Vraies ou fausses? Les rumeurs,* 1988, p. 172.

Venetia NEWALL, 《Folklore and cremation》, *Folklore*, 96, 1985, p. 139-155.

Giovanni Francesco POGGIO-BRACCIOLINI, *Facéties*, 1450《cité par Doyle 1978 et Le Quellec 1991, p. 124》.

Kurt RANKE, 《Zum Motiv "Accidental Cannibalism"》, *Dona Ethnologica, Festschrift Leopold Kretzenbacher*, Munich, 1973, p. 321-325.

Martine ROBERGE, *La Rumeur,* Québec Célat-université Laval, 1989.

Jacqueline SIMPSON, 《Urban legends in The Pickwick Papers》, *Journal of American Folklore*, 96, 382, 1983, p. 462-470.

Upton SINCLAIR, *La Jungle*, Paris, UGE, 1963（Cité par Le Quellec 1991, p. 149）.

Paul Smith, *The Book of Nasty Legends,* 1983.

-, *The Book of Nastier Legends*, 1986.

Henri VINCENOT, *La Vie quotidienne dans les chemins de fer au XIXe siècle,* Paris, Hachette, 1975（cité par Le Quellec 1991, p. 27）.

3. 人肉大餐

雅加達，一九八六年八月二十八日，法新社。根據義大利周刊《節拍》（*Tempo*）星期四的報導，一名印尼的流動攤販艾迪・芭阿特（Edi Paat）先生到他一位在庫寧加（Kuningan，爪哇西部）有一間食品店舖的朋友那兒拜訪，他帶去一塊肉，打算料理一道好菜。芭阿特以油炸的方式調理這塊肉，並與他的商人朋友以及另外三個人分享。大家都覺得這道菜十分美味。但是朋友們發現這道菜裏頭居然夾雜著紗布，芭阿特只好招認這肉是他在公路車站裏一個塑膠背包中發現的。隔天，有人發現一個男人非常緊張地找尋他所遺失的背包。按他所說，那背包裏裝著他兄弟開刀所取出大約重兩百五十公克的腫瘤。這消息傳到前一天與芭阿特共享美食的賓客耳裏，他們因此瞭解那晚餐的主食到底是什麼。

（Vergez 1990, p. 93-94.）

我們不禁要懷疑法新社這一則外電報導的眞實性。因整個故事在確認「這道菜十分美味」之後，發現一個線索（「一片奇怪的紗布」，請參照麵包裏斷指的故事），一個被偷或遺失的包裹（請參照小偷被愚弄的故事），最後獲知所食用的食物是人體的一部分：所有這些元素都經常出現在不由自主食人族的故事裏。可能的狀況是，一項眞實的新聞報導——發現一個背包，裏頭裝著很近似動物肉塊的人類腫瘤，這項報導悄悄地融入不由自主食人族的傳奇結構中，而創造以上這項虛構的新聞。遠離事件發生地點（印尼）以及新聞報導的引用與改寫（法新社引用一份義大利周刊上文章的外電報導）這兩項特徵，在資訊扭曲過程中扮演重要的角色。另外，一名男人以背包運送從他兄弟體內取出的腫瘤這事也顯得詭異，因爲一般而言是由醫院來處理外科手術割除的「東西」。

人肉大餐的主題同樣也象徵困難或資源匱乏的時期。在華特・雷溫諾（Walter Lewino）的小說《混帳費南德》（*Fucking Fernand* 1976）中，作者嘲諷第二次大戰與德軍佔領期間價值的混亂與動搖。其中一段情節，敘述民兵們攔截取得了一個他們以爲要送到黑市去賣裝滿豬肉的袋子，然後在不知情的狀況下吃掉一名德軍軍官。當這批民兵知悉他們食用的是什麼時，大家都吐了。一九八七年，電影工作者傑哈爾・摩迪亞（Gerard Mordillat）以雷溫諾的小說爲本拍攝了一部同名電影，演員包括了提耶西・勒密特（Thierry Lhermitte）與尙・亞尼（Jean Yanne）。

相對於個別人士故意以人肉掉包替換獸肉販賣，有些更直接的故事流傳已久：那就是關於人肉商店的主題。

人肉商店

一九四六年，在戰後如廢墟般的柏林，一位年輕女子遇到一名摸索前進的流浪盲人，這盲人請求她協助帶一封信到某個地址。基於同情心，女子答應代爲送達。但是當她轉頭正要離去時，瞥見那盲人拔腿跑開，沒有一點蹣跚遲疑，消失在街角。因爲發現了這個可疑的現象，女子到警察局報案。不久後，警察在那個地址查獲兩男一女以及大量的肉類。在當時肉簡直就像黃金一樣珍貴。警察非常震驚地發現這些肉是人肉。至於原本交由那位年輕女子代轉的信上頭寫著：「這是今天最後一次送貨。」

（Brednich 1991, p. 100-102.）

以上這項傳奇流傳於第二次世界大戰後的歐洲，並且曾經被新聞媒體報導過，特別是一九四六年七月的美國報紙《紐約客》。另外一個版本，由斯德哥爾摩的特林特堡（Klintberg）在一九七三年所搜羅，故事背景依舊是大戰結束不久後的柏林，但是被害人是失去雙親的小孤兒，地點則是臘腸工廠……，描述文字爲：「這是小牛肉。」如同許多不由自主食人族的故事一樣，以人肉製成的食品都經過特別處理，無法識別原貌：臘腸、肉醬、燉肉雜燴、醃肉等。

值得注意的是，同樣的傳奇在一九五〇年代被搬到另外一個「拐騙婦女爲娼」的劇情裏。那封信的內容變成：「這是我送來的最後一個女人。」無論如何，妓女戶也可說是另一種類型的人肉商店。

豬肉食品商故意採用人肉的主題，在大眾文學與民俗故事的傳統裏已經有悠久的歷史（Meurger 1988）。

一八四〇年，一本發表於倫敦作者不詳的小書《珍珠項圈》（*Le Collier de perles*），描述住在艦隊街（Fleet Street）惡魔般的理髮師斯威尼・塔德（Sweeney Todd），在他理髮店裏的搖椅上毫不留情地割喉宰殺顧客，在把屍體交給肉舖的年輕屠夫，做成硬殼麵包的內餡肉醬，供應給羅衛特太太（Mrs. Lowett）。

同樣在倫敦，一八一八年六月，一張由詹姆士・凱特納許（James Catnach）編輯的報紙，一開始的句子是：「一項恐怖的新發現！大量的人類屍體在一家豬肉舖裏被發現。」這一篇報導引發民眾對於某些嫌疑肉舖的敵意與抗議。事實上，這項消息是凱特納許杜撰的小說式文章，他的原意是要指摘與控訴不負責任的毀謗謠言（Simpson 1983）。

保羅・塞比雍（Paul Sébillot）曾提及許多關於人肉屠夫的傳統故事。舉例而言，以下是一個發生在法國貝讓松（Besançon）市區拉布瑞（Labourey）廣場的傳奇：

> 一名叫做拉布瑞的殺手就在他住所前廣場被處決，事後人們將廣場泥土翻犁過一遍，灑上鹽巴，以求解厄，並讓這個地點恢復平靜。這人原本是位糕餅師傅，爲了要讓肉餡更鮮美多汁，他引誘小朋友到他家裏，宰殺後絞碎成人肉。有人因爲在肉餡裏發現一小節指頭，於是調查發現了最新一具還沒有完全絞碎的屍體與骨骸。
>
> （Sébillot 1906.）

尚路易・樂蓋勒提醒以上這樁傳奇的主角名叫「拉布瑞」（Labourey），其發音與「翻犁」（laboure）清掃殺戮痕跡這個動作的法文字發音非常接近，這種巧合讓人無法相信是真實的故事。另外，市民們不太可能接受一個惡名昭彰殺手的名字成爲城市廣場的名字。傳奇敘述中，人們在食物裏發現一截斷指。有時在另一些故事裏，發現的是一名受害者的訂婚戒指——見戒指如見手指，根據戒指而將犯罪的屠夫逮捕（Simpson 1983）。在比利時，同樣有一名在布魯塞爾的人肉屠夫，以及在列日（Liège）省的割喉理髮師，後者擁有一家獨立的小客棧。在一些鄉村故事版本裏，人肉販子其實就是「血腥客棧」，客棧主人將顧客殺了之後庖製成燉肉雜燴。新聞報導與傳奇在有名的法國阿爾代許（Ardéche）省佩瑞貝爾（Peyrebeille）客棧恐怖事件中混淆了，客棧主人因爲甚囂塵上的謠言而被控訴殺了五十三名旅客。一八三三年十月，馬丁（Martin）夫婦和他們的僕人因爲關於一位旅客的謀殺案以及僅僅一名證人，被求處死刑並送上斷頭台。克勞德．歐彤拉荷（Claud Autant-Lara）因爲這些新聞報導所觸發的靈感，拍攝了名爲《紅色客棧》（*L'Auberge rouge* 1951）的悲喜劇，演員有費南戴爾（Fernandel）與法蘭斯瓦絲．羅塞（Françoise Rosay），戲中吃人的情節是以幽默的方式處理。

在巴黎，在一位女士從臘腸中發現一節小手指之後，警方立刻在聖西爾畢斯（Saint-Sulpice）街區逮捕一名小孩屠夫（Alfred Harou, *Revue des traditions populaires*, t. XI, 1896, Le Quellec 1991, p. 140 引用）。但是發生在巴黎最有名的案件無疑是十七世紀「小男孩街」（rue des Marmousets）事件。到了十九世紀，這個事件提供前面曾引述著名英國民間故事《珍珠項圈》創作上的靈感。殺人理髮師、屠夫與他們的共犯對於以被害者的肉製作肉餡的懺悔告解，被紀錄在民俗悲歌、巴黎史書、關於恐怖謀殺案的著作——例如保羅．費瓦爾（Paul Féval）的《死亡悲劇》（*Drames de la mort* 1865）以及羅蘭．維爾納夫（Roland Villeneuve）的《食人族》

（*Cannibales* 1979），同時也被紀錄在巴黎街道指南上。「小男孩街」故事敘述一名學生被殺害，他忠心的狗因爲主人始終沒有從理髮店裏出來，而頑固地守候在門口等待，案件因此偵破。罪犯都受到了極刑處罰，犯罪地點也都被仔細清理過，最後人們還爲受害者立了一方紀念石碑，根據紀錄這石碑在一八四八年時還存在，但時至今日已消失無蹤了。在這個故事的另一個版本裏，殺人理髮師是猶太人，仇視猶太人的心態轉化成對他們吃人的指控，至於最近，則造成「拐騙婦女爲娼」傳奇故事的出現。

在貝讓松或在巴黎都一樣，將犯罪的房子拆毀夷平，彷彿是一種面對食人罪行恥辱與褻瀆的淨化儀式。面對食人族的恐懼，以及對於吃人肉行爲的禁忌，可以說明不由自主人肉大餐故事古老傳統的形成。

民間故事與神話裏的不由自主人肉大餐

筆名爲魯西尼爾斯（Luscinius）的德國作家歐瑪・納赫賈爾（Othmar Nachtgal），在他的滑稽故事集《喬西與骯髒鬼》（*Joci et Sales* 1524）中，敘述達爾瑪蒂（Dalmatie）領主爲了報復當地神父不讓一位已被逐出教籍農奴安葬的計謀：這位貴族宣佈將與這些神父和好，邀請他們參加晚宴，並在餐宴中讓神父們食用這名農奴的肉。餐後領主說出眞相，一部分的神父當場嘔吐，一部分則衝向廁所拉肚子。這個故事最後以反諷的文字結語：「人們還在爭論那名農奴最後是埋在哪？是埋在神父的肚子裏，如同領主所期望的？還是廁所的毛坑裏？或是依然臣服地跪在領主的統治威權之下?」(Doyle 1978, p. 136引用)。

屍體被食用做爲最後歸宿的主題，在前面已曾提及佛羅倫斯人成爲一位猶太人墳墓的故事(Poggio-Bracciolini 1450)。文藝復興時代的諷刺精神一直延長到十八世紀：伏爾泰在《哲學辭典》(*Dictionaire philosophique* 1764)中曾自問，在最後審判所有死人都將復活的時候，某位飢餓的士兵曾吃了一名北美印地安人，而後者在生前又曾吃了幾位耶穌會傳教士！那麼誰能明確分辨哪一部分是屬於誰的?

樂蓋勒曾提醒某些人肉大餐的故事版本，是描述對於不忠女性的報復。在這些故事裏，女士做爲不由自主的食人族，在不知情的狀況下吃下了情人的性器官。其中一篇十三世紀的騎士文學作品描述一名浪漫騎士，周旋於十數名已婚女子之間，被忌妒的丈夫們殺了，他們並把騎士的性器官做成肉湯給太太們享用。這些丈夫們吐露眞相地說：「妳們所吃的，就是妳們渴望的東西！」——最後這些太太們都絕食而死(Regnie-Bohler 1979, p. 221-239)。一樁流傳於大西洋岸盧瓦省(Loire-Atlantique)布里耶(Briere)地區的民間故事，一位綽號叫做「豬崽大人」的屠夫，殺了他太太的情人，將屍體磨成細屑加到豬血香腸裏，在鄉村宴會上提供給大家食用(Le Quellec 1991, p. 45)。

以上這項傳奇主題看來普遍流傳：克勞德・里維史陀(Claude Lévi-Strauss 1991)曾紀錄一個美國印地安人的神話，一個專門引誘女人的動物精靈被一位丈夫捕殺去勢，然後讓自己被誘姦的妻子吃下它的性器官。

傳統民間故事的研究者非常熟悉「不由自主吃人肉」的主題，這項主題被史提斯・湯普森（Stith Thompson）編號歸類爲G60。通常，如果人肉大餐的受害者是家族成員的話，它將同時反映烹調禁忌（吃人肉）與家族禁忌（亂倫），這兩種禁忌有同等的地位，因爲吃人肉就是某種飲食的亂倫。舉例而言：父親吃下由母親殺死並烹煮的親生孩子；在《小紅帽》的故事裏，野狼施用計謀吃掉了祖母；兄長吃掉自己的妹妹等等。《拇指娃娃》故事裏的食人惡魔，同時具有故意吃人肉──惡魔以吃人肉爲生──與無意間吃了自己家人的肉兩種主題，因爲它吞食了自己的親生孩子們，卻誤以爲吃掉的是拇指娃娃與他的兄弟。往往人肉大餐的悲劇因爲奇蹟似的他人介入，而得以避免。許多人都聽過聖尼古拉斯（Saint Nicolas）的傳奇，他曾讓已被屠夫殺死並置於醃肉缸裏的三個小孩復活。

希臘神話裏有許多關於人們對眾神施以詭計，以誘騙其吃下人肉大餐的故事版本。坦塔羅爲了測試眾神的觀察力，殺了他的親生兒子普羅普斯做成菜餚送給眾神嚐，宙斯讓這孩子復活，並把坦塔羅打入冥界接受酷刑懲罰。阿卡迪亞國王呂卡翁（Lycaon）邀請宙斯享用人肉餐宴（這個故事有不同的版本，有一說呂卡翁是宙斯的兒子，而做成菜餚的是呂卡翁的小兒子阿爾卡斯），結果眾神之神宙斯並沒有受騙上當，他讓阿爾卡斯復活，而將呂卡翁變成一頭狼。呂卡翁的兒子後來又做了同樣的蠢事，將自己的其中一個兒子做成菜餚給化妝成流浪漢的宙斯吃：宙斯則以雷電劈死這個壞東西。這些神話都在提醒不可吃人肉的禁忌。它們可能也被賦予譴責活人犧牲祭獻神祇的古老習俗。

故意的食人族

比不由自主食人族更糟的，是故意的食人族。有無以計數的謠言指控某些種族或宗教團體做這類的事。

大約一九八五年，巴黎流傳著《帶著手提箱的黑人》（*Noir à la valise*）的故事：在捷運車廂裏，在交通尖峰的時候，一位非洲人的手提箱不巧地打開了，將一隻人類的手掌掉落在擁擠的乘客之中。在此，城市中有人肉交易的想法——手提箱暗示著地下市場——再次出現。在一九七〇年代，某些非洲的獨裁者曾被指控吃人肉：中非共和國總統博卡薩（Bokassa）的人肉宴會，薩伊共和國卡塔加（Katanga）省的部長們家中冰箱裏都塞滿人肉。米歇爾・莫爾杰（Michel Meurger 1988）說明道，這些種族歧視意味十足的故事不僅譴責黑人的「野蠻」，也指出這些人所接受的「文化教養」不會從根本改變他們的行為，事實上，他們反而使用現代科技——捷運系統、手提箱、冰箱——來滿足他們的犯罪癖好。

一九八三年，因為找不到一些在巴黎中國城去世市民的墓地，於是有謠言說中國餐館將屍體做成菜餚，事實上原因之一是有些人將去世的家人葬在自家地下室裏，另外一些人則採用火葬。在亞蘭・侯伯葛利耶（Alain Robbe-Grillet）的小說《約會房子》（*La Maison de rendez-uvous* 1965）裏，曾敘述蘇格蘭亞伯丁（Aberdeen）的中國餐館提供人肉菜餚的故事：「中國菜的做法讓人無法分辨原料」（Le Quellec 1991, p. 53 引用）。

根據一九六三年三月二十八日《黎明報》（*L'Aurore*）的新聞報導，在印度有一家人肉商店：「新德里的惡魔把小孩子賣給一家餐廳。（……）在那兒上門的顧客都是人肉的愛好者。」（Le Quellec 1991, p. 53 引用）。

直到十九世紀的重大發現——如果不說是一直到今天的話——之一，是西方式的想像發展出關於「原始」的兩種刻板印象：未開化的良善，以及食人的兇殘。由於對於其他文化的風俗與禮儀瞭解不足，歐洲人在很長一段時間裏，相信的確有些民族將吃人肉當作日常生活的一部分以及尋常的食物。吃人肉也同樣被歸罪於某些史前民族的行爲，如同那些「史前小說」——例如標題爲《火之戰爭》（*La Guerre du feu*）的小說與電影、連環漫畫《拉安》（*Rahan*）——所敘述的一樣。現代人類學則認爲，即使吃人肉的行爲的確存在，也只是一些特例，絕對不是日常的進食方式（Arens 1979）。

一報還一報，白人也被殖民地的土著控訴吃人惡行。在非洲以及中國，人們懷疑白人殺害當地的成人或孩童，以食用或利用受害者的某些器官。一九五九年九月，剛果收到一批牛肉罐頭的訂單，生產這批罐頭的美國工廠在產品上貼上黑色的標籤，於是就有謠言說這些罐頭裏裝著的是非洲人肉：一名神祕的白人以電燈迷惑黑人，然後把他們送進屠宰場。這樁謠言引發一些動亂並且造成白人遭受攻擊的事件（一九五九年九月十四日法國費加洛報，Le Quellec 1991, p. 146-147 引用）。在坦尚尼亞，則有謠言傳說白人殺害當地土著以收集鮮血，然後以這些血製作「紅色藥丸」給白人服用，以避免在非洲水土不服。最近，這種謠言被合理化地改寫成，富有的白人因爲重病需要器官移植，而殺害黑人取得新鮮器官。

即使在歐洲的文化裏，也有類似的故事：從古代一直到二十世紀中期，人們控訴猶太人殺嬰或殺人；羅馬人控訴早期的基督徒；十六世紀基督徒控訴巫師；十八世紀人們則控訴吉普賽人。一些謠言傳說衰老的君主搜捕嬰孩，喝他們的鮮血，甚至以他們的血洗澡，以治療某些疾病，被指控的君主包括路易十一、教宗英諾森八世（Innocent VIII）、路易十五（參考 Farge et Revel 1988）。

遺世獨立過著古老傳統生活的農夫或伐木工人，往往也成爲十九世紀甚至二十世紀集體想像惡魔神話裏的主角。以下這些故事就煞有其事地敘述這類的民間傳奇：

> 在上一場戰爭之前，有兩個朋友在德國的黑森林裏迷路了，最後他們到達一名伐木工人的家，受到熱情款待。他們在晚餐中享用了一頓美味的燉肉。兩人其中之一在他的菜餚裏發現一個奇怪的東西，隨手就把這個東西放在口袋裏。等回到自己的家裏，他們才發覺這東西是人類的指甲。
>
> （引自Dale 1978, p. 144-145）

> 大戰之前，在法國旺代省有一些土木工人四處爲各地農夫的住宅做些零工。其中一名工人有一天在某棟住家裏喝湯，居然在湯裏發現一隻鞋子，小孩子的鞋子。這家的主婦是在壁爐裏用一個很大的鍋子準備這湯。那名工人什麼話都沒說，只是偷偷地把鞋子藏在口袋裏。
>
> （Le Quellec 1991, p. 110）

傳統的民間故事與傳奇經常使用，甚至可以說濫用食人幻想故事裏的主角：惡魔、巫師、狼人與吸血鬼。現代文學則將這類的主題與故事現代化，改寫成都市傳奇：傑歐佛瑞・豪斯霍德（Geoffrey Household）所撰《禁忌》（*Taboo*, 1936）；威廉・艾利希（William Irish）所撰、收錄於《罪行故事集》（*Les Chefs-d'œuvre du crime*, 1961）書中的《指甲》（*L'Ongle*），在這個故事裏，作者採用了在食物中發現人類指甲的主題；同樣收錄在前述書中，丹蒙・奈特（Damon Knight）所撰《如何服侍人》（Comment servir l'homme），這並非如書名所傳達的是一本家務事手冊，而是烹調指南；收錄於《恐怖故事集》（*Les Chefs-d'œuvre de l'epouvante*, 1965）書中，理察・瑪戴松（Richard Matheson）大約在一九六〇年所撰的《諾亞的子孫》（*Les Enfants de Noé*），在這個故事裏，美國緬因州一個小村莊的居民們都是食人族。我們認爲，關於這個主題寫得最好的故事，是同樣收錄在前述書中，史丹利・艾霖（Stanley Ellin）大約在一九六〇年所撰的《餐廳的招牌菜》（*La Spéciallité de la maison*），敘述一家餐廳與其拿手菜「阿米爾斯丹小羊肉」（Agneau Amirstan）。故事最後的幾句話如下：

> 拉佛勒（Laffler）與史畢羅（Sbirro）已經到了廚房門口，史畢羅拉著一隻美麗動人的手以拖動屍體，另一具屍體則扛在拉佛勒肥厚的肩膀上。

往往在故事中，人肉是以暗語來描述——在這裏用的暗語是「阿米爾斯丹小羊肉」，這令我們想起前述柏林傳奇裏的「小羊肉」。這種情形常常出現在紀要或禁止食用的食品上。在奈及利亞，供應商與顧客在祕密買賣狗肉時採用一些術語：「喇叭」指的是狗頭，「電話」則是指狗腸……（Vergez 1990, p. 94）。

根據《綠色太陽》（*Soylent Green*）這本書裏的說法，科幻電影常以兩種形式呈現食人族的主題：外星來的食人怪物，或因爲人口爆增與自然資源的減少，人們被迫吃人維生（Richard Fleischer 1974）。另一方面，一些恐怖電影則敘述「原始」食人族的故事，或將「血腥客棧」的主題翻新改寫：在哈發艾爾·德帕爾（Raphaël Delpard）所執導的《死亡之夜》（*La Nuit de la mort*, 1980）片中，敘述一群住在獨立宅邸莊園的老人們，以食用年輕人血肉的方式，延長自己的壽命；在凱文·柯諾（Kevin Connor）所執導名爲《地獄汽車旅館》（*Motel Hell*, 1980）電影裏，則敘述一位美國加州汽車旅館的老闆，製造一些汽車意外事件，將傷者的聲帶割斷，囚禁養肥，然後再將他們製成燻肉。

所謂「食人族故事」的存在，就好像有「瘋人故事」、「猶太人故事」或「比利時人故事」存在一樣。英國諷刺作家斯威夫特（Swift）也許是這類故事的開創者之一，他曾因爲英國下層階級人口爆增的問題，而建議人們捕食流浪街童。許多人聽過這個笑話：「你愛你的祖母嗎？」「是的。」「那麼吃吧……」道伊爾曾在一九六八年於南斯拉夫學生中聽到一個笑話，那裏大學招收非洲學生：

一位主人詢問一名小黑人說：「如果你的雙親都去世了，你變成什麼？」「一名孤兒。」「不錯。那如果你的雙親、你的兄弟姊妹統統去世了，你變成什麼？」「我就成了全家人的墓穴。」

（Doyle 1978, p. 136.）

從以上的故事裏，我們可以發現關於食用屍體以自己爲墳墓的古老主題。而這種主題在下一則笑話裏，則以現代化的方式來展現：

一位食人族的酋長向一名遊客展示他新的冰箱：「這裏頭有什麼東西？有兩名達地（Darty）百貨公司的送貨員……」

（*Picson Magazine*, juillet 1992, p. 50.）

這些故事裏面充斥著某些種族主義色彩，此外，它們主要的功能是以笑話的方式，來沖淡對吃人行爲的恐懼與倒胃口。

食人恐懼

吃人肉的行爲常常粗暴地出現在現實世界裏：可能是吃人以求生存，或是精神病患的罪行。

吃人以求生存的事實在歷史上出現得很早：舉例而言，這種事情可能發生在首都城市裏

——西元七〇年在耶路撒冷，歷史學者約瑟夫曾記載一名婦人殺害並吃掉自己孩子的有名悲劇，或發生在海上船難事件裏——《拉梅杜斯木筏》（*Le Radeau de La Méduse*）的故事許多人耳熟能詳，在這個故事裏，木筏上倖存的船員們必須抓鬮抽籤以「決定誰將被吃掉」。

一九七二年，一樁新聞報導成爲報紙社論的議論焦點：在安地拉斯山區一件空難事件發生之後，一群倖存的烏拉圭蒙德維迪亞（Montevideo）橄欖球隊的隊員們，曾被迫吃死者的肉維生。饑荒——往往再加上精神錯亂——的理由，可以解釋人們彼此互食眞實案例或傳奇故事的發生。另外也有被迫吃人肉的殘忍事件：一九九〇年五月，在南非約翰尼斯堡，五名年輕的黑人，被敵對的團體逼迫吃下自己的耳朵（Vergez 1990, p. 97）。有一些眞實或虛構的故事，敘述人們割下被害者的器官，有時甚至是生殖器官，然後藉著逼受害者吞食來達到侮辱的效果。

最後是關於精神病謀殺案恐怖但眞實的檔案，某些精神病罪犯不但殺死被害人，還把屍體切塊保存在冰箱裏，並用平底鍋煎過了才吃。舉例而言，一名綽號叫「漢諾威屠夫」的瘋子，曾將他女友的屍體煮食當作晚餐；一九八一年，一名日本留學生在巴黎殺害一名荷蘭年輕女子，並生食其肉；一九九一年八月，美國威斯康辛州一名綽號叫「密爾沃基屠夫」的男子傑佛瑞．達勒姆（Jeffrey Dahmer），因爲殺害十餘位成人與小孩並將他們屍體切成碎塊而被警方逮捕。一位當地報紙專欄作家在訪問達勒姆之後，撰文說：「對他而言，這是一種將某人『守護』在身邊的一種方式，一種羅曼蒂克念頭的變態發展。」（Masters 1991）

相對於新聞報導將食人肉事件以事實呈現，當代傳奇則是以幻想故事來表達。傳奇敘述以象徵化與「驅魔化」的方式，對心理分析學者所揭露人性對於「性」與「死」的執著，給予較佳的「管理」。神話與宗教則更將吃人肉的行爲進一步地昇華，如同天主教聖體儀式裏的證言：「你們大家拿去吃，這是我的身體；你們大家拿去喝，這是我的血。」

荷納　撰文

【參考文獻】

William ARENS, *The Man-Eating Myth: Anthropology and Anthropophagy*, Londres-New York, Oxford University Press, 1979.

Rolf Wilhelm BREDNICH, *Die Maus im Jumbo-Jet*, 1991, p. 100-104.

Rodney DALE, *The Tumour in the Whale*, 1978, p. 144-145.

Charles Clay DOYLE,《Roaming cannibals and vanishing corpses》, *Indiana Folklore*, 11/2, 1978 p. 133-139.

Arlette FARGE et Jacque Revel, *Logiques de la foule. L'affaire des enlèvements d'enfants*（*Paris*, 1750）, Paris, Hachette, 1988.

Bengt af KLINTBERG, *Rattan i pizzan*, 1986.

Jean-Loïc LE QUELLEC, *Alcool de singe et liqueur de vipère*, Vouillé, Geste Éditions 1991.

Claude LÉVI-STRAUSS, *Histoire de lynx*, Paris, Plon, 1991, p. 146-147.

Brian MASTERS, 《Dahmer's inferno》, *Vanity Fair*, 54, 11 novembre 1991, p. 94-101 et 164-169.

Michel MEURGER, *De l'ogre noir au rat blanc. L'insolite alimentaire dans la rumeur*, Paris, Pogonip, 1988.

Danielle RÉGNIER-BOHLER, Le Cœur mangé. Récits érotiques et courtois, XIIe et XIIIe *siècles*, Paris, Stock-Plus, 1979（cité par Le Quellec 1991, p. 44-45）.

Paul SÉBILLOT, *Folklore de la France* Paris, Maisonneuve et Larose, t. IV, 1968（cité par Le Quellec 1991, p. 140）.

Jacqueline SIMPSON, 《Urban legends in The Pickwick Papers》, *Journal of American Folklore*, 96, 382, 1983, p. 462-470.

Stith THOMPSON, *Motif-Index of Folklore-Literature,* Copenhague, 1955-1958.

Michael VERGEZ, *Faits divers*, 1990, p. 93-94 et 97.

Roland VILLENEUVE, *Les Cannibales*, Paris, Pygmalion, 1979.

病危孩童的感人故事

眞實、發生的時間很近，而且感人肺腑，第一次聽到克雷格‧雪爾高德（Craig Shergold）這個人的故事，絕對不會想到它其實是樁傳奇。這個故事讓我們瞭解所謂「展現」（ostension，民俗傳說研究者說明在民俗故事中設計演出表現主題時所用的術語）的過程，並呈現關於「資源回收再賣」謠言中，團結感與實際參與行爲的重要性。

從一九六〇年代開始，有關收集香菸、酒類、汽水或糖果——都是些有礙健康的食品——包裝紙或標籤，以換取金錢協助病人或殘障人士這一類的謠言即層出不窮。另一方面，克雷格所倡議主要以信件傳播的乘數機制，創造一種團結的風氣，滾雪球似地演變成著名的神奇連鎖效應，而且這種機制看來是完全合法的。現在請聽克雷格的故事。

克雷格的故事

這個故事開始於一九八九年九月二十八日，在這一天，英國著名的通俗報紙《太陽報》向它的讀者發出一個呼籲：一名住在倫敦東南部靠近克洛伊登（Croydon）小鎭卡夏爾頓（Carshalton）的十歲小男孩，克雷格‧雪爾高德，腦部長了一個惡性腫瘤。他因此接受了化學治療，但病情仍處在嚴重狀態，這時克雷格想挑戰收到祝福卡片（祝福病人早日痊癒的卡片）

的世界紀錄，以被正式收錄在金氏世界紀錄大全裏。《太陽報》隨著這項呼籲附上一張卡片回函，希望它的讀者共襄盛舉：他們想挑戰的紀錄是由一位十二歲英國男孩馬利歐・默思比（Mario Mosby）所創造，成果相當驚人，共計一百萬零兩百六十五張卡片。

事實上早在一個月前，克雷格的父母就已經發出這項呼籲，而且已經激起相當大的迴響。一家飾品公司以傳眞信函要求其位於英國境內的一百餘座倉庫支援，總共收集了三萬張卡片，以特別郵包寄給克雷格。卡夏爾頓郵局也同意提供郵件特別服務，並提供大量郵件寄存的空間。

到了十月底，《太陽報》對它的讀者們又發出新的呼籲：要求大家對金氏紀錄大全的總編輯施壓接受克雷格的紀錄，因爲這位總編輯認爲這項行動非屬正常，拒絕納入紀錄。經過讀者持續的糾纏騷擾，這位總編輯最後終於讓步了。於是在一九八九年十一月十八日，第一百萬零兩百六十六張卡片寄達，克雷格打破紀錄。到了十一月底，卡片總數已達一百二十五萬六千兩百六十六張，克雷格的父母宣布這項行動結束，請求社會大眾不要再寄卡片來了。

雷格的做法只是許多類似做法中的一個案例，有些案例甚至跨越國界。一九八二年，經由蘇格蘭一位無線電火腿族的空中呼籲，許多卡片從全世界寄給住在格拉斯哥附近珮斯利（Paisley）鎮的「小夥伴」（Little Buddy）。「小夥伴」是一位白血病患者，他即將過世，但希望能因爲收到明信片的數量而列名金氏世界紀錄。發出這項呼籲的人在一九八三年六月宣布活動結束，並出售其中一些從遙遠地方寄來的珍貴卡片。有一位集郵人士在一九八三年倫敦的一場拍賣會上，買到了一批三萬三千張寄給「小夥伴」的卡片。一直到四年後，仍有卡片寄來：一九八七年五月，卡片總數已達四百萬張，當地郵局已經不願接受此類郵件，因爲處理費用高得驚人——沒有人願意收件，因此寄到這兒的卡片必須退回寄件人原址，若無法退回還得依規銷毀。何況，誰也不曉得到底世上有沒有「小夥伴」這個人？

無論如何，克雷格倒是確實存在，但是有關他的故事並非到此爲止。這項呼籲持續流傳，並且在一九八九年十一月開始出現嚴重的扭曲。在香港，《南華早報》告訴它的讀者，克雷格的年齡是七歲而非十歲，他希望收到兩百萬張卡片，而且他即將離開人世。在一位任職於「帝國化學工業公司」（Imperial Chemical Indiustries）經理的靈機一動下，滾雪球連鎖效應發生了——這位經理在一九八九年九月發傳眞信函給全球分公司，不但要求他們寄卡片給克雷格，還希望每個得悉這消息的人再通知另外三家公司。一九八九年底，莫斯科一家報紙也披露這項呼籲，同時如同《太陽報》一樣隨報附贈回函，這件事在莫斯科也引發廣大迴響。當克雷格父母宣布活動結束之後一個月，一九八九年十二月十九日，官方正式統計數字已達一百八十萬張卡片。在美國，一九九〇年四月，關於克雷格的消息已開始在網際網路上以電子郵件散布，而回函的收件人是總部設在亞特蘭大的「兒童希望基金會」（Children's Wish Foundation），這個基金會專門籌募病童基金，曾因爲被懷疑挪用公眾募款而接受相關當局的調查監督。

一九九〇年三月，克雷格的病情好轉，並實現了到佛羅里達州迪士尼樂園一遊的願望——這趟爲期三個星期並有父母親陪同的旅遊，是由克洛伊登消防隊贊助的。回家之後，克雷格曬黑了，因為化學治療而掉光的頭髮開始長出，同時也不再需要輪椅代步。這時，收到的卡片已達七百五十萬張，而且估計還將會收到另外兩百五十萬張。到了這一年的秋天，克雷格一共收到一千六百二十五萬零六百九十二張卡片，這是一九九一年版金氏世界紀錄大全上所發表的數字。

一九九〇年秋天，克雷格再度到佛羅里達州迪士尼樂園遊玩，這一次他順道拜訪亞特蘭大的「兒童希望基金會」，該基金會不但安排了盛大的宴會，甚至一路有警車鳴笛開道。一九九〇年十二月，當克雷格返回倫敦，他為金氏紀錄的一項特別展示會舉行開幕儀式，這個展示會裏展示克雷格所收到的一部分卡片。根據估算，克雷格共計收到三千三百萬張卡片。許多寄來的包裹裏，還裝著送給克雷格所長期住院診療的倫敦南部皇家馬爾斯登醫院（Royal Marsden Hospital）其他病童的點心或玩具。一九九〇年該醫院將來信上的郵票出售，得款超過二十萬法郎，做為研究白血病的基金。

一九九一年初，一個自發性的新運動再度被發起：企業界人士將他們的名片傳眞到卡夏爾頓小鎭，以表達他們對克雷格早日痊癒的祝願。至於在法國，則有一項呼籲，介紹克雷格為七歲垂死的小男孩，要求大家寄給他「漂亮的名信片」。這時候，滾雪球連鎖效應因為通訊科技的進步而普遍化了，在英法兩國，每一次的呼籲傳遞都會要求收信者將此訊息再傳給另外十個人。在一九九一年二月九日的《太陽報》上，克雷格要求讀者不要理會傳眞名片的呼籲，同時宣稱他決定為皇家馬爾斯登醫院勸募基金。

然後到了三月，出現一項大消息。三月七日《太陽報》獨家報導，三月二十日則有多家美國通訊社與媒體轉載：克雷格痊癒了！一九九〇年九月，《財富》雜誌排名全國最有錢的人，富豪慈善家約翰・克蘭吉（John Kluge）被克雷格的故事所感動，主動認識這位男孩。這位富豪聯絡在維吉尼亞大學約翰・克蘭吉幼童復健中心工作的著名腦科專家神經外科醫師尼爾・卡塞爾（Neal Kassel），要求他與雪爾高德家聯絡。雪爾高德家剛接到來自英國外科醫師們的通知，得知他們無法再繼續爲克雷格進行治療：他們打算送克雷格回家，讓他安詳地離世。卡塞爾在雪爾高德家接到這項悲慘判決的隔天與他們連絡上，於是克雷格的父母決定接受克蘭吉的建議，讓他在一九九一年三月一日在維吉尼亞州夏洛特斯維爾（Charlottesville）市進行手術。卡塞爾成功地摘除百分之九十的腫瘤，並且很欣慰地發覺腫瘤的細胞並沒有癌化。克雷格接受特別復健治療以重新恢復身體運動功能時，情況令人滿意。所有的費用全由富豪克蘭吉與美國航空公司負擔。目前最後一個問題是：如何拍攝一步有關克雷格的電影？這一位男孩一直作著扮演英雄的夢。

然而另一方面，無視於克雷格的痊癒，相關活動仍繼續進行。一九九一年四月二十七日法國的《世界報》上，刊載了美國地方政客所再次發出的呼籲，而這項呼籲讓法國精英們動員起來。一份在一九九〇年在法國西南部流傳的資料顯示，一群大學醫科教授在《世界報》發出呼籲之前，曾聯名簽署了類似的呼籲公開信。這項活動有許多與事實迴異的神祕特質：克雷格依然只有七歲，他依然病重垂危，卡片依然蜂擁而來。

克雷格・雪爾高德這個人的故事是一個典型報紙所創造的「眞實童話」，在這個故事上媒體展現了強大的力量。原本在現代媒體的領域裏，暴力與不安、焦慮才是有吸引力的主題，這個故事顯然與這種媒體基調相反。它的吸引力從何而來？一道團結的連鎖線凝聚了許多看來瑣碎平凡、不値得一提的行動，最後成就了奇蹟般的疾病痊癒。面對無情疾病，寄一封表示期望病人迅速復原的卡片有什麼意義？克雷格的母親在他兒子一九九〇年春天病情開始改善或在他痊癒之後說：「這一切無疑都是因爲那些卡片。」英國那些大眾化的通俗報紙當然對這感人的故事深感興趣，何況這還是個眞實的故事。

事實上，《太陽報》介入這個故事很深。這份報紙自從故事一開始就呼籲它的讀者積極參與的計畫上，展現無比的創意與影響力。

資源回收再賣的謠言

在克雷格・雪爾高德感人故事裏最了不起的特色，是它承繼了許多年來美國以及法國普遍常見收集物品以協助病患的一系列行動傳統。在法國，這一類的謠言有其古老系譜：在二十世紀的前三十年裏，天主教的傳教士們往往要求小孩們保存巧克力糖的錫箔包裝紙「捐給中國的小朋友」，或者收集其他有用的回收物捐到海外。美國人對於回收包裝再賣錢作善事的那些有害人體消費品——香菸、汽水、啤酒或烈酒相當敏感，因此這類資源回收謠言在歐洲比較流行，因爲歐洲人在面對酒精、糖、菸草時比較沒有罪惡感。而這些故事之所以爲人熟知，是因爲它們所促發的行動：某些慈善團體在蒐集到無數法國「茨岡人」（Gitane）牌香菸包裝盒子後，廠商居然願意因此捐贈提供導盲犬或殘障輪椅做爲交換。許多團體因此受到鼓勵，也從在媒體上曝光的機會中得到行動的動力：這個故事不是被講述的，而是由實際行動來詮釋、呈現與眞實化的。當然，人們都有一些基本的需求，渴望參與某些行動，渴望掙脫官僚體系的框架與複雜人際關係的束縛而直接進行某些實踐，以面對無可避免同時殘酷無情的疾病與死亡陰影。雖然有些闢謠式的議論指出這些「回收再賣」慈善交換的做法，與廠商提供的折扣券促銷方式無異，但是人們還是寧願相信謠言，相信自己正在從事偉大的工作。其實在大部分的案例裏，廠商拒絕回收包裝紙，如同醫院拒絕絕接受寄給並不存在「小夥伴」病人的卡片一樣。

一些收集回收物資的網絡其實是嫁接移植於想像出來的組織之上：志工們收集鋁製的瓶蓋，交給回收金屬的廠商以資助某些受益者換取他們所需要的物品。創造「贖回謠言」概念的葛瑞・芬倪曾查證這個現象，他實地尋訪一所學校裏的學童，循線找到一個眞實的網絡，並得知其組織者：一位護士，她在自己所屬的醫院裏發展運作這個回收再賣的網絡，目標是要募款建造一座接待所，以接待希望能就近照料一所癌症防治中心裏病童的父母親。這個慈善網絡從一九八八年以十五位志工的規模開始運作，成果相當不錯：一九八九年底，回收再賣的所得超過美金兩萬元，到了一九九〇年三月，基金總數則達到三萬美元。這位護士以及她所構思的接待所計畫——這位護士編印了一本小冊子來展示接待所計畫——因此可以有具體的成績，來反駁像芬倪這樣認爲這種行動是毫無依據謠言的懷疑論者。然而，後續的工作接踵而來，他們必須儲存大量的瓶蓋，以及僱用貨運公司與包裝公司來運送瓶蓋到資源回收廠商處……。而回收瓶蓋所賣得的價格愈來愈低：從原來五百公克賣〇．七美元，跌落到〇．四八美元，而這個價格已經到了幾乎沒有經濟效益的地步。因此，那些參與收集瓶蓋計畫的個人，若以郵寄的方式寄送瓶蓋，其所花費的郵資要高於瓶蓋能賣出的價格。從這個角度來審視，直接捐款比收集瓶蓋對於慈善事業本身有更大的助益，但我們不能忽略「直接親身參與活動」的意義，這是這類運動之所以成功的重要原因。

這類的活動常以較小的規模在通俗新聞媒體中被複製。舉例而言，一九九一年八月與九月，《法國晚報》發起一項名為「送徽章給米蓋爾」（Des pin's pour Mickaël）的集體活動，公開宣稱一位叫做米蓋爾得了癌症的小男孩必須進行骨髓移植手術，他希望能得到一些徽章，為了鼓勵這個男孩面對困境，該報呼籲讀者提供徽章。該年的九月十六日，《法國晚報》宣稱米蓋爾收到了「三千一百枚徽章，三千一百個希望的訊息」。

得到這一類集體同情心關切的病人對象有一些共通的特徵：他們是年齡四歲到十歲的歐洲孩童。他們不是成人（成人不夠純眞）；不是老人（老人已經享受過生命）；也不是嬰孩（嬰孩還沒有明顯的偏好與情感）。至於所罹患的疾病，則是最難被治癒的癌症。我們可以注意到，這些病童的刻板印象就是頂著光頭（因為進行化學治療而導致頭髮掉落）微笑地坐在成堆的禮物裏。

克雷格的故事是一樁傳奇在眞實世界裏具體實現的故事，它是經由行動而體現，但不是那種因爲暴力衝動而導致的殘忍兇殺，而是人們因爲他人不幸遭遇而被激發起的莫名團結情感，化爲展現同情心的行動，甚至結合成爲一個理念一致的團體。這種活動使用了我們這個時代的武器：現代通訊科技的超強力量——尤其是傳眞設施，造成超越時空的滾雪球神奇效果，最後創造出近乎奇蹟的成就。毫無疑問地，通俗媒體在呼籲公眾動員的結構裏扮演了關鍵的角色，它們把複雜的社會眞實簡化與定型化，變成偉大的史詩。

一樁謠言傳奇可能喚起極具創造力的回應，從而改變了我們所生活其中的現實世界。

坎皮儂・文森　撰文

【參考文獻】

Jan Harold BRUNVAND, *The Mexican Pet*, 1986, p. 169-174.

Michael DASH, 《Buddy, can you spare a stamp?》, *Fortean Times,* 59, septembre 1991.

-, *Dear Mr. Thomes*,n° 10, décembre 1988, （《Little Buddy》）; n° 15, avril 1990; n° 20, avril 1991.

Gary Alan FINE, 《Redemption rumors: mercantile legends and corporate beneficience》, *Journal of American Folklore*, 99, 1986, p. 208-222, et 《Redemption rumors and the power of ostension》, *ibidem*, 104, 1991, p. 179-181.

-, *Foaftale News*, 16, décembre 1989; 18, juin 1990; 21, mars 1991; 22, juin 1991.

-, *Folklore Society News*, n° 11, juillet 1991.

Patrick MATTHEWS, 《Endless cards on the end of a chain》, *The Independent,* 24 juillet 1991.

Clara MALLORY, 《Guéri, il devient une star de cinéma》, *Voici*, 17-23 juin 1991.

Claude SARRAUTE, 《Carte postale》, *Le Monde*, 27 avril 1991.

科學發現與傳奇軼事

第一個故事：生命從實驗室裏被創造出來。

一九五〇年代，一群傑出的美國科學家在實驗室裏，在一個玻璃球中複製重建生命初始時的地球大氣環境，裏頭有水、混合的氣體，以及模擬閃電的電流。在這個實驗結束時，科學家們發現在水裏出現某些有生命的物質。於是生命在實驗室裏再一次被創造出來。

第二個故事：一種芋科植物的情感。

一九六〇年代，一名美國研究人員突發奇想，在自己公寓裏的綠色盆栽植物上裝置了測謊儀器的偵測電極。結果當他爲植物澆水時，儀器上顯示和緩與放鬆的反應；當他打算以火柴燒灼一片葉子時，即使只是稍微做出動作，還沒有實際接觸到植物，儀器上已經有激烈的反應。這證明了植物擁有某種形式的意識，可以呈現情緒，並表達它們的思想。相關的實驗顯示了令人驚訝的結果。當一位曾經傷害摧毀植物的人現身，劫後餘生的植物立刻有反應。研究人員在一株曾受過某人傷害的植物上裝置測謊儀器，然後讓一批嫌疑犯依序走過這植物，結果，植物認出傷害它的人，並且反應強烈。事實上即使沒有人在場，若有生物受害的行爲，植物也會有感應。一項實驗證實，在一株裝了偵測器的植物旁，以機器將活蝦投入沸水中，蝦子煮熟了，植物也顯得奄奄一息、了無生氣。

在傳統的民俗故事中，創造的傳奇就像起始的神話一樣，賦予城市或文化的誕生一個存在的理由。至於科學故事則以講述創造經驗或客觀觀察的方式，豐富了傳奇故事。不論這些故事是眞或假，總是敘述一些象徵性很強的內容，並以引述的方式讓聽者聯想到一些新發現，或證明其擁有「科學的證據」。前面引述的兩個故事所呈現給大眾的內容，都缺少了明確的人名與時間，但這些故事卻也奠基於某種歷史事實之上。但是它們共通的傳奇運作功能是，發掘出富有象徵意義的元素，以此爲基礎發展外推式的想像，並由科學爲其披上權威的外衣：我們從這些實驗中引申出比其實際擁有還要多的意義。

篇首所引用的第一個故事，是參考哈洛德・赫瑞（Harold Hurey）以及他的門生史丹利・米勒（Stanley Miller）一九五二年所進行的實驗。有兩組配方裝在聯通的兩個玻璃球內，一是水，另一則混合著氫、氨和甲烷，並裝上電極以便通電。裝水的玻璃球沸騰了，水蒸氣到處流竄，混合了各種氣體，同時產生電弧。一個星期之後，科學家對於玻璃球裏的水進行化學分析，結果在裏面發現氨基酸，這是生物最主要的組成元素。發現的並非生命，而是生命的基礎。這個實驗的目的是重建四十億年前地球的大氣環境，創造生命出現的最原始條件，即所謂的「太初濃湯」。

傳奇故事則擷取了一些象徵性的元素：玻璃球，並且將數目減爲一個，讓實驗看起來像是煉金術的操作；原始混沌的重建；如母親一樣的海洋以及像父親一樣的閃電。在科幻電影裏，從《科學怪人》（*Frankenstein*, 1931）到《夢的創造》（*Une creature de reve*, 1985），強烈電流成爲創造人工生命不可或缺的通俗工具。尤有甚者，傳奇故事也以隱含暗喻或平鋪直敘的方式，證實生命從實驗室的實驗裏被再度創造出來。在玩弄「氨基酸」與「氨基生物」兩個僅有些微差距的文字遊戲時，幾乎沒有人可以分辨「化學」與「生物學」之間的鴻溝，或者釐清「物質」與「生命」的迥異。這類傳奇企圖傳遞一種隱晦的訊息：人可以扮演上帝，以物質創造生命。科學家們操弄這些想法，彷彿這類的事情立刻就會發生似的。一九七一年，賈克・貝吉耶（Jacques Bergier）在《可能的界線》（*Les Frontières du possible*）的第一章裏，強調了這種深信不疑的態度：「我們可以創造生命」，「我們可以如此想像，以一些極爲簡單的元素製造出生命，而且很有可能因爲這本書的問世而讓這個想法成眞」（p. 9）。這個預言完成於赫瑞與米勒的實驗之後二十年，但即使是在這項寓言的二十年後，貝吉耶的想像仍未實現。科學的發展仍無法讓氨基酸變成最基本的生命形式：病毒。但相反地，科學卻已經可以基因工程的種種做法改變生物，而讓人憂心忡忡。在另一方面，「太初濃湯」的理論是由英國天文學者佛萊得・霍伊爾（Fred Hoyle）的「泛種子」理論衍生而來，這位學者認爲生命的出現是因爲太空中的某些生物分子「播種」到地球來，所造成的結果。

如果說第一個故事奠基於正統科學的架構上，那麼第二個故事則接近於「科學玄學」。它起因於一名美國中央情報局退休人員克列夫・貝克斯特（Cleve Backster），在一九六六與一九六七年所進行的一些實驗。亨利・布羅許（Henri Broch, 1985）曾明確指出，在這些實驗之後，一些相關的傳奇就開始流傳。克列夫・貝克斯特在紐約的一所警察學校裏教授《測謊儀器使用操作》的技術課程，並未參與任何科學研究的工作。但是他在外卻常自封「研究員」、「心理學者」、「全美最佳的測謊專家」等頭銜（Réponse à tout, 13, 1991）。貝克斯特的唯一一篇相關研究論文刊載於一本科學玄學期刊《國際心理玄學期刊》（*International Journal of Parasychology*, 10, 1968）上，而從未在任何一本嚴謹的科學期刊上發表其他論文。甚至他所進行的所謂「實驗」，都廣受批評。測謊器是一種不可靠的設備：以裝設在皮膚上的電極測量皮膚導電性的變化，藉以推測受試者的情緒反應。有許多因素可能影響偵測器的準度，例如溼度、電磁環境等等。另外在某一項實驗中的觀察結論是：因爲傷害植物的是機器而非人，因此受創植物在人們經過它時沒有任何情緒反應。這種「負面證據」讓所有受過實驗訓練的人都會啞然失笑！科學家們在仔細研究過貝克斯特的實驗與報告之後，認爲不足以支持植物擁有「原始認知能力」的結論（Science, 189, 1975）。羅伯・夏魯（Robert Charroux）即毫不遲疑地提出「貝克斯特效應」的說法：

這是一種無法以肉眼觀察而必須靠實驗室裏儀器偵測的事實，我們將它歸類於類似本能、透視、預感的超感官能力。因此，從實驗上來說，龍舌蘭科植物、洋蔥與檸檬可以感知與覺察人類的思維。

（Charroux, 1974.）

從一九七〇年代到今天，許多通俗雜誌不斷討論植物的心理現象這個主題。傳統認爲善於照顧植物的人擁有「綠手指」的說法，也因爲這類當代傳奇的科學形象而獲得支持。人們開始在民間故事裏爲植物的認知能力添加傳奇。一些報章雜誌討論「植物的情感」、「芋科植物的心靈感應」、「與植物對話」、「植物喜歡的音樂」等議題。對亨利・布羅許而言，這是滾雪球效應的結果：「每一位『轉述者』都爲這個故事增添一點純屬個人的美化情節，並做爲一個新的起點。」這個過程，就是謠言成形的特徵之一，在此則塑造了一樁科學傳奇。

這樁傳奇所透露的訊息是，我們應該要相信意識的普遍性，以及自然的統一性。從無機物質到人類，從簡單原子到複雜大腦，我們都可以發現一些相同的物理與心理構成。物質的互動與心靈的互動有所關聯。這些原本是傳統神祕學領域的觀念，現在則找到了現代與「科學的」證據。這樁傳奇的流傳，既符合時尚，也頗有生態學的精神。

另一種科學玄學「虹膜學」——一種經由檢視眼睛虹膜來進行醫療診斷的方法——創造了某一類傳奇的基礎：

在一八五〇年代，一位對於自然與動物有濃厚熱情的年輕匈牙利男子，撿拾到一頭受傷掉落在地面的貓頭鷹。他把貓頭鷹帶回家，並爲它治療折斷的腳爪。於是人與貓頭鷹變成了好友。一天，這位匈牙利男子發現貓頭鷹的某一隻眼睛裏有一道痕跡，正好與受傷的腳爪同一邊。他於是長期思索這兩者之間是否有所關聯。但是一項肢體上的傷害如何會造成眼睛顏色上的變化與痕跡？某天的清晨，伊克納茲・凡・佩克茲利（Ignaz von Peczely）終於按耐不住，折斷他心愛貓頭鷹的另一隻腳爪。結果貓頭鷹的另一隻眼睛上立刻出現一道痕跡！

（Portell 1991, p. 88.）

因此，「虹膜學」的創始人就是匈牙利醫生伊克納茲・凡・佩克茲利，他在一八八一年發表第一份對於虹膜學有系統的研究文獻。然而，虹膜學者們本身卻不把以上的民間故事當眞。

上述的故事從許多觀點來審視，都可以確定屬於一樁傳奇。巧合——受傷掉落的貓頭鷹、偶爾瞥見貓頭鷹眼中的痕跡——在故事中占據重要的地位，如同大部分有關科學發現的傳奇一樣。我們更深入地追究，這個故事呈現關於虹膜學產生的兩項第一：第一項觀察與第一項實驗。但是這位發明人關於科學的好奇心是源自他對動物的熱愛，但是他怎麼會做出主動折斷貓頭鷹腳爪這種令人震驚的舉動呢？在一般大眾的想像裏，發明家都是比較傾向「惡魔似的」、「爲知識而瘋狂」的形象。於是這個故事以符號學研究者所熟悉的簡單敘事結構，以各項考驗鋪陳情節：首先是能力考驗（醫生收養並治療貓頭鷹），然後是主要考驗（主角注意到肢體傷痕與眼睛痕跡的關聯性），最後是成果驗收（以折斷腳爪的實驗，證明這種關聯的眞實性）。傳奇以簡單的方式敘述虹膜學的起源，並確認其眞實性。動物的出現，以及關於其受傷的腳爪（我們也可以想像可能以人來代替貓頭鷹），其實是試圖闡述如果虹膜學適用於動物，則可以推論也適用於人類：這個現象是客觀的自然，屬於生理學的範疇，而非心理學，亦非心理與身體醫學。

巧合的角色與牛頓的蘋果

在科學發現傳奇故事裏，巧合常常扮演一定的角色。虹膜學之所以誕生，是因爲一隻受傷的貓頭鷹掉落到一位年輕人的腳邊，並吸引他的注意。至於有關植物心理學的「發現」，羅伯・夏魯曾帶著熱情地寫道：

> 當一位美麗的金髮女子有一天在貝克斯特的辦公室裏，放置一盆種著綠色龍舌蘭的盆栽之後，監禁虛僞理性主義者的巴士底監獄就被打破了。（Charroux 1974, p. 327.）

科學的歷史豐富了這類民間故事。阿基米德困擾於敘拉古城國王西倫（Hieron）所提出有關如何測定王冠黃金是否摻銀的問題，而在洗澡時有所突破，發出著名的歡呼聲「我發現了」（Eurêka），發現阿基米德浮力原理：物體在流體中所受的浮力，等於物體所排開那部分浮體的重量。且不論這個故事是否眞實，但是在那個時期裏，人們是在公共澡堂洗澡，而且故事中所描述的澡盆形式在當時並不存在。

另一個比較不那麼知名有關伽利略的民間故事如下：

> 當伽利略十九歲，還是比薩大學的學生時（1583），他就已經發現了重要的物理學定律之一。有一天，在大教堂裏，他迷惘的雙眼被懸掛於穹頂下的吊燈所吸引，當教堂執事人員點燃吊燈時，造成了吊燈的擺動。伽利略注意到吊燈擺動維持一定的週期，雖然其振幅一點點地減小。這項觀察給予伽利略應用鐘擺來測量時間的靈感，日後直接促成吊鐘的發明。
>
> （*Grand Dictionnaire Larousse du XIXe siècle.*）

科學發現係由巧合刺激而生的故事原型，自然應該是牛頓蘋果的故事。一六六六年，劍橋大學因爲傳染病而被迫關閉，年輕的牛頓返回位於林肯雪爾（Lincolnshire）地區的烏爾斯索普（Woolsthorpe）老家。人們傳述——這樁民間故事沒有任何證據——當他在一株蘋果樹下納涼休息時，一顆蘋果掉落在他腳邊，吸引他的注意力，讓他聯想到萬有引力定律，然後他的靈感從蘋果移到月球，從月球移到地球，再從地球移到行星系統裏的其他星球。一六八七年，牛頓彙整他所發現的法則，完成《自然哲學的數學原理》（*Principes mathematiqués de philosophie natirelle*）。烏爾斯索普的蘋果樹很快地變得非常有名，許多人帶著崇敬之心前來瞻仰拜訪。樹枯死之後，還被切割成塊狀，收藏在一些博物館裏。「牛頓的蘋果」這個句子，成爲形容因爲巧合情境而激盪出重大發現的成語。

值得注意的是，在蘋果掉落與《自然哲學的數學原理》完成出版之間，有超過二十年的努力思索與無數的數學演算！

在十七與十八世紀，法國物理學家丹尼・帕潘（Denis Papin）因爲觀察到水壺的頂蓋被蒸氣沖開，而發現了蒸氣動力。十九世紀，約瑟夫・蒙哥爾費埃（Joseph Montgolfier）偶然間看到一件掛在火堆上烘乾的襯衫，鼓漲升起；於是他獲致熱汽球的製作構想，實現了人類第一次的自由飛行。

這些或多或少具有一些眞實性的故事，傳遞了關於發明經驗論與物質主義的概念，認爲發明就是簡單地模仿自然。人類學者詹姆士・法蘭哲鑽木取火的技術，源自於觀察風吹動竹子造成摩擦而起火燃燒的意外。法國連環漫畫《拉安》（*Rahan*）中敘述一位史前英雄，在他冒險故事的每一個篇章裏，都會發明一種新的技術，而這些發明都簡單地來自他對於自然現象的觀察：從魚尾的擺動，他引申出舵；從烤肉流出滴落在火堆上的油脂，他發明油燈；從裂開的長竹桿承接雨水的現象，他創造出引水道工程；從一顆被荊棘釘住的槭樹翅果原地轉動的現象，他發明了風車（Renard 1979）。這種發明的概念是完全可以觀察的，而且與實證主義與物質主義的意識型態相關。事實上，在科學與技術的領域裏，據以爲基礎的前人理論與想像無疑扮演著比巧合與模仿自然更重要的角色：在自然世界裏，我們不可能發現輪子、滑輪、手錶或拉丁文字母書寫。在我們放棄模仿鳥之雙翼拍撲以設計飛機的想法之後，航太科技才開始發展。

不被理解的天才

科學傳奇常常敘述「不被理解的天才」主題，這些天才受到他們時代保守勢力的抵制。《拉胡斯十九世紀大辭典》曾判定以下的民間故事可信度很低：「有人說，帕潘曾發明建造一艘以蒸氣飛輪推動的船，但是威悉河（La Weser）的水手們忌妒這船獨特的優勢，就將它破壞了。」現代的《圖解小拉胡斯辭典》（*Le Petit Larousse illustré*）確認一七○七年在德國，的確曾有一艘以蒸氣推動四輪而運作的實驗船，但一個字也沒有提到水手的破壞行動。十八世紀，法國人賈克．德沃康松（Jacques de Vaucanson），自動機的發明者，曾改良紡織機械化的運作：「因爲受到里昂製作簡單產品絲織工人的排擠而新生怨恨，他爲了報復（……），製作一種新式機器，由驢子織出複雜的花色。」（*Grand Dictionnaire Larousse du XIXe siècle*）。瞭解德沃康松不幸際遇的人都知道，他運用水利與畜力的織機自動化作法，大量減少紡織業所需要的人力，引發里昂紡織工人的不滿，他曾被工人丟到隆河裏，而里昂仕紳議會則下令將德沃康松所設計的機器在大眾面前毀掉。

再次地，不管眞實與否，這一類永垂不朽的故事載負著一個同樣的隱含訊息：發明家遭受抗拒進步勢力的抵制。但是大部分當代傳奇都會強調新科技的危險性，描述工業化大獲全勝的傳奇卻明顯不同。

其他的民間故事則常將發明家形容成早熟的天才。當他們還是孩童時，就已經創造出偉大的機器。這些故事彷彿是孩童行使科學奇蹟的聖徒傳記。以德沃康松爲例：

人們注意到當他還是小孩子的時候就已經對事物細節過度重視，但無疑地還是奠基於事實的基礎。他僅以目視的方式檢視一具他不被允許碰觸的時鐘，事後就可以以木頭仿製一具，而且居然還算準時。（……）人們對他形容里昂運水所需要的水利機械設備後，他運用想像力畫了一張圖，當他到了巴黎，在新橋附近的百貨公司裏驚訝地發現幾乎一模一樣的設備。

（*Grand Dictionnaire Larousse du XIX*e *siècle*）

在我們時代裏流傳的有關發明家與科學家的民間故事，都已經受到前述故事的影響。如果我們爲這些故事添加一些有關傑出發明的謠言、一些科學玄學的迷信、一些僞科學或科學騙局，那麼看起來科學傳奇在當代普遍意識裏占據了一個不容被忽視的位置。在我們的社會裏，科學傳奇是科學主宰地位的想像對立面。

荷納　撰文

【參考文獻】

Jacques BERGIER, *Les Frontières du possible*, Paris, Casterman, 1971, p. 7-25.

William BROAD et Nicholas WADE, *La Souris truquée. Enquête sur la fraude scientifique,*

Paris, Le Seuil, 1987.

Henri BROCH, *Le Paranormal*, Paris, Le Seuil, 1985, p. 9-11 et 25.

Robert CHARROUX, *L'Énigme des Andes*, Paris, Robert Laffont, 1974, p. 326-332.

Grand Dictionnaire Larousse du XIXe siècle, articles《Archimède》,《Galilée》,《Jacquard》,《Montgolfier》,《Newton》,《Papin》,《Pomme de Newton》,《Vaucanson》.

Inexpliqué, Éditions Atlas, 1981, t. II, p. 394-397, 414-415, 438-440,450-453 et 466-469.

Florence PORTELL,《Iridologie. T'as d'beaux yeux tu sais》, *Psychologies*, 92, novembre 1991, p. 88-90.

Jean-Bruno RENARD,《L'histoire mythique de la technique dans la bande dessinée》, *Histoire et bande dessinée*, La Roque-d'Anthéron-Marseille, Objectif Promo Durance-Bédésup, 1979, p. 157-167.

年輕竊賊與進城晚宴

一九七二年，一篇由《世界報》著名專欄作家皮耶・維安松・朋泰（Pierre Vianson-Ponté）執筆的文章，將「年輕竊賊與進城晚宴」的故事發表於法國媒體上。維安松・朋泰在每週一的專欄上固定講述故事，這其實已經變成沉悶的工作，他例行進行評論，就像親身參與那些新聞事件一樣，以自己的意見做爲時代精神的代表：

一場在納伊（Neuilly）——巴黎西部的優雅郊區——上流社會的晚宴。受邀賓客中的一對夫婦爲了赴宴，將他們的兩個兒女單獨留在家中：一名十歲的男孩，常常捱罵，以及他四歲的妹妹。他們受到囑咐，不能讓任何陌生人進來，並且答應九點就得上床睡覺，萬一有任何事情發生，爸媽前往赴宴的那位朋友家的電話號碼，隨手可得地就放在電話旁邊。十點鐘的時候，電話響了，是那個小男孩。一半警戒、一半玩笑，非常興奮地說：「爸爸，有一個小偷跑進來，我把他給殺了。」起先這父親以爲兒子在惡作劇，抬眼望著天花板，努力壓抑自己的怒氣，但是小男孩繼續更仔細敘述一些細節，讓人緊張起來：「這是眞的。我使用你放在書房抽屜裏的左輪手槍。一個戴著面罩的大男人。他就在那兒，在客廳裏，躺在地上。」父親最後變得非常擔憂：「我立刻回來。」

竊賊的確在那裏，躺在客廳地毯上，在一片血泊中，已經斷了氣。當有人堅定地按門鈴時，男孩躲在門後觀望，好奇還多過恐懼。當陌生人闖入，慌亂，大聲咆哮：「媽媽把錢放在哪裏？還有爸爸的呢？」小男孩嚇得全身發抖，但很果斷地指著客廳寫字檯說：「媽媽的錢，在那裏。爸爸的在他書房裏。你自己去找。」在小偷翻動寫字檯抽屜時，小男孩已經從書房拿出他爸爸的6.35手槍——父親曾很不謹慎地把手槍當作玩具讓他把玩，就像電視上演的一樣。小男孩拿著武器，躡手躡腳地回到客廳，朝著傾靠在寫字檯的身影開槍。那人應聲而倒。於是小男孩連忙去打電話。

故事還沒有結束。警察抵達。他們翻動屍體，脫下面罩，露出竊賊的臉孔。父母親發出尖叫：這是邀請他們赴宴那對夫婦二十二歲的兒子！這個事件發生在幾個星期之前。這個事件沒有起訴，所有的法律行動都終止，相關文件也被歸檔結案。那家夫婦倆偶爾會與私密朋友提起這個意外，以及那個竊賊的自殺行徑。小男孩則和他的妹妹度過一個非常愉快的假期。

這樁新聞根本無法占據報紙版面，也不可能擁有顯著標題。但是，它其實比其他惹人注目的謀殺或法律事件都更有意義，更叫人憂慮。他是一樁屬於當下的新聞，如同我們這個時代一樣反諷而冷酷。（……）這個故事可悲但眞實，在故事裏小孩不再天眞，大人則統統有罪，它呈現的並不是人們信任的、屬於我們社會的本質。

（Pierre Vianson-Ponté, rubrique 《Au fil de la semaine》, *Le Monde*, 2-3 juillet 1972.）

在其他法國媒體中，只有八卦報紙《被拴住的鴨子》（*Canard enchaîné*）在翌日（七月五日）報導相關消息，它被放在標題爲《新聞》的小方塊裏，以納伊市長的呼籲作結：「曾任警察總監的納伊市長阿齊爾・伯黑帝（Achille Peretti）先生由衷地盼望，這類的事件不再重演。」但是市井間口耳流傳一些未經證實的、不同的故事版本，甚至有人說有高層授意媒體遮掩暴力死亡事件，以致於警察人員都三緘其口。

在蒐集口頭流傳的相關故事之後，這件事的重要性浮現出來：每個人都說他認識那場晚宴的賓客們，那場晚宴屬於上流階層的活動，坐落在如納伊、歐特伊（Auteuil）、帕西（Passy）、布隆尼（Boulogne）等地的高級住宅區。敘述故事的人年齡都在三十到四十歲，但有兩個消息來源是青少年。沒有任何一個人曾參考《世界報》上的文章。

一九七二年，筆者本人以電話與警察總局的公關人員聯絡。這位人員證實警方在看到《世界報》上的文章後，曾詢問過記者，但記者拒絕透露消息來源。警方一方面透過醫院與診所查詢死亡紀錄，另一方面也憂心被冠上替權貴人士湮滅證據的罪名。最後沒有發現任何與事件相符的死亡紀錄，因此警局的公關人員認爲這個故事是假的：「一具屍體不可能如此消失無蹤。」

一年後，在一本曇花一現迅速夭折的巴黎雜誌上，一名在巴黎生活的澳洲記者嘲笑《世界報》的專欄作家，認爲他做了一件明顯的蠢事：

> 我可以說自己沒那麼幸運能夠相信《世界報》上有關這個事件的報導，因爲不幸的是，一項小小的事實動搖了我薄弱的信心：直截了當地說，這個故事有問題，因爲當我年輕的時候就已經在澳洲聽過了。在那個時代，在那個國家裏，這個故事藉由攻擊墨爾本天主教會令人不安的權力，而紓解這個大多數居民爲基督教徒城市的反天主教氣氛。在澳洲的故事版本裏，不幸的父親是一位前途看好的勞工黨黨員，而令人生畏的墨爾本大主教馬尼克斯博士，則運用他的影響力抹滅掩蓋這件醜聞。
>
> （Sam White, rubrique《My Paris》, *Paris-Paris*, juin 1973.）

以上這項證詞，是唯一將這個故事放在攻擊治安敗壞、罪惡叢生、倫理喪失的道德主義故事的當代生產連鎖線裏審視的論述。但是，我們可以從歷史中找到類似的古老案例。以下我們引述一個民間故事，呈現面對無所不在犯罪的恐懼，奇特地與進城晚宴故事類似，但在這個故事中沒有對於正義舉動的譴責，也沒有對墮落青年的遺憾，這是一項對十九世紀末巴黎的報導：

> 家庭持續提供的教育、指導、良好的典範可以改變人的某些特質，但是有些惡習早在孩童時就已經養成了。我們不會忘記這位富有金銀器商人的名字，因爲發覺自己的財富經常失竊，他埋伏躲在錢櫃旁，向那個撬開鎖的人影開了一槍，然後認出那個奄奄一息的竊賊就是自己的親生兒子。
>
> （Du Camp 1893, t. III, p. 13.）

在前述一九七二年的民間故事裏，最令人震驚的人際關係是，闖進住宅行搶的竊賊，居然是這個家庭最親密的人之一。幾年之後，一位英國民俗傳說研究者賈桂琳·辛普森（Jacqueline Simpson）編撰了一本危險故事集，其中一個故事敘述一名單身女子的家裏被一位蒙面男子闖入。女子奮力抵抗，用客廳壁爐炙熱的撥火鐵棒灼傷了來人的右手，那男子狼狽逃走。這女子驚魂甫定，到同一層樓另一戶住著一對熟悉夫婦的家按門鈴，想要找人傾訴她的不幸遭遇。但是那位女主人隔著門告訴她：「我很抱歉不能接待妳，因為我的丈夫剛剛回來，右手受了嚴重灼傷。」這裏又是一個例子，原本親密的社會關係，因為蒙面攻擊與確認的惡行處罰而宣告破裂。

年輕竊賊故事所傳達的道德訊息有兩個層次：首先是在上流家庭裏仍可能出現犯罪行為；但另一方面也有另一層反動的意義，在這故事裏有自由主義的訊息——自衛行為的過當，以及在家裏出現致命的武器。後面的訊息吸引了《世界報》記者的注意力。

導演尚·布哈（Jean Prat）與小說家安德列·薛迪（Andrée Chedid）將年輕竊賊故事視為眞實的新聞事件，並據以改寫成電視劇本，在一九七四年一月播放。這個節目的播放引發了關於自衛行為的道德批判：

有多少成人可以僅因為害怕而做出像布呂諾（Bruno）一樣的行為？我們要說，不只是害怕，而是因為要保護財產，財產比一個人的生命更重要。電影、電視、書籍、漫畫與每日的新聞報導，讓我們已經習慣性的認爲，拿起一支左輪手槍射向一個人是一種很自然的動作。

（Claude-Marie Trémois, *Télérama*, 19 janvier 1974.）

一九七〇年代是社會不安全感最高的時期，而媒體對於因爲自衛行爲所造成的悲劇有許多報導。一九七八年十月，坐落在巴黎南部一百公里左右的小鎮龔特耐（Courtenay），就曾發生一場眞實的悲劇。一位二十九歲汽車車庫工人，晚上在家裏因爲異聲而驚醒，拿起他的來福槍，向黑影開火，結果殺了起床下樓到廚房拿水喝的九歲兒子。《世界報》以內頁半版的篇幅報導這個新聞。這個事件的發生剛好碰上「合法自衛協會」第一次的會員大會活動。另一方面，法院基於汽車車庫工人里昂奈・勒格拉斯（Lionel Legras）家裏曾經遭過入侵竊盜案，他本人並且因此受傷的理由，判其無罪。

對於「合法自衛協會」懷有敵意的媒體開始發出抨擊，《解放報》的標題是：「魔鬼的門徒以合法自衛殺了自己的兒子」，《早報》（*Le Matin*）標題則是：「合法自衛新的犧牲者」。報導文章裏提及，在過去三個月裏，有九件因爲合法自衛所造成的意外，其中四人死亡，五人受傷。

大型報紙的態度相對較爲中立，《黎明報》的標題是：「致命的恐懼」，《法國晚報》的標題是：「在龔特耐發生的錯誤悲劇」，《自由巴黎人報》（*Le Parisien libéré*）則是：「因爲缺乏安全感在龔特耐發生了凶殺案。」

這椿特殊的新聞事件之所以引發如此大的迴響，主要是因爲發生在關鍵的時間點上。自從一九七二年「年輕竊賊」案發生之後，不安全感的情緒就不斷擴散，恐懼的氣氛逐漸升高。

在「年輕竊賊」、「金銀器商人殺人」與「持炙熱撥火鐵棒的女子」故事裏，受傷害的人罪有應得，因爲他們觸犯了社會規範。但是那些無意進行暴力行爲但因爲誤會而受傷或致命的人，卻是無辜的。因爲對人命的藐視，造成這種錯誤。

我們可以把以上所述這一類因爲不安全感而釀成悲劇的故事，視爲比較爲人熟知、本書也有介紹《悲劇性的誤會》故事的分支變形，《悲劇性的誤會》是描述貪婪父母殺死不服從指揮兒子的悲劇。事實上，這些故事都是要描述一些原本預期沒那麼嚴重的事件，因爲攻擊的對象是親近的人或父母，而造成社會關係的破裂。故事的核心思想，是讓人重新認識人與人之間的眞實關係。

坎皮儂・文森　撰文

【參考文獻】

Véronique CAMPION-VINCENT, 《Les histories exemplaires》, *Contrepoint,* décembre 1976, p. 217-232.

Maxime DU CAMP, *Paris*, ses organes, *ses fonctions, sa vie dans la seconde moitié du XIX*[e] *siècle*, Paris, Hachette, 1893.

Jacqueline SIMPSON, 《Rationalized motives in modern urban legends》, *Folklore*, 92, 1981, p. 203-209.

火雞脖子

一天晚上我們正在工作，一位女性朋友告訴我，前一天晚上她妹妹從北罕布夏（Northamptonshire）科比鎮（Corby）打電話來。這位住在科比鎮的妹妹轉述一位同事告訴她的故事。這位同事有一天上工，（……）手臂上了固定石膏並纏了繃帶。她說在新年的時候，他的丈夫喝了許多酒，（……）幾乎爛醉，無法動彈。因此她沒辦法將丈夫扶上床。她嘗試要背他，但他卻攤躺在地上。這位女士於是想：「好吧，就把他留在這兒，我要上床睡覺了。」於是她自己一個人到樓上臥房睡覺。過了一會兒，這家的兩個大男孩回來了，發現爸爸睡在地上。他們為了開玩笑，就到廚房去找尋可用之物，結果找到一截火雞脖子。顯然這家人今晚吃了一頓火雞大餐。他們解開爸爸長褲的拉鍊，然後把火雞脖子塞進去，並露出大半在外面。完成這項惡作劇之後，他們也上樓睡覺了。到了半夜，女主人醒過來，迷惑地自問丈夫到哪裏去了？她想起來自己將丈夫留在樓下，於是說：「我的天，他在底下會著涼的。」她下樓，拉開起居室的門，打開燈，赫然看見一隻貓在啃食那截火雞脖子，她立刻昏倒。（……）就這樣，她折斷了自己的手腕。

（《Ménagère, le 18 mars 1982》, McCulloch 1984.）

這樁輕浮的民間故事其實並不太有名。但是在一九八二年三月，英國北部工業區一帶卻引起人們高度的興趣。高爾登・麥古羅契（Gordon McCulloch）在一個星期裏聽過不同消息來源講述這個故事三次之後，決定對這故事的流傳進行調查。他發現這這故事已經出現十二種版本，麥古羅契將這些版本統統收集，整理出版。那位妻子折斷了臂膀、手腕或在額頭上弄了道傷口。在其中三個版本裏，人們刪除了丈夫酒醉的情節，也去掉了兒子的角色。是丈夫自個兒穿著睡袍下樓，爲了嚇唬他太太，怪模怪樣地在下體帶上火雞脖子，後來在壁爐旁睡著了，一直到貓來啃食火雞脖子時都沒有醒過來。

這個民間故事在一些有特殊傳統的工人之間流傳，在法國僅限於北部與東部。在故事裏，酒精扮演重要的角色，而男人的重要性更是壓倒一切。另一方面，女性們工作，大兒子們工作賺錢但住在自己的房間裏，不受管轄地玩樂。

在大部分的情況下，是由婦女講述這樁民間故事，故事裏的女主角是好酒丈夫與調皮兒子的犧牲者。這個故事成功的原因，在於將一些滑稽元素與深藏隱匿的焦慮主題結合起來，並由一位高明的敘事者來講述，而這位敘事者可以是一位怪女人，呈現一種男人閹割去勢的幻覺。就像其他許多這類的故事一樣，它在特定的地區流傳很短的一段時間之後，就消失無蹤了。而高爾登・麥古羅契的研究，提出了有關這樁傳奇流傳的重要觀點，而他的結論對其他的故事而言也極有價值。

感覺上這個故事原本是一件眞實的意外，而意外可能發生在除夕的宴會裏。麥古羅契在調查這個故事的過程中，曾沿線追蹤其傳播的消息來源，他企圖確認本文一開始引述故事中的那位「妹妹」與另一位「同事」，但無法如願。他找到了第一位敘述這個故事的女子，但是「同事」與「妹妹」都拒絕和麥古羅契碰面。那位跌斷手腕的「同事」對傳述這個故事的人說：「如果我丈夫知道我對外說這件事，一定會大發雷霆。」至於那位「妹妹」，則回答說：「我已經夠冒失，洩漏太多祕密了。」原始的意外很可能是眞的，即使在調查過程中始終無法找到堅實的證據。查驗的內容充滿了不確定性，這是很常見的現象。在調查有違一般道德規範事件的時候，證人通常不願回答問題，訪談工作也會遭受許多阻礙。

即使是與原始意外當事人很親近的人，在轉述故事時仍出現說服的下意識程序。相對於故事中受害的女主角，敘事者總試圖對這個事件保持一定的距離。在傳奇與謠言傳布過程中的人格特質，所謂的「某位朋友的朋友」說法，在此又出現了。故事敘事者與下一位新的敘事者之間形成一個流傳的環節，人們無法抹殺這種確實存在的環節關係，於是下意識地在敘事過程中淡化它。這種「保持適當距離」——不太遠，讓故事保有相當的戲劇效果，也吸引人願意傾聽；不太近，以避免聽眾求證——是一種我們不會刻意注意到的修辭程序，如同當我們說話時，我們不會在腦海裏明白浮現文法規則。這種距離讓好的敘事者可以從故事核心隱含的焦慮中脫身而出。這種程序是隱含某些訊息之傳奇流傳的特徵之一。

我們可以爲這個民間故事的誕生提供一項詮釋。做爲一樁古典的範例故事，它強調傳統價值，譴責偏差行爲。這個故事的架構就是所謂小資產階級的規範生活：在聖誕節或新年的慶典宴會中，家人團聚在一起，夫妻住在主臥房，孩子們睡在自己的房間，家裏養著一隻貓，大夥分享烤火雞大餐。這個規範因爲男主人的醉酒而被破壞了。被啃食的火雞脖子形狀就像閹割了的男性生殖器官，意味著這個男人失去了它的男性特徵，應該被棄置在地上，被丟在公共空間裏，不配使用房間。男主人差一點就被閹割了，女主人則摔斷手腕：藉由敘述這個故事，女性敘事者藉以表達出對飲酒過度而破壞家庭架構不幸結果的恐懼。

但是另一方面，這個故事並不說教，它讓人發笑。故事藉由喜劇性的諷刺，如同許多其他的民間故事一樣，拐彎抹角地傳遞道德訊息。

坎皮儂・文森　撰文

【參考文獻】

Jan Harold BRUNVAND, *The Choking Doberman*, 1984, p. 50-52, 59 et 62.

Rodney DALE, *The Tumour in the Whale*, 1978.

Gordon McCULOCH, 《The tale of a turkey neck: a legend case study》, in Paul Smith（ed.）*Perspectives on Contemporary Legend, Proceedings of the Conference on Contemporary Legend, Sheffield, July* 1982, Sheffield, CECTAL, 1984, p. 147-166.

窒息的杜賓狗

幾個星期之前，我的朋友裘・芮莉（June Riley）在晚餐時告訴我一個非常特別的故事。在一個天氣晴朗的日子裏，一位芮莉認識的女子在上完一整天的課程，返回她在伯倫特伍德（Brentwood）家的路上，發現她們家裏養的一頭杜賓狗，正喘不過氣來，無法呼吸。她火速地將狗送往獸醫處，但是獸醫正在忙，就叫她把狗放在候診室裏。當這位女子回到家中，電話鈴響起。是獸醫打來的電話，語氣鎮定但堅決：「請妳立刻掛上電話並離開家。到鄰居家等我。我馬上到。」震驚同時有點害怕地，這位女子依照指示行動。

幾分鐘之後四輛警車趕到，警察在女子家中的壁櫥裏，找到一名強壯的、被嚇壞了而且流血不止的小偷。獸醫同時抵達，他向這位女子解釋，當他檢查那隻狗窒息的原因時，發現它的喉嚨裏卡著三隻人類的手指。他立刻先打電話通知警察，再打電話給這位女子。

晚餐桌上所有的人都因爲裘所講述的故事而大感吃驚。大家對於獸醫的冷靜表示敬佩，討論自己的狗有沒有能力應付入侵者，並且一致認爲這座城市治安愈來愈走下坡。在往後幾個星期裏，我轉述許多次這椿故事，從未認眞思索眞僞的問題。直到有一天我在聖塔巴巴拉（Santa Barbara）參加一場晚會，一位朋友向我敘述發生在一位住在蒙特奇多（Montecito）養著一頭拳師狗的女子身上，一模一樣的劇情。在此之後，我陸續從住在帕洛斯維爾岱斯

（Palos Verdes）、長島與舊金山的朋友那兒，聽到同樣的故事。

裘·芮莉並沒有說謊。她只是像我後來做的一樣，在傳遞都市神話。這樁民俗傳說的說服力量，讓我們相信這個故事是眞實的。

（刊載於美國洛杉磯報紙《Herald Examiner》〔1982/2/3〕，之後發表於Brunvand 1984, p. 9-10.）

以上這樁故事一九八一與一九八二年時期在美國非常流行。強·哈洛德·布朗范德曾仔細研究故事細節，並且引用一位警政記者所紀錄的一個最血腥的口耳相傳版本：

她因此回到家。一進門，電話鈴就響起。電話線另一端有人說：「立刻離開妳的住所，然後打電話給我。」她問道：「你是誰？」對方回答說：「我是馬辛醫生，那位獸醫。離開你的住所，找一支電話打給我。到鄰居家或者朋友家去。」她回答說：「你瘋了嗎？」他說：「好吧，因爲妳不願意離開。……我只好明說，妳知道是什麼東西讓妳的狗窒息嗎？兩隻黑人的手指。」

她嚇得魂飛魄散，丟下電話，立刻奪門跑到鄰居家去。然後回電說：「我現在在鄰居家裏。你是說兩隻黑人的手指？」獸醫師回答說：「是的。打電話報警。」於是這女子打電話給警察。

（Brunvand 1984, p. 11.）

在以上這個口耳相傳的版本裏，布朗范德提醒我們注意一個重要特徵：小偷是名黑人。這是樁白人們訴說都市危險的故事，被攻擊的對象是白人。至於在媒體上發表的版本，這一部分都經過修改。但是發現小偷血跡的地方是臥室的壁櫥，這意味著小偷有強暴女主人的意圖。

這樁講述危險的故事中有兩個値得注意的主題：一隻動物負責地執行它主人不了解的任務；小偷被一隻忠心保護單身女主人的狗咬傷肢體，而且因此被逮捕。

早在美國的種族衝突暴力現象之前，在中世紀就已經流傳動物忠誠服務卻被誤解的故事。有一個故事敘述一隻狗奮勇抵擋野獸，以保護主人的嬰兒。主人卻誤會了這個情境，以為狗有意傷害嬰兒而殺了它。稍後主人發覺眞相，爲狗建了一座墳墓以表達悔恨遺憾。在盎格魯・撒克遜世界裏，這個故事最有名的版本，是由十九世紀的通俗作家伯齡—古爾德（Baring-Gould）敘述的。故事地點是在威爾斯的一座村子裏，有一座獵兎犬傑勒特（Gelert）之墓，這座村莊甚至以此犬爲名，叫做貝德傑勒特（Beddgelert）：

一個天氣晴朗的日子，這個地區的領主盧埃林（Llewellyn）出發打獵，將他的嬰兒留在搖籃裏交給忠狗獵兎犬傑勒特看守。來了一隻大野狼想吃掉搖籃裏的嬰兒。傑勒特拚命奮戰，終於殺了大野狼，也因此全身沾滿污血。當主人打獵歸來時，傑勒特全身是血前往迎接。領主看見嬰兒的搖籃翻倒在地，立刻一劍殺了這隻忠狗。隨後他發現嬰兒還好好地活著，而且有一具野狼的屍體躺在旁邊。獵兎犬傑勒特後來成爲嬰兒的守護神，它的墳墓變成眾人朝聖之地。

（引自Brunvand 1984, p. 31-32.）

雖然在上述的故事裏，攻擊嬰孩的野獸是狼，但在大部分的故事裏這個角色是蟒蛇。如同法國東南部棟布（Dombes）地區受人崇拜的獵兔犬吉納弗（Guinefort）祭壇的故事。這座祭壇在一二五〇年左右被當時的宗教審判長艾蒂安・德波旁（Étienne de Bourbon）憤怒地視爲異端，下令拆除。這位審判長還下令焚毀這隻狗的骨骸，砍伐圍繞在祭壇周遭的樹木，這些樹上掛著生病小孩的衣服，以求狗靈保佑。然而對於神犬吉納弗的崇拜，在十九世紀末甚至二十世紀初，仍在地方上流傳。一九七〇年歷史學者尙克勞德・舒密特（Jean-Claude Schmitt）曾做過一項調查，當地人記憶中大約四十年前還有祭祀神犬吉納弗的活動，也就是說這個神話一直流傳到一九三〇年代。

忠犬傑勒特與吉納弗的故事在中世紀的歐洲十分流行，並且具體地留下許多遺跡地點（法國有五十一處，義大利有八處）。這些地點被視爲孩童守護神犬的聖地。而關於它們的故事，被芬蘭學者正式列爲故事類別中的一類：《178. 忠誠動物因爲誤解而被殺害；178A. 盧埃林與它的狗》（Aarne et Thompson 1961）。

忠犬傑勒特與吉納弗故事可以被視爲《窒息的杜賓狗》的古代版本，主人們無法瞭解負責救援的狗兒爲何身上沾滿血跡。而在現代，我們不會把狗殺了，而是把它送到獸醫那裏。另一方面，入侵或攻擊者不再是野獸，而是人。事實上，我們時代的故事版本是敘述現代惡行的危險故事。

談到狗保護獨居女性的主題，布朗范德引用兩個美國故事，敘述狗兒咬死入侵獨居女子家中偷走一大堆東西的小偷之情節。這些故事呈現了誤解與內在正義的主題：這兩個故事的入侵者分別是該女子的兒子，以及她的前夫，他們蒙面潛入以避免被認出來，結果狗也因爲認不出他們來而奮勇攻擊。在此，內在正義是很重要的主題，一連串的情境環環相扣，最後惡有惡報。

在法國，杜賓狗的故事在阿爾薩斯省被複製出現，但是加上自衛以及富人們過當防衛的情節。在一九八六年的夏天與秋天，以下故事在柯爾瑪（Colmar）地區流傳：

> 兩名竊盜撬鎖入侵溫滕漢爾（Wintzenheim）的一棟房子，而被一群杜賓狗攻擊。其中一名竊盜不但被咬死，屍體甚至被狗吞食；另一名竊盜則被圍困躲在衣櫥裏，完全被嚇瘋了。這個故事在柯爾瑪地區已經流傳三個月了。事實上，這個故事是虛構的。根據警察機關與檢調單位的查證，根本沒有這回事。其實這是有意反對一些富有商人而虛構的謠言。
>
> （*L'Alsace*, 18 septembre 1986.）

以上的故事比傷害肢體更殘暴，結果是死亡與發瘋。不再是獨居女子，而是被保護得太好的有錢人。故事的劇情被通俗化，同時也嚴重化了。在此，我們注意到一種對於猛犬永遠存在的恐懼，因此我們瞭解，杜賓狗是一種常被懷疑的動物。

坎皮儂・文森　撰文

【參考文獻】

Antti-AARNE et Stith THOMPSON, *The Types of the Folktale: A Classification and Bibliography*, Helsinki, Academia Scientarium Fennica（Folklore Fellows Communications n° 184）, 1961.

Jan Harold BRUNVARD, *The Choking Doberman*, 1984, p. 6-18, 28-34 et 48-49.

John MICHELL et Robert J.M. RICHARD, *Living Wonders. Mysteries and Curiosities of the Animal World*, Londres, Thames et Hudson, 1982, 《Martyred Baby-sitters》, p. 131-133.

Jean-Claude SCHMITT, *Le Saint Lévrier: Guinefort, guérisseur d'enfants depuis le XIII*e *siècle*, Paris, Flammarion, 1979.

艾菲爾鐵塔的水力千斤頂

在蓋霍爾（Cayrolle）的引領下，一群逃學的學生來到艾菲爾鐵塔北端塔柱入口。「夥伴們，對於這次行動，你們絕對不會後悔：我知道一個精采的玩意兒，跟我來！」

他們跨過一條隔離鐵鍊，沿著一道石梯往下走，無視於「不准進入」的標誌，最後抵達一座寬敞的地下室。有一個男子獨自在那兒看守，他嘴裏哼著《大海上的安傑勒斯》（*Angélus de la mer*）的歌詞，卻配上《黃金麥田》（*Blés d'or*）的曲調，哼著哼著常常就停下來打嗝，自言自語地說：「輕鬆多了！」然後從頭再來。這個男子轉身面對這群學生——他的鼻頭比吉格立歐先生（M. Giglio）的還要紅。

「小傢伙們，你們來這幹嘛？」

「我們來看千斤頂。」

「千、千……，嗝……抱歉！輕鬆多了。千斤頂跟你們有什麼關係。」

「我有一位表兄是工程師。」蓋霍爾說。

「啊！」那個男子摸了摸紅得發亮的鼻子：「好，千斤頂，找我就對了！」

他搖搖擺擺地走向他們，抽抽搭搭地以帶著紅酒味道的口氣解釋，爲了平衡高塔不可避免的擺盪，艾菲爾先生在這個基礎裏，嗝……抱歉！輕鬆多了，……裝置了水力千斤頂。

「哇，要是葛陀（Gautreau）知道這件事的話！」

「還有畢葛洛特（Bigloteux）！」

因此，得有一個人負責監督艾菲爾鐵塔的平衡，而目前就是這個男子的工作。當他在說明鐵塔的擺盪時，他自己的身體也在搖擺。

「抓緊，小傢伙們，我們要做一件很好笑的事。我們將，嗯……抱歉！」

「輕鬆多了。」莫拉爾（Mollard）替他接著說。

「我們要讓鐵塔傾斜。」

「不，不！」蓋霍爾情急地說。

那個人手握機器的旋轉操縱盤說：「當然要！只是開開玩笑！」

「但這可不能開玩笑！那位名叫古德爾（Couderc）的女士不是因爲這樣，最後埋在高塔倒塌之後的碎礫裏，這是歷史的死亡教訓……」

「再傾斜一點，再傾斜一點！她是自己一個人做才會有這種結果。很幸運的是，我正張大眼睛看著……」

「不，不！」

「當然要！小傢伙們！那裏顯然刮著大風，那上面。」

他把旋轉盤旋緊，再旋緊。

「大家臥倒！」蓋霍爾喊道。

一會兒之後，他們才以像瓶塞從水底浮起的速度爬起來。鬆了一口氣。紅鼻子傢伙說的沒錯：剛剛有一股龍捲風在空中盤旋，但現在已經離開，遠看就只像是一匹單調的灰色帆布，樹木受到風的洗禮，一些嫩葉被吹落。

「葛陀先生！葛陀先生！……看，龍捲風還沿廣場繞行……」

這幫子逃學生最後安然回到地面上來，手緊緊地按住頭上的貝雷帽。風還呼呼地在塔的上方以驚人的聲勢吹拂，但他們嚇得再也不敢舉目向塔那兒望一眼。他們飛快地逃離到距離塔有三百公尺之遙的地方，這裏已經在艾菲爾鐵塔倒下來的危險範圍之外了。

(Gibert Cesbron 1989, p. 203-204.)

以上從吉貝爾．塞斯朋（Gibert Cesbron）一九四八年所寫的小說上摘錄而來的情節，可以做爲由傳奇迷信發展出文學創作的一項良好範例。小說家自己相不相信千斤頂的存在並不重要，他憑感覺擷取了能夠提供創作使用的所有元素。事實上，有問題的情節，正呈現了傳奇故事或新聞報導在類似主題與方向的影響力：來自內行人的提醒——那位「擔任工程師的表兄」，以及在地下洞穴所遇到逃學的中學生、「不准進入」的標誌、掌管水力千斤頂的技師。反諷的是，保持艾菲爾鐵塔的穩定重任是由一名腳步蹣跚的醉鬼負責，而年輕的孩子們因爲害怕塔倒下來，因此落荒而逃。

一些僞科學家與僞歷史學者所塑造出來的，這樁科技傳奇中有關艾菲爾鐵塔水力千斤頂的迷信，提供了當代民俗傳說發展的養分。

這項迷信的起源，肇因於在建造高塔過程中，確實會用到水力千斤頂這個設備。這個設備可以調整校正四個柱礎達到同一水平，精確到只有幾公分的誤差，以構成高塔的平面基礎。每一座柱礎的四角尖脊各設有一具鋼製的椿扆，在椿扆裏刻意留出空間裝設一具水力千斤頂。因此一共有十六具千斤頂。每具千斤頂都配備有一台手動幫浦，可以承擔八百噸的重量，上下調整九．五公分的距離。調整水平的程序是，先建造一座中央柱礎，以這座柱礎及木頭搭建的腳架支撐其他傾斜的柱礎。

艾菲爾鐵塔的接合工程是在一八八七年十二月七日進行：因爲千斤頂所發揮的功用，巨大鋼架構鉚釘栓孔都能準確地密合，基礎平台也的確維持水平。在椿扆與尖脊之間，塞有鋼製的墊片，以確實地固定住鐵塔平面。然後以被稱爲「腰帶」的鋼樑建構地面層，做爲建築物其他部分的堅固底座。

當時的媒體，認爲一八八七年十二月七日進行的工程作業爲艾菲爾鐵塔奠基，稱之爲「關鍵作業」（Lemoine 1989），而在這項工程裏，水力千斤頂扮演了非常重要的角色。

在此之後，水力千斤頂就功成身退，與中央柱礎、臨時腳架一起被拆除了。但是我們可以想像，一直到現在，還是有很多人相信千斤頂仍保留在原來的位置。

有一個元素可能讓人混淆或錯亂，以致於強化了這項傳奇式的迷信：水力升降梯的出現。從一八八九年開始，鐵塔就提供水力升降梯的服務，四座柱礎各裝設了一部升降梯。建築師艾菲爾甚至讓不同的升降梯廠商彼此競爭。在東角與西角的柱礎上，裝的是「魯・貢巴呂意公司」（Roux et Combaluzier）的產品，這兩部升降梯只到二樓，是以水力驅動的兩條交替循環鋼索來牽引。在北角與南角的柱礎上，則是「奧斯迪公司」（Otis）的產品，以水力活塞帶動鋼索牽引，從地面直達十三層樓。第五部爲垂直運動升降梯，由「艾度公司」（Edoux）製造，用以連接三樓與四樓：較大的一部升降梯車廂以水力活塞推動，行駛距離爲七十八公尺；另一部較小的車廂則做爲平衡錘。

在一九六五到一九八三年期間，幾乎所有的升降梯設備都更換成電力動力系統。唯有東角與西角柱礎的兩部升降梯，雖然在一八九九年換成「費維・里爾」（Fives-Lille）的品牌產品，但始終維持水力動力系統。以巨大水管和制動鋼輪所構成的機械設備，在東角與西角柱礎的地下室裏可以清楚地看到。在塞斯朋的小說裏那位操作工人「旋緊，再旋緊」的動作，與其說是操作水力千斤頂，倒不如說是水力升降梯，因爲後者是以手動幫浦來控制的。

我們可以順理成章地想像，因爲大眾對於實際科技運轉的瞭解不足，因此鐵塔柱礎地下室裏現存的水力機械設備，就成爲千斤頂傳奇的證據。

在我們的時代裏，千斤頂傳奇迷信流傳之廣，可以從嘗試說明在建築物完成之後千斤頂已被移除的文件資料繁多數量得到印證：「千斤頂已不在那兒。」（*Fiches documentaries*, Société nouvelle d'exploitation de la tour Eiffel, 1985 et 1989）；「坊間有關鐵塔可因爲水利千斤頂的作用而升高的傳言，是不正確的。」（*Quid*, 1986, p. 328a）

艾菲爾鐵塔的想像

在塞斯朋的小說出版大約二十五年之後，一九七四年，一位荷蘭作家約斯特．史瓦爾特（Joost Swarte）直接從水力千斤頂的故事獲得靈感，創作了一本名爲《第二座巴別爾塔》（*Une deuxième Babel*）的連環漫畫書。作者想像法國人祕密地於一九三七年，在巴黎的地底下建造一座巨大的塔——「比艾菲爾鐵塔和美國帝國大廈更高」，這座塔放置在一組水力升降梯上頭。打算在同年世界博覽會開幕時，將高塔升出地面，造成震撼。但是掌握升降梯運轉祕密的一群技師全都在一場車禍中喪生，而設計這套系統的工程師則被裝在高塔內部的「福寇鐘擺」（Pendule de Foucault）上巨大鐘錘壓扁了。大部分參與這項計畫的人以及知情者，不是神祕地失蹤，就是被監禁在精神病院裏。而這座高塔目前還埋藏在巴黎地底的某個角落。

很顯然地，約斯特．史瓦爾特直接採用了有關艾菲爾鐵塔的一些資訊元素：爲巴黎的世界博覽會（一八八九年與一九七三年）建造一座高塔；取名爲《巴別爾塔》，事實上當一八八九年艾菲爾鐵塔建成時，社會大眾就以這個名字稱呼它；故事中的核心角色都是工程師，儼然是現代世界的創世主；「福寇鐘擺」的出現，這項設施的確裝設在艾菲爾鐵塔的第三層樓（Lemoine 1989, p. 78）；最後，設計讓新塔升起的一組水力升降梯，則直接取材於艾菲爾鐵塔的水力千斤頂與水力升降梯。至於有關城市地底下隱藏的巨大建築物，我們可以在普羅文化與傳奇故事中找到線索：其中一個故事說，在巴黎的地底下，有一座規模可與巴黎聖母院相比的神祕大教堂。

想要詮釋水力千斤頂的傳奇，應該從艾菲爾鐵塔所引發的想像著手。在一八八九年，艾菲爾鐵塔是全世界最高的建築物。直到今天，它仍因爲特殊的造型而聞名世界。如同法國作家羅蘭・巴特（Roland Barthes）所說的：「是一種上升的象徵，涵蓋了所有形式的上升，它以自身實現了高度的概念。」必然的推理隨之而來：對於傾倒的恐懼，將艾菲爾鐵塔與巴別爾塔相比，也暗藏了後者最後倒塌的隱喻。當年眼見艾菲爾鐵塔建造的巴黎市民，都帶著濃厚的疑慮，隨時有看到這座建築物崩頹塌倒的心理準備。居斯塔夫・艾菲爾（Gustave Eiffel）爲安定人心，強調自己「無時不爲維持建築物的穩定，以避免造成地面危險而絞盡腦汁。」（引自*Fiches documentaries*, 1989）藉水力千斤頂維持艾菲爾鐵塔平衡的傳奇，有穩定人心的功能。在我們最前面引用的文摘裏，吉貝爾・塞斯朋惡作劇似地把這種對於機械設備的迷信，轉化成對水力千斤頂操作者（一名醉鬼）的不信任與害怕。

事實上，鐵塔的造型非常穩固，風對它的影響不大，因爲氣流可以從鋼架鏤空的部分穿透。就以比成文紀錄裏最高的風速還要高的每小時一百八十公里強風爲例，只會造成塔頂最大直徑十八公分的橢圓弧擺動。而這個擺動與高度變化無關，也不會造成重心移動，所以無須水力千斤頂來維持平衡。

第二點値得注意的是，艾菲爾鐵塔是現代性的象徵。它的建造目的是爲了「彰顯現代科學的光榮，以及法國工業成就的偉大」。工程師，「鋼鐵的魔術師」，成爲上一個世代以石頭爲素材建築師的繼承者。在一八八九年巴黎世界博覽會上，艾菲爾鐵塔是最重要的展示作品，展現了科技與工業的大獲全勝。會場上另一棟同樣廣受歡迎的建築物「機械館」，則展示「現代機械的神奇」。就其使用的原理以及功能而言，水力千斤頂確實是一具神奇的機器。從第一部水壓機在十八世紀出現，期間出現水力千斤頂，一直到一八五二年第一部水力升降梯的發明，液壓傳遞原理不斷刺激人們的想像力。《拉胡斯十九世紀大辭典》上記載：「水壓原理與其所造成的結果之間不成比例的差異，很容易造成奇蹟似的誤解印象，對此我們必須特別當心。」因此，一些裝滿液體的水管以及許多噸的鋼鐵之對比，就成爲一項傳奇迷信的對照基礎。

爲了更有意義地進行比較，我們可以將關於艾菲爾鐵塔的迷信和關於比薩斜塔的迷信擺在一塊兒。許多人曾經相信，甚至到現在還有人相信，比薩斜塔著名的傾斜是刻意造成的，是要做爲十二與十三世紀義大利先進建築技術的證據。《拉胡斯十九世紀大辭典》上這麼強調：「如果我們像一般人同樣認爲這項傾斜是建造者可以造成的，那我們就犯錯了。這一類載重高塔的設計必須嚴格遵守重心定律。傾斜的出現是個意外，是建築物所坐落的地基發生一項非預期的陷落。」但是當這個地基陷落發生時，建塔工程已經進行到一半了：建築師們仍然繼續建設，同時進行補救工程讓樓層平面仍維持水平（一邊的柱子建得比另一邊高，以鐵筋建造強固牆）。

比薩斜塔與艾菲爾鐵塔是兩座讓人擔心倒塌的高塔。但是有關它們的傳奇迷信卻剛好相反：比薩塔之所以傾斜，是因爲建造時刻意讓它重心偏移；艾菲爾鐵塔沒有傾斜，因爲藉水力千斤頂之助而保持垂直。無論如何，這兩個例子都呈現對於建築師，平衡的魔術師，一種混合著崇拜與畏懼的情感。

荷納　撰文

【參考文獻】

Roland BARTHES, *La Tour Eiffel,* Paris, Delpire, 1964.

Gilbert CESBRON, *Notre prison est un royaume*, Paris, Le Livre de Poche, 1989, p. 203-204.

Grand Dictionnaire Universel du XIXe siècle（vers 1880）, articles《Hydraulique》et《Pise》.

Bertrand LEMOINE, *La Tour de Monsieur Eiffel*, Paris, Gallimard, 1989, coll.《Découvertes》, 62.

Quid 1986, Paris, Robert Laffont, article《Architecture》, p. 327-328.

Joost SWARTE,《Une deuxième Babel》（1974）, *L'Art moderne*, Paris, Les Humanoïdes associés, 1980, p. 35-42（rééd. Futuropolis, 1985）.

La Tour Eiffel. Fishes documentaires, Paris, Société nouvelle d'exploitation de la tour Eiffel, 1985 et 1989.

坐在金龜車上的大象

一位住在紐澤西的女士開著她的新金龜車，一部紅色的福斯汽車（VW），到紐約麥德遜花園廣場，買馬戲表演的票。當她在售票口排隊的時候，一頭被牽出來遊行的馬戲團大象誤認爲停車場裏的福斯汽車是它在馬戲團裏指定坐的紅色矮凳，於是一屁股坐在引擎蓋上，引擎蓋整個壓得變形。馬戲團開給這位女士一張證明，表示願意支付所有的維修費用。在開車回家的途中，這位女士被警察攔下，她拿出馬戲團的那張證明以示自己並未酒醉駕車。

（引自湯姆．布克萊〔Tom Buckley〕在《紐約時報》〔1975/5/5〕的文章。Brunvand 1984, p. 58）

一位修女到波士頓附近的班遜（Benson）動物園拜訪，並將她的福斯小金龜車停在停車場裏。當她在動物園裏逛的時候，一頭大象逃出柵欄，因爲躲避人們追捕而撞上修女的車，造成車子尾端嚴重損傷。但無論如何，車子還是可以發動。

當天稍晚，這位修女駕車經過卡拉漢（Callahan）隧道，這是波士頓地區塞車最嚴重的節點之一。車子緩慢地一輛緊接一輛向前行駛，有一輛車輕輕地碰撞了修女的福斯汽車。

警察來了，肇事雙方都下了車。那位闖禍撞到修女汽車的駕駛說明，如此輕微的碰撞不可能造成這麼嚴重的損害。修女也同意，並解釋車尾的損害是當天稍早一頭大象造成的。結果警察把修女帶回警局，當作酒醉駕車的嫌疑犯進行檢測。（麻薩諸塞州巴克斯波魯夫〔Boxborough〕的依莉莎白．衛斯特〔Elizabeth West〕寄給強．哈洛德．布朗范德的故事。Brunvand 1984, p. 58）

紐約時報的記者並不相信這個故事是眞的，於是系統性追查這個故事的源頭，結果眞的查出眞相了：當記者以電話聯絡被指控為罪魁禍首的馬戲團時，對方答覆說，這樁沒有依據的故事已經流傳超過十五年了。

而依莉莎白．衛斯特原本深信不疑，直到幾年後她再度聽到同樣的故事，才明瞭這並不是一件曾經發生過的眞實意外，但這故事從一九六〇年代中期即以眞實案件的面貌在歐洲與美國流傳。故事的第一個版本只是一樁發生在馬戲團裏的小插曲：一頭記憶力不佳的大象，將顏色鮮豔的小汽車誤認為表演場裏的矮凳（往往故事裏還添加了一些能加強效果的元素，例如在附近指揮交通的警察哨音），於是在跳舞的過程裏坐在車子的引擎蓋上，或把它當作腳踏台。故事的第二個版本則強調受害者的人格特質：一名有尊嚴的獨身婦女，因為這件意外她成為酒醉駕車的嫌疑犯，受人尊敬的特質受到了冒犯。

許多報紙報導過這個故事，當事人的身分與發生事件的地點常隨媒體所在地而有所改變。但是構成這個故事的主要元素都被保留。

這個故事最近出現的版本是德文的《野生動物園的大象》（Der Elefant im Safari-Park），係由布萊德尼希（Brednich）提供，可以視為出現在一九六○年代最早版本於一九八○年代的變形：故事內容依然敘述一輛小汽車被部分破壞，但這一次的背景是觀光客開車進入無柵欄的原野，待在車裏欣賞野生動物，結果有一頭攻擊性十足的小象，把鼻子從後車窗伸進來，搗毀所有的東西。車內的人驚慌失措，立刻將電動車窗關閉，結果卡住小象的長鼻子，而後引發了母象解救小象的粗暴行動。瑪莉亞・卡爾邦（Maria Carbone）將這個故事改寫成義大利文版本，故事中這個不幸的遭遇發生在一位在加爾德（Garde）湖區遊覽的瑞士觀光客。野生動物園的巡守員為了讓這位可憐的觀光客振作精神，請他喝了一杯酒，結果回程中，他被瑞士海關攔下，控以酒醉駕車的罪名。在這個義大利版的故事裏，我們收到一個關於「內在正義」的訊息：開著漂亮車子的瑞士人是有錢人，有錢人犯錯被處罰時，付出的代價要比一般人高。

當然，這類的故事在眞實世界裏是有可能發生的。儘管機率不大，但不能說絕無可能。既然這類事件發生的頻率不高，那麼許多關於這個故事不同版本出現的原因，就是它令人發笑。創造或傳播這類故事的人，都振振有辭地強調與不幸事件的主角很熟。這些不同的故事版本保有同樣的敘事結構，同樣對比的元素：小車／大象；有尊嚴的獨身婦女／酒醉駕車的嫌疑犯（有時候甚至證據確鑿，因為旁人為了安撫她的激動情緒，讓這位女駕駛喝了一杯酒）。整個故事情節一種雙重的混淆誤解：大象把小汽車與馬戲團矮凳搞混了；警察則把事實（眞的出現一頭大象）誤認為酒醉者的幻覺。這個故事顯然利用眾人皆知的俗語：醉鬼的眼中會出現粉紅色的大象。另一個刻板印象是，一名獨身、活躍、認眞且收入微薄的女人，或者一位修女，使用的應該是國民車（在法國是雪鐵龍2CV，在德國、斯堪地那維亞與美國則是福斯汽車）。

報紙有時在證實某些消息上所做的努力簡直過了頭。而無疑地，英國的《周日郵報》（*The Mail on Sunday*）是箇中翹楚，該報在一九八七年一月十八日發表了一個在哥斯大布蘭加（Costa Blanca）的一家西班牙酒吧裏兩個英國人的故事，二十年前，其中一位所飼養的大象（當時他是一個馬戲場裏的小夥計）曾壓扁了另一位的梅塞西密特（Messerschmitt）黃色汽車。這兩位所謂英雄人物的名字與照片都上了報。記者還言之鑿鑿地宣稱他已經發現「這樁現代傳奇的眞實核心」。

大象，陸地上最大的哺乳動物，很容易贏得同情。它巨大的身軀造成一些問題：那句形容詞「就像一頭在瓷器店裏的大象一樣」許多人都耳熟能詳，它異常闖入並逗留在我們一般生活裏所造成眾人的不適應立刻被記者紀錄下來。一九五〇與一九六〇年代，我發現在《法國晚報》就有許多相關報導：

> 一頭大象敲著一棟鄉村小別墅的門，主人把門打開。結果整個房子一團糟。眾人於是追捕它。最後這頭大象躲到一個馬戲團，逃回馴象師那裏。這件意外發生在英國的普利茅斯（Plymouth）。
>
> （一九五八年一月二日）
>
> 在巴黎郊區文森（Vincennes）動物園裏，一頭大象搶了一位女性觀光客的皮包，把香粉

盒與口紅丟還，但留下護照與其他東西。（一九五八年九月十日）

一名美國加州人發現有兩頭大象在他的花園裏。在他正試圖說服警察他並不是酒醉眼花的同時，花園裏的一切都被搗毀了。（一九六〇年七月十三日）

在舊金山，一頭大象吞下了一本駕駛執照。（一九六五年九月二十九日）

就在一九六〇年代前後，大汽車廠紛紛推出小型車款（福斯金龜車、雪鐵龍2CV、奧斯汀Mini），因此這個故事與其說是嘲笑動物，毋寧更接近是開車子的玩笑。另一方面，一九六〇年代也誕生了一系列關於大象的荒唐故事，在這些故事裏，大象被視爲小金龜車的對照物，例如一個謎語問道：「如何將四頭大象塞進一輛雪鐵龍2CV小車裏？」答案非常無厘頭：「兩頭在前，兩頭在後！」根據民俗傳說研究者亞倫・丹德斯（Alan Dundes）與羅傑・亞伯拉罕斯（Roger Abrahams）的詮釋，這類荒唐故事反應了一種對某種危機愈來愈普遍的覺醒：地球上愈來愈密集的人口成長壓力，迫使人們不斷開墾土地，像大象這種超大型的動物，愈來愈缺乏未開發原野以供生存。

這類故事處於好幾種傳奇類別的交會處：它是一種因地制宜的形式，可以成爲一種個人經驗的眞實故事，但也可能是一種純屬消遣的玩笑故事，沒有人在乎它的眞實性。後者流行於法國。事實上，在一九六〇年代初期，喜劇演員費納・海諾（Fernad Raynaud）所演出的短劇中，有的標題就是《我妹妹的雪鐵龍2CV》或《大象》，短劇裏涵蓋了我們之前所討論的故事架構與元素：有一點過時人物的主角（妹妹）；一頭常使用灰色矮凳的馬戲團大象；因為妹妹喝了一大杯干邑白蘭地酒以鎮定心神，而被判定酒醉駕車。但是這樣的故事沒有人會當眞，報紙也不會刊載。

然而在一九六三年三月八日《法國晚報》報導了另一個版本《警察吹哨，大象在汽車上跳舞：駕駛因爲酒醉開車被帶回警局》。但這個新聞發生在西班牙，同時非常簡短。在這篇報導裏駕駛人的面目模糊，並且是個男人。顯然法國人在報導這個故事時有別的目的，是把它當作一種玩笑來看待。

這些一九六〇年代的故事，後來在盎格魯・薩克遜與斯堪地那維亞世界裏，演變成很有名的都市傳奇。在蕭條的年代裏，新聞記者把這類故事當作一種典型的小道消息，或是一種民俗傳說。甚至福斯汽車公司都利用「大象坐在福斯VW上」故事的知名度，做爲廣告宣傳。克林特堡曾注意到，一九七五年一個馬戲團到斯德哥爾摩表演時，就在市區十字路口架設了一頭象坐在一輛福斯VW引擎蓋上的大幅照片看板，做爲演出的廣告宣傳。一九八二年七月，在雪菲爾德（Sheffield）舉辦第一屆當代傳奇研討會時，也採用這個故事做爲海報主題。可惜的是，迄今還沒有任何一本出版著作以這個故事爲專門研究的主題。

坎皮儂・文森　撰文

【參考文獻】

Rolf Wilhelm BREDNICH, *Die Spinne in der Yucca-Palme*, 1990, p. 47-49.

Jan Harold BRUNVAND, *The Choking Doberman*, 1984, p. 58-61.

Maria CARBONE, *99 leggende urbane*, 1990, p. 110-111.

Alan DUNDES et Roger ABRAHAMS,《On elephantasy and elephanticide》, in Alan Dundes（ed.）, *Analytic Essays in Folklore,* Paris-La Haye, Mouton, 1979 [1975], p. 192-243.

Bengt af KLINTBERG,《Legends today》, in Reimund Kvideland et Henning K. Sehmsdorf（ed.）, *Nordic Folklore*, Bloomington, Indiana University Press, 1990, p. 70-89（première publication en langue suédoise en 1976）.

神祕的貓科動物

什麼是神祕貓科動物的故事？它是體現於許多地方故事系列中一種劇本，一種詮釋的架構。它牽涉到某種神經緊張，是一種集體行動的循環，故事圍繞於一系列對於某件意外的審視與詮釋，而審視者與詮釋者則認爲自己是一項嚴重社會異常的揭露者。在此，「異常」指的是一種不尋常野獸的出現，被認定具有潛在的危險，往往對家畜造成傷害——神出鬼沒的野獸短暫出現在讓人意想不到的角落，我們可能某一天晚上在花園裏發現這頭神祕的貓科動物。

神祕貓科動物的典型劇本是「黑奧維爾野獸」（Fauve de Réauville）事件，於一九八八到一九八九年發生在法國德隆（Drôme）省。

一九八八年十二月六日，在黑奧維爾，一位大約十四歲的年輕男孩傑哈爾（Gérard B.），傍晚與他的長耳獵犬外出散步時，瞥見一頭野獸，而這頭野獸讓獵犬驚嚇不已。這位年輕人的父親將此一事件向格希涅（Grignan）警察總局報案。警察趕到現場，發現一枚十二公分乘以十六公分的驚人足跡，於是事態發展就讓人憂心了。爲了避免發生任何意外事件，警方下令停止黑奧維爾區以及附近五個區域的狩獵活動。這個決定非常嚴重，因爲在這個季節裏，狩獵是鄉村最重要的社會活動。波格黑（Peaugres）附近野生動物園的專家被召集查驗這枚足跡，德隆省獵人協會動員他們的成員——其中有一位是「全法國排名第一的陷阱獵人」——進行一場集體狩獵，設置一些裝有誘餌的巨大陷阱牢籠。

這樁獨特的消息在新聞媒體上引發迴響。《多菲內解放報》（*Dauphiné libéré*）的蒙特利馬（Montélimar）區版十二月八日的標題是：「獅子，老虎或一項惡作劇？星期二有人在一棟住宅附近看到一頭大野獸。獵人、消防隊員與警察們如臨大敵，打算要將它逮捕。」到了翌日，報導令人失望：「貓科動物，依然在逃。」再過一天，情況依舊：「追捕野獸，徒勞無功。」十二月十二日，一名蒙特利馬的農夫宣稱他在下午六點看見一頭貓科動物：「有著紅棕色毛皮的動物，非常長，非常高，很明顯不是狗，也不是一頭大貓。」到了十三日與十四日，報紙內容則帶有鼓勵性質：「我們會追蹤黑奧維爾的野獸。依然有人看到它。將會有持續的相關報導。」

相關的證據紛紛湧來。在舒茲．拉胡斯（Suze-la-Rousse）附近鄉村，一位體育老師清晨慢跑時看到一頭野獸。有些人認爲是山貓，因爲在這個區域裏山貓的數量還不少，有時還會傷害家犬。另外有人傳述，上一個春天在凡圖克斯（Ventoux）北坡直線距離六十公里的地方曾看過一頭野獸。十二月十六日報紙上出現一場爭論筆戰，有一位原籍芬蘭的人士在察看足跡後宣稱，這野獸不是貓科動物，而是一頭狼。六天之後，十二月二十二日，《多菲內解放報》檢視所有資訊細節之後說：「可能是貓科，可能是犬科。有人贊成，有人反對。」

全國性的報紙對這個事件也感興趣，《週日報》十二月十八日的標題是：「法國內陸的狩獵場景。我們發現一隻怪異的野獸，一頭狼？一頭美洲獅？所有的人都在搜尋。領導人是狩獵隊的隊長。」另一方面，十二月三十日《費加洛報》關於這個事件的新聞標題則是：「馬拉它維爾（Malataverne）的野獸。在德隆省的狩獵活動，追捕一頭大型貓科動物，很可能是一頭從動物園逃脫的美洲獅。」神祕的貓科動物已經十幾天不見蹤跡了，總部設在德隆的「野生動物保護協會」認爲，殘忍的獵人們早以塗有麻醉藥劑的誘餌捕捉這頭野獸。一九八九年一月四日，報紙上的一篇文章說：「它又出現了。」一位計程車司機宣稱他看到這動物，並且提供一段令人印象深刻的描述：「我大約在晚上七點左右看到一頭與我們森林中動物一點關係都沒有的野獸。長一．八公尺。上半身是灰色，下半身是白色。它帶著細長尾巴的身影從計程車的車燈光束中穿過。」但這是最後一篇有關「黑奧維爾野獸」的報導，這頭野獸就此消失。

這件事件並沒有告一段落，但只在相關專家中繼續進行：在德隆省獵人協會一九八九年一月十二日的報告裏，強調獵人們不計報酬的自願投入。此一報告係由一位山貓專家維侯尼卡・艾宏史密特（Véronique Herrenschmidt）主筆，這位先生在國家狩獵局任職，負責追蹤野放在孚日（Vosges）山區的山貓狀況。一九八九年四月二十五日，一份他所撰寫的報告說：「一九八八年七月，一頭貓科動物在舒茲・拉胡斯一帶短暫出沒。」但艾宏史密特也確認同年的十二月到翌年一月，有大型的哺乳動物在黑奧維爾山區活動，「比較合理的假設是，這是一頭大狗，屬於兇猛守門犬的類型，但身上的毛稍微長了一點。」許多人認爲它是山貓，然而艾宏史密特非常肯定地說明，這頭動物所留下的足跡相對於山貓，顯得太小了。

這些報告並沒有公布或流傳，一年半之後，對於此一地區的一項調查顯示，這個事件所遺留下的影響，與專家們的結論完全相反。一開始大家對這頭所有的人都在討論的神奇動物表示懷疑，但是最後大部分的人都被說服，同意「這個地區有許多山貓」。「黑奧維爾野獸」的民間傳奇呈現一個不尋常動物的故事在不同時代之演變過程，從前是狼，現在則是山貓。山貓的出現看起來相當合理，媒體透露在孚日山區的確有法國官方主持的山貓野放計畫。事實上在法國進行這項計畫的十年前，瑞士即已在安伊（Ain）省附近推動山貓復育計畫。

從黑奧維爾野獸事件裏，我們可以發現一些有關神祕貓科動物故事的特徵：集體動員進而創造出不同的證據；關於神祕動物特質的爭論；媒體的報導；找不到最後答案。這頭動物在大家確認它是什麼之前就消失了，而且，誰也不曉得只有一頭動物，或是一群？然而卻又沒有家畜或家禽因之受損，整個故事裏就僅僅有一頭母羊不見了。

從一九八〇年代開始，根據地方媒體的報導，全法國發生二十餘件類似的事件，其中有一些還上了全國性報紙的版面。這頭神祕的動物最早被認定為外來的貓科動物，在一九五〇到一九七〇年代則被狼所取代。一九八二年在克勒茲（Creuse）省的諾斯（Noth）地區，它是頭母獅子；一九八二年在大西洋岸羅亞爾（Loire-Atlantique）的波爾尼克（Pornic）地區或一九八六年在加萊海峽（Pas-de-Calais）省的圖凱（Touquet）地區，它是豹；一九八三、一九八七與一九八八在瓦爾（Var）地區，它則是美洲獅或獅子。在大部分的情況下，這些故事都只在熟人或地方小圈子裏流傳。

類似的故事在全世界幾乎每一個地方都出現過。法國的近鄰如義大利與英國，常出現日漸稀有的美洲獅或豹。在英格蘭，一九六〇年代薩里（Surrey）的美洲獅、一九七〇年代諾丁漢（Nottingham）的母獅子、一九八〇年代的艾克斯慕爾（Exmoor）的野獸都爲人所熟知。在義大利，一九八〇年代末，一頭媒體暱稱爲「巴格希拉」（Bagheera）的豹子，經常於鄉間現身，並與其他的豹群出沒在圍繞佛羅倫斯的山丘上。

在英格蘭，大型野生動物很早以前就已不存在。但是這個喜愛動物出名的國家，以無比的熱情積極找尋例外，人們出版一系列的相關資訊小冊，鼓勵大眾的興趣，並建構一個綿密的觀察網絡。這些「例外的追蹤者」出版了一些有關「獨特動物」的大眾化出版品，銷售情況相當好。這些人同時毫不遲疑地提出一些超自然的假設，例如發現某些史前神祕動物，或是來自世界邊緣的罕見動物，甚至將某些攻擊性的想法具體化。另一方面，始終有一些發行量很大的大眾媒體，無休止地在搜尋「精采的報導主題」。這類的資訊敘述許多證據並提供對異常事件詮釋的架構，因此引發很大的迴響，正好做爲大眾消遣與談論的題材。

義大利境內仍存有相當數量的野生動物，在阿布魯齊（Abruzzes）地區有大約三百頭狼，而這種動物在法國已經絕跡。而在鄉民與愛好自然團體之間，對於罕見野獸的出現有截然不同的尖銳衝突，後者認爲，這些外來的動物是由私人飼養牢籠裏逃脫出來的。這種說法可以解釋前述在義大利鄉間出沒「巴格希拉豹」的故事。

貓科神祕動物的出現之所以成爲「精采的報導主題」，是因爲對於這個主題的通俗化詮釋，以及這些詮釋普遍認爲這些貓科動物從外地而來。事實上，專家、科學家與地方當局對此卻有不同的見解，他們認爲這類的動物其實是將家中某些特殊寵物野放所造成的結果，可能是一頭會攻擊家畜、家禽的流浪狗，或是當地離家走失的野貓。我們發現，通俗化的詮釋創造出在人類社會中一頭野生動物所造成的干擾。這種文明與野蠻的對立，具有動態性的象徵意義。貓科動物代表某種強有力類型的野獸，如同在古老時代的歐洲，特別是在法國十八世紀中央高地的「蓋佛丹野獸」（Bête de Gevaudan）傳奇，狼一樣的動物吞食人類，刀槍不入，具有神祕的力量。因此傳統上，外來的貓科動物被皇室貴族當作徽章紋飾，它所蘊含的象徵意義是很強的。

當地方社群評論這些異常事件的時候，人們也利用這些場合與案例討論他們自己生活裏的一些意外。結果這些不尋常的事件成爲社群間的黏著劑，成爲一種社交工具：這是一個獨特的故事，迥異於日常平淡生活，可以吸引聽眾們的注意力；另一方面，講述這些故事可以表達一些憂慮，呈現某種問題，強調某些道德價值，甚至刺激創作其他神祕且迷人故事的靈感。

坎皮儂・文森　撰文

【參考文獻】

Véronique CAMPION-VINCENT（dir.）*Des fauves dans nos campagnes. Légendes, rumeurs et apparitions*, Paris, Imago, 1992. En particulier: Véronique Campion-Vincent, 《Apparitions de fauves et félins-mystères en France》, p. 13-54, et Michael Goss, 《Observations de félins d'ailleurs en Grande-Bretagne. Un panorama》, p, 55-80.

Michel MEURGER, 《Les félins exotiques dans le légendaire français》, *Communications*, 52, 1990, numéro spécial: *Rumeurs et légendes contemporaines*, p. 175-196.

鐵鉤殺人魔

揮舞鐵鉤的瘋子與友人的死亡是一九五〇與一九六〇年代流傳於美國學生中的兩個恐怖故事。這些故事如同眞實案例一樣地被敘述，場景是在爲第一次離開家門到遠處大學寄宿就讀的年輕人所舉辦的晚會裏，在場的人彼此多半不認識。情節中有陰森的兄弟會與姊妹會神祕入會儀式，有早熟的男女朋友與調情過程，而在宿舍或歡樂的聚會裏，發生恐怖的事件，整個故事裏智慧推理扮演了相當重要的角色。

以上兩個故事談的都是環繞於一對正在熱戀的年輕情侶身邊的恐怖事件。收音機的新聞廣播宣佈有一個揮舞鐵鉤的瘋子闖入，打斷了這對情侶的調情，並使他們陷入令人戰慄的處境裏：

音樂突然中斷，主持人宣佈在這附近出現一個危險份子，已經發生幾起強暴殺人事件。嫌疑犯的右手裝了一支鐵鉤義肢。聽聞這個嚇人的消息之後，這對情侶立刻離開現場。當他們抵達女孩住的地方時，男孩非常禮貌地爲她開門。這時，他看到大門把手上赫然扣著一支鐵鉤！

（「珍妮特〔Jeanette〕的來信」，發表於《親愛的艾比》〔Dear Abby, 1960/11/8〕專欄，並由布朗范德（1981, p. 48-49）改寫。）

另一個「友人之死」故事則更爲血腥：

一對情侶在鄉間開車閒逛，車子因爲汽油用罄而停了下來。他們從收音機裏聽到，警方正在搜捕一名殺人魔，那名狂徒據信就在附近地區逃竄。於是男孩要求女孩留在汽車裏，他則出去找汽油，因爲他一個人行動速度較快。男孩警告這個女孩，不管發生任何事，她都必須留在車內。

這是一個漆黑的夜晚，男孩離開不久之後，女孩聽到汽車車頂有沉悶撞擊的聲響。雖然她非常害怕，但是牢記自己男友的忠告，這女孩並未離開車子。之後她看到一輛警車的閃燈，警察以擴音器要求女孩出來，她慢慢地走向警車，沒有回頭。最後發現，原來那沉悶的撞擊聲，是殺人魔砍下她男友頭顱，擲向車頂所造成的聲響。

（原故事於一九七三年在蘇格蘭由一群學生講述，並由波曼（Bowman 1987, p. 172）紀錄。）

第一個「友人之死」故事版本正式出版於一九六四年，但是關於鐵鉤殺人魔的故事，則大約在一九五〇年代末期就已經相當有名了。

在一九五〇年代末流傳的鐵鉤殺人魔故事裏，狂魔的現身並未由收音機宣佈，而是神不知鬼不覺地悄悄來臨。情節中，年輕情侶倉促離開活動現場，是因爲時值午夜，已過了女孩獲准外出的家規時限，她想回家了。而當他們抵達女孩的家門口，危險才毫無預警地出現：突然有一支染血的鐵鉤勾住了汽車門把。

同樣地，在早期的友人之死故事裏，離車找尋汽油的男孩也不清楚他將遭遇的危險，他獨自出發的理由僅僅因爲一個人行動比較迅速。

一九七三年的某個晚上，在蘇格蘭某座偏僻的大學活動中心裏，一群物理系的學生以一種非常戲劇性的方式，向一群來參加大學口試的女生講述友人之死的故事，以強調這個地區最近有具高度危險性的瘋子出沒，要大家小心。這些女生深受驚嚇，聚在一起彼此壯膽，到了晚上，她們住的地方不斷傳出莫名的腳步聲與爆裂聲。直到隔天早上，她們才發現這是一場惡作劇：殺人魔入侵根本是假的故事，而那些令人汗毛聳立的腳步聲與爆裂聲則是惡作劇學生製造出來的音效。學生們製造一些環境效果讓友人之死故事更顯眞實，而這個故事也的確讓人害怕。被嚇與嚇人都顯得很刺激過癮……

爲了突顯故事的眞實性，這類的故事往往根植於次要證據交織的網絡裏，例如巴爾奈斯（Barnes）所舉的例子：「事情發生在幾年以前，在通往假日旅館的大馬路上，」敘述故事的人對著一群非常熟悉這條路的聽眾，進行如此的開場白。當在這個故事結尾，他描繪了一個驚悚的場景，並以一些不直接相關的訊息做爲佐證：「那女孩離車觀看，發現她的男朋友被吊死在樹上，腳剛好勉強碰觸到汽車車頂。就因爲這個原因，有人稱這條路叫做『吊頸路』。」

一九六八年美國印第安那州流傳的鐵鉤殺人魔故事，添加了一些地區性的「證據」：消息證實，的確有一名裝有手臂義肢的瘋子從一所偏僻的精神病院逃脫。

慕倫（Mullen）認爲，在這個案例裏，簡短的謠言與結構化的傳奇彼此相互影響、強化。

鐵鉤殺人魔與友人之死兩個故事在青少年的世界裏非常有名，在歐洲經由學校間的管道越過國界廣泛流傳，通常是朋友間的口耳相傳，特別是外出度假時聽到的故事。一九七九年，蘇・薩繆遜（Sue Samuelson）訪問了幾位在美國加州遊學的歐洲學生，發現他們在抵達美國之前就已經聽過這兩個故事了，而故事的源頭則是到歐洲進行語言交換的美國學生。在瑞典，友人之死的故事大約在一九七〇年代初開始流傳，但是故事發生的背景卻是外國：一位瑞典學生敘述他從外國朋友那兒聽來的故事。

經過一段時期的流傳，友人之死這一類的故事讓人耳熟能詳，甚至可以做爲滑稽文學作品引述的對象了。例如一九八四年十一月，在北英格蘭的一所大學裏，一群學生聚在一起講故事，有人故意扭曲恐怖故事的情節作樂，他將許多驚悚電影的熟悉場景以一種有趣的方式並列：

> 德比（Debbie）說：我認識那對情侶中的女生……，這對情侶開車到一棵樹下停下來……，他們聽到車頂上有聲響，同時看見一名瘋子，手上拿著大鐵鎚之類的東西。
>
> 費歐娜（Fiona）說：但這不就是萬聖節正要開始的景象嗎？
>
> （Bennett 1989, p. 199.）

大家都會同意以上的故事缺乏說服力。但就是因爲這個故事以一種刻板印象的方式敘述，讓人覺得不是眞的，不可能發生，反而成爲年輕人間可以分享的笑話。在此我們發現驚悚電影與恐怖故事在青少年族群中受歡迎的原因之一：同儕們可以分享一種虛假的恐懼，驚聲尖叫之後，再以嘲笑的方式共同驗證故事中的虛假之處——迅速地瀏覽某些的劇情場景。

在馬克．葛雷色（Mark Glazer）的研究裏，美國德州地區的墨西哥工人們對於同樣的故事，有著截然不同的看法。從一九七九到一九八二年期間，葛雷色一共蒐集了有關友人之死故事的二十個不同版本。在其中十一個版本裏，收音機傳來殺人魔出現的消息，但是汽車卻因爲油料用罄，無法發動，劇情的發展大同小異。但另外九個版本——大部分是由女性敘述的——則有大幅度的修改：主角不再是調情情侶，而是一對固定的伴侶，已婚或即將結婚，汽車在偏遠的鄉間因汽油用光而拋錨。男人出去求援，要求女人將自己反鎖在汽車裏，任何人來都不要開門。不久，來了一群強盜，帶著一個手提包。他們試圖打開車門，但無法得逞，於是將手提包留在引擎蓋上後揚長而去。隨後警察趕到，打開手提包，發現裏面是那個外出求援不幸男子的頭顱。

在改寫過的九個故事版本裏，強化了一個重點：悲劇發生的原因是因爲男人的不小心，忘記將汽車（有些故事版本則是載貨卡車）油箱裝滿。講述故事的女人們接受男人的主宰角色，但是也提醒一家之主的責任，要是不小心，什麼事都可能會發生！這些故事展現並強化了敘述者的文化價值。這其實是民間故事或傳奇重要的功能之一：強調文化規範。雖然談的是同一個故事，但在成人社會所隱含的文化功能，與青少年的恐懼大異其趣。

一九七〇年代初期，民俗傳說研究者在分析現代傳奇概念時，對於這兩個故事的象徵意義曾有熱烈的討論與爭辯，出現幾種關於鐵鉤殺人魔的不同看法。琳達・竇夫（Linda Dégh）視其爲「面對殘障者油然而生的恐懼」。亞倫・丹德斯（Alan Dundes）相信鐵鉤是「勃起的攻擊性陽具象徵」，並認爲狂魔進入汽車的企圖，事實上反映了「男孩想要進入女孩身體裏的一種象徵性表現」。對丹德斯而言，這個故事表達了女性面對具性攻擊傾向男友的恐懼——尤其是敘述這故事的女性本身的恐懼。比爾・艾利斯（Bill Ellis）一九八一年深入研究一個由三名從小一起長大的女學生所敘述的鐵鉤殺人魔故事細節。他發現在這個故事版本中，「性」佔了非常重要的分量，這三名女學生在故事中加入許多她們得知並曾分享過的戀愛與調情過程。其中殺人魔的角色應該影射對性行爲設下道德障礙的父母、老師或權威人士。艾利斯說：「躲在偏僻之處的殺人魔，喜歡割斷到幽暗場所尋歡男女的喉嚨。因此他很可能是一位嚴格禁慾的衛道人士。」

對於正在調情青少年所施以超自然而且多少帶有強制性意味的懲罰，這類主題在美國現代幻想故事中經常出現，例如：一九五〇年代電視的恐怖喜劇、史蒂芬・金（Stephen King）的小說、恐怖電影《不寒而慄故事》（*Creepshow*），以及在《十三日星期五》系列電影裏所有對調情嬉戲中年輕男女的殘忍攻擊……。顯然清教徒主義在美國文化中仍具有相當大的影響力，並呈現在這些幻想故事裏。

班特・克林特堡（Bengt Klintberg）曾提出一項與琳達・竇夫看法近似的論點。她發現鐵鉤殺人魔故事呈現在遵循社會生活規範的平凡人，與弄亂規範行爲偏差的狂人之間的對立衝突。

瘋狂殺手是古老時代吃人妖怪或凶神惡魔的現代化身。鐵鉤則是魔鬼附身的表現，強化了前述的說法。傳說中世紀的魔鬼，就是以鐵鉤將受詛咒的人勾進地獄的。直到十九世紀，惡名昭彰的阿爾斯（Ars）教區神父還是以「鐵鉤加身」（Grappin）的俗名，來稱呼他的殘忍酷刑。而在系列恐怖故事《弗萊第》（*Freddy*）裏，那個令人做惡夢的怪物則總是隨身帶著銳利鋼爪。

坎皮儂・文森　撰文

【參考文獻】

Daniel BARNES, 《Some functional horror stories on the Kansas University campus》, *Southern Folklore Quarterly*, 30, 1966, p. 309-310.

Gillian BENNETT, 《Playful chaos: anatomy of a storytelling session》, in Gillian Bennett et Paul Smith（eds）, *The Questing Beast. Perpectives on Contemporary Legend vol. IV*, Sheffield Academic Press, 1989, p. 193-212.

Marion BOWMAN,《Contemporary legend and pratical joke》, in Gillian Bennett, Paul Smith et J.D.A. Widdowson（eds）, *Perspectives on Contemporary Legend vol. II,* Sheffield Academic Press, 1987, p. 171-176.

Jan Harold BRUNVAND, *The Vanishing Hitchhiker*, 1981, p. 5-11, 16-17, 48-52 et 69-70.

Linda DÉGH,《The hook. The boyfriend's death》, *Indiana Folklore*, 1, 1968, p. 92-106.

Alan DUNDES,《On the psychology of legend》, in Wayland D. Hand（ed.）, *American Folk Legend: A Symposium,* Berkeley, University of California Press（UCLA Center for the Study of Comparative Folklore and Mythology）, 1971, p. 21-36.

Bill ELLIS,《Why are verbatim transcripts of legends necessary?》, in Gillian Bennett, Paul Smith et J.D.A. Widdowson（eds）, op. cit., p. 31-60.

Mark GLAZER,《The cultural adaptation of a rumour legend: the boyfriend's death in south Texas》, in Gillian Bennett, Paul Smith et J.D.A. Widdowson（eds）, op. cit., p. 93-108.

Bengt af KLINTBERG,《Why are so many modern legends about revenge?》, in Paul Smith（ed.）, *Perspectives on Contemporary Legend. Proceedings of the Conference on Contemporary Legend, Sheffield, July* 1982, Sheffield, CECTAL, 1984, p. 141-146.

-,《Legend today》, in Reimund Kvideland et Henning K. Sehmsdorf（eds）, *Nordic Folklore*, Bloomington, Indiana University Press, 1990, p. 70-89.（première publication en langue suédoise en 1976）.

Patrick MULLEN, 《Modern legend and rumor theory》, *Journal of the Folklore Institute*, 9,1972, p. 95-109.

Sue SAMUELSON, 《European and American adolescent legends》, *ARV*, 37, 1981, p. 133-140.

助燃畫作《哭泣男孩》

一幅畫著哭泣小男孩的圖片在火災中奇蹟似地完整保存，但它會不會就是火災發生的原因？它是不是一幅被詛咒的人像畫？從一九八五年十一月到一九八六年三月，前述這些問題在英國大眾媒體上令人忐忑不安地喧騰將近六個月，最後終於在眾人的見證下進行一場讓大家印象深刻的終結。喬吉納・波耶斯（Georgina Boyes）對於這項「仍在進行的當代謠言傳奇」深感興趣，並研究參與其中角色的特性。

事件本身其實微不足道：起初，約克夏（Yorkshire）地方報紙上的一篇報導提到一名消防隊員的疑慮，他從一九七三年起，就觀察到一系列火災中一項無法解釋的巧合，在火災發生的房子裏總掛有一幅複製畫，而這幅畫每一次都毫髮未損。根據這位消防隊員的調查，一共有四十五場火災似乎都有同樣的情形。而在這篇文章發表之後，從一九八五年十一月到一九八六年三月，在五場火災現場中都發現《哭泣男孩》（*Crying Boy*）圖畫的蹤影。這其實只是約克夏和鄰近地區所出現的小迷信，就像許許多多其他地方出現類似情形一樣，沒有什麼特別的。

但是這篇報導吸引了凱文・麥肯錫（Kevin Mackenzie）的注意，他是一九八〇年出刊的大眾化媒體《太陽報》的總主筆，這份報紙發行量高達三百萬份。麥肯錫一直希望能以他獨創的讀者參與式報導模式呈現創造性，而讓《太陽報》取代社會主義風格大報《每日鏡報》

（*Daily Mirror*）的地位。麥肯錫決定讓這個消息登上報紙的頭版，並呼籲大家找尋證人。於是一名地方消防隊員對於一些巧合所生的疑慮，變成記者筆下「被詛咒圖像的祕密」。兩位《太陽報》的記者被指派全職負責這個新聞，無數憂心忡忡的屋主蜂湧來電詢問這項報導內容的眞實性。

有一件事必須說明：《哭泣男孩》是英國民間最受歡迎的複製畫之一，估計一共賣出二十五萬張，許多住宅或公寓大樓中都懸掛它做爲裝飾。垂淚畫作栩栩如生，充滿了哀傷感人的力量，特別受到婦女們的喜愛。在《太陽報》誇張的報導裏，記者們努力挖掘人們對這個事件的聲明，企圖造成轟動。喬吉納・波耶斯的評論無法令記者滿意，因爲他拒絕談論關於詛咒的種種。後來記者也並未發表他們所做的訪談紀錄，卻刊登了一些占星術士與巫師的聲明，這些奇人異士認爲可以利用一些超自然的方式解開這項邪惡的詛咒。然後記者也訪問了英國民俗傳說研究學會的發言人，摘錄他的說法，來呈現關於厄運詛咒的刻板印象：「也許畫家虐待模特兒以便令他哭泣入畫？這些火災說不定就是小男孩的詛咒？他的報復？」這些說法與其說是證言，毋寧更是一些質疑，但是《太陽報》卻很粗糙地引用做爲支持怪力亂神的論調。

很快地，聲明就已不再吸引人，另一方面，火災事件也太罕見了。如果不希望這個故事的新聞熱度就此消失，必須採取一些行動。《太陽報》想出一個延長這個新聞的點子：它刊登一份致全國心懷憂慮屋主們的公開信，告訴他們可以將被詛咒的畫寄給《太陽報》。這個主意非常地成功，《太陽報》坐落在倫敦市中心附近一棟老建築物裏——就是在所謂的報紙街區：艦隊街（Fleet Street）——的辦公室，塞滿了各地湧來的《哭泣男孩》。後來，《太陽報》因爲違規抽調工資高昂的報紙排字工人到撰稿部門工作，爲了規避工會強大的影響力，就把辦公室遷到偏僻的郊區去了。之後，報社又發起一次美麗卡片回收再賣的活動，同樣掀起熱潮。我們可以這麼說，《太陽報》在內部成立了一個回收不値錢小玩意，然後再把它們流通出去換錢，以幫助需要資助孩童的公司：他們一共募得一百五十萬英鎊（其中許多是五毫的小硬幣！）。雖然後來的回收再賣工作非常順利，但《哭泣男孩》畫作卻一幅也賣不出去。《太陽報》最後打算把所有回收的《哭泣男孩》堆到辦公室大樓樓頂天台一把火燒掉，但是倫敦消防隊拒絕插手參與這件事。幸虧他們在郊區找到一個善意的軍事部隊幫忙處理。於是這個故事以一張新聞照片作結：大火燒掉了整整兩卡車的《哭泣男孩》複製畫作。

易燃的《哭泣男孩》畫作故事之所以有趣，是因爲它展現了大眾媒體的影響力。特別是當媒體讓讀者參與並樂在其中，這些參與故事發展的大眾一方面希望一點不太過分的恐怖情節，另一方面也希望從中獲得娛樂。這些雞毛蒜皮的小事有什麼重要性？對於「受詛咒的畫」或「復仇詛咒」，人們的態度是玩笑高過害怕。但無論如何，有載滿兩卡車的畫片寄到報社，這件事所耗費的金錢與時間相當可觀。

易燃的《哭泣男孩》故事的傳奇是迷信有一個簡單但強有力的語義學結構。其中有兩個互相矛盾的異象：畫作會引發燃燒，但它本身不會被點燃。再者，燃燒的火焰與畫中男孩的眼淚也形成對比，正好加強了「易燃／不燃」的對立。

過去的古老時代裏，人們相信宗教人物的畫像有保護的力量，這種想法以一種世俗化與迷信化的方式，在我們的時代轉型成爲畫片的詛咒力量。《太陽報》所執行的火刑，則意味著面對超自然事物威嚇之下無止境的戰鬥。瓊尼・法維特・薩阿達（Jeanne Favret-Saada）提醒：法國西北部馬耶納（Mayenne）地方現代仍保有的一種習俗，由天主教教士燒掉一些寫著神奇連續文字的紙張以消除厄運的做法，是企圖藉著火來打斷某種連鎖效應，讓厄運不再返回。

坎皮儂・文森　撰文

【參考文獻】

Georgina BOYES,《Women's icon, occupational folklore and the media: an examination of a contemporary rumor legend in process》, in Gillian Bennett et Paul Smith（eds）, *The Questing Beast. Perspectives on Contemporary Legend vol. IV*, Sheffield Academic Press, 1989, p. 116-131.

Peter CHIPPINDALE et Chris HORRIE, *Stick It Up Your Punter. The Rise and Fall of the Sun*, Londres, Heinemann, 1990, p. 157-159.

Jeanne FAVRET-SAADA, *Corps pour corps*, Paris, Gallimard, 1981, p. 53-54.

被偷走的祖母

我們之中許多人無疑都曾聽人說過，某個家庭在進行跨越國界旅行時所發生的悲劇。在旅行行列裏的老祖母因爲心臟病突發而過世。由於慌亂，也爲了顧慮禮貌，家人們把祖母的屍體偷偷地藏在汽車的行李箱裏（或捲在一幅地毯裏，綁在車頂上）。大夥因爲悲傷而覺得飢餓：他們停在一棵大樹下，離開汽車野餐。當他們再回到汽車上時，發現祖母的屍體被人偷走了：祖母沒有了，遺體沒有了，遺產也沒有了。

以上這個故事版本，筆者本人曾在孩提期間於里爾（Lille）聽過，事情發生在盧貝（Roubaix）地區一個紡織業的富裕家族上，對這個產業而言，遺產被凍結是一件很嚴重的事。在一九四一年，所謂的「邊界」就是從一個物資充裕地方到另一個物資缺乏地方的通道，每個人都知道在通道的關卡上，必須面對近乎找碴的海關行政人員的刁難。

這個故事在地球上每一個地方流傳，每個人都興趣盎然地講述它，彷佛就發生在熟人身上似的。從一九六〇年代末起，這樁故事被視爲一種現代民間故事而出版，一些民俗傳說研究者更在其中發現當代傳奇的概念，將它做爲論文研究的對象。

被偷走的祖母的故事很可能起源於法國。這故事的第一個文字版本，於一九四四年發表在一份丹麥的報紙《政治報》（*Politiken*）上。一九五三年，這個故事則是羅傑・佩瑞菲特（Roger Peyrefitte）小說《使節團的終結》（*La Fin des ambassades*）中的情節：在一個逃難的悲劇裏，使節團中的主角喬治・德薩爾（Georges de Sarre）在逃抵杜爾（Tours）時，聽到有人敘述以下的故事：

晚餐的氣氛悲哀陰沉（……），他的同事們努力要忘掉那些憂愁，以低沉的聲音討論一些與住所房東所發生的爭議、難民們可悲的行爲，以及當地人粗魯的風俗習慣。在許多對話中，喬治突然聽到一位巴黎人的經歷：他將自己岳母的屍體捲在一張地毯裏放在汽車後車箱中；岳母在他們出發逃難的那一天去世，因此根本來不及安葬。途中他們停下來，在一個農場過夜，翌晨起來，地毯與岳母的屍體一起消失無蹤。

在丹麥報紙上，記者回想起從前逃難時的記憶，當時他的同伴是一對法國與瑞典異國夫妻與妻子的母親。老婦人在途中去世，被裝在一個桃花心木製放置銀器的箱子裏，綁在汽車頂上。在一個一九六〇年於利茲（Leeds）蒐集到的故事版本中，民俗傳說研究者史都華・桑德遜（Stewart Sanderson）曾聽說，一個比利時家庭在逃難到法國的路上，老祖母在旅行開始之後的第三天因爲心臟病突發而去世，家人們把屍體捲在一幅華麗的東方地毯裏繼續旅程，準備一旦他們遇到一位神父後，就舉行彌撒將她埋葬。

同一年，同樣在利茲，史都華・桑德遜聽到另一種故事版本：因爲德軍的占領，一對新婚夫婦將蜜月旅行地點移到西班牙，旅行悲劇性地因爲陪同的老婦婦心臟病突發過世而終止。這對年輕夫婦並沒有當場發布死訊，反而決定將遺體運回法國，因爲他們希望能採取火葬的儀式，而當時在西班牙不可能這樣做。他們在中午休息的時候通過邊界，屍體採正坐姿，帶著帽蒙著臉，置放在汽車後座。這對夫妻途中到咖啡館小歇，喝了兩杯干邑白蘭地。等他們離開咖啡館時，發現汽車連同嬸嬸的屍體一起消失了。

現在，故事是有關假日或節日的旅行，常常是在歐洲的蜜月之旅，主角通常是一對很年輕的夫婦與一位非常年老的婦人，或是一整個家族到美國度假（家族成員包括老祖母，她的孩子們以及孫子們，大家一起擠在車子裏。當祖母去世後，爲了有效利用空間，屍體就放在車頂上或後車箱裏）。這裏有一個配合現代世界的改變：節日旅行，這時長途跋涉不是爲了逃難，而是爲了休閒娛樂。

也許在一九四〇年前後，這個故事的情節眞的曾經在現實中演出，因爲劇情中的許多過程與做法都非常逼眞。在眞實世界裏，偷偷運送屍體的舉動的確經常發生，基於不同的理由：在旅途中突然暴斃，爲了節省昂貴的運屍成本；或者在醫院裏死亡，將屍體偷偷運回家，以便宣稱是在家中去世，避免一些不必要的痲煩。這些舉動有時會被發現，因此遭受到懲罰，甚至受到媒體的注意。

故事中包含著一些喜劇性的元素：小偷竊取了汽車、地毯或木箱，之後將會在裏頭發現一具死屍。在文藝復興時代的戲謔文集或玩笑故事裏，充斥著大量的屍體錯置、對屍體無禮甚至遺失屍體的情節，已經成爲一種文學傳統了。舉例而言，卡羅・瑞姆（Carlo Rim）編導、費南德（Fernandel）主演在一九四八年完成的電影《會飛的衣櫥》（*L'Armoire volante*），故事主要內容是一位非常難纏的老嬸嬸的屍體被放在衣櫥裏，結果衣櫥被偷走了。但是這電影是一部傳統的幻想片，主角最後從睡夢中醒來，發現那位討厭的老嬸嬸依然在那兒。這種「麻煩屍體」的主題——首先事態發展過頭了，必須將屍體藏起來；然後它消失了，出現其他更大的問題；因此必須再把屍體找出來——是偵探警匪喜劇片的主要劇情之一。

許多民俗傳說研究者討論關於這個故事的引申意義。對琳達・竇夫而言，這個故事表達出對於鬼魂的恐懼：老祖母被不當對待的屍體可能回來報復。但在亞倫・丹德斯看來，琳達・竇夫的詮釋是荒謬的：這個故事中提及整個家庭的解放，擺脫一個麻煩的老太太，免除了處理屍體的困擾——對美國人來說，處理屍體才是最大的恐懼，爲了替屍體化妝，美化外表，他們甚至創造了專業的「葬禮美容院」（Funeral parlors），使得這類的工作不必在家裏進行。對美國人而言，全家都討厭一位老太太的狀況是可能的，這讓某種詮釋變得有意義，但此類論點卻不一定適合被偷走祖母故事流傳的所有國家。英國的故事版本相反地就強調年輕夫婦與老太太之間的良好關係：爲了滿足老太太死前的遺願，他們偷偷把屍體藏起來，以規避有關當局的管制。

筆者認爲，這樁故事嘲諷了道德規範的數量與重要性，它造成許多混亂，變成一項新聞報導的絕佳主題：推翻對老人以及對屍體的尊重，以及在大庭廣眾中的死亡。最後，這個故事展現了一種內在正義：因爲對屍體處置的不小心與隨便，於是死者遺失了，這是對於整個家庭的一種懲罰。整個事件的發展銜接在一起，看來屍體的消失並不意味著事情已經完全結束。

我們是不是應該相信琳達・竇夫的看法？無論如何，這個故事透露出來的隱含訊息，是對老人與屍體的尊重。傳奇中的內在正義懲罰那些爲了怕麻煩或爲了省錢而不當對待屍體的人，讓他們因爲自私或吝嗇而付出代價。我們是不是應該相信亞倫・丹德斯的論點？這樁故事的流傳在一九六〇與一九七〇年代到達頂點，因此它立即反映了當時社會高齡化趨勢（老年人所占比例愈來愈高）帶來的問題。某些故事範例往往扮演社會張力的傳令官或通報員的角色，它們常常預示了社會的發展。因此，偷走祖母的故事很可能表達出——如同亞倫・丹德斯所暗示的——擺脫某種麻煩人物的渴望。

坎皮儂・文森　撰文

【參考文獻】

Jan Harold BRUNVAND, *The Vanishing Hitchhiker*, 1981, p. 112-123.
Véronique CAMPION-VINCENT, 《Les histories exemplaires》, *Contrepoint*, 22-23, décembre

1976, p. 217-232.

Linda DÉGH et Andrew VÀZSONYI, 《The memorate and the proto-memorate》, *Journal of American Folklore*, 87, 1974, p. 225-239.

Alan DUNDES, 《On the psychology of legend》, in Wayland D. Hand（ed.）, *American Folk Legend: A Symposium*, Berkeley, University of California Press（UCLA Center for the Study of Comparative Folklore and Mythology）, 1971, p. 21-36.

Bengt af KLINTBERG, 《Legends today》, in Reimund Kvideland et Henning K. Sehmsdorf（eds）, *Nordic Folklore*, Bloomington, Indiana University Press, 1990, p. 70-89（première publication en langue suédoise 1976）.

Stewart F. SANDERSON, *The Modern Urban Legend,* Londres, The Folklore Society（The Katharine Briggs Lecture n° 1, 3 novembre 1981）.

小魔怪效應與新科技的危險

鐵弗龍，一種使用於油炸鍋底保護層的物質，在高溫時會散發出有毒的氣體。首度使用這種物質做爲工業覆蓋功能時，曾發生一位技工因爲吸一枝沾染微量鐵弗龍黏脂的香菸而致命的案例。他狠狠地吸了一大口菸，肺部充滿了氣體，然後在五分鐘之內猝死。

（美國，大約在一九五五年；Morgan *et alii* 1988, p. 50.）

一位年輕女子希望修改她的牛仔褲變得更合身，於是穿著褲子跳進裝滿水的浴缸裏浸泡。但是這種布料大幅縮水，把這名不幸的少女活活束緊窒息而死。

（Brunvand 1984, p. 154.）

一名男子買了一部裝著水平滾動刀片的割草機。有一天，在將草坪修剪整齊之後，他決定將正在運轉的機器抬高，以修剪籬笆。結果刀片準確地將他十隻手指的尖端齊平削掉。

（Brunvand 1984, p. 161.）

守舊主義，或拒絕新的事物，是當代傳奇中出現頻率最高的主題之一。許多故事表達出對新產品與新科技的不信任態度，人們懷疑在這些產品與科技之中，有不容易發現的隱含害處，以及短期或長期的風險：傳奇故事以揭露驚人而且往往非常恐怖意外的方式，來確認這一類的懷疑。本書收錄的許多故事都可以歸在這一類別裏。

鐵弗龍無可置疑的優點是，它可以防止炒菜的時候食物黏在鍋底，因此避免清洗鍋子時刮除污垢的繁重工作。另一方面，在集體心理浮現的想法是，逃避傳統的廚房刷洗工作——我們的父母親都是這麼做的——會產生一種罪惡感，彷彿人們必須爲這種設施與這種偷懶的態度付出一些代價，於是致命氣體的傳奇應運而生。在法國與加拿大，鐵弗龍的故事最早是以簡短謠言的形式出現：「如果鍋底的那層鐵弗龍被刀之類的尖銳鐵器刮破，再用它煮菜，煮出來的食物就會致癌。」在新近的故事版本裏，癌症被老年痴呆症阿茲海默病所取代（Roberge 1989）。研究指出（Morgan et Tucker 1988），在正常的使用狀況下，鐵弗龍沒有任何危險，前述有關技工吸入鐵弗龍毒氣而致命的故事根本不是眞的。這故事之所以出現的源頭是，鐵弗龍廚具製造商警告使用者的標示上會註明，這種物質在極高溫使用並處於通風不良的場所中，會造成輕微的中毒效果。實驗證明，將鐵弗龍空鍋放在大火上烘烤，產生出來的氣體會造成籠子裏的鳥明顯的恐懼不安，但不會對其他動物或人類造成毒害。我們注意到，這個傳奇可以被詮釋爲對於菸癮的敵視：那名技工如果不抽菸的話，就不會有這種結果；同時，鐵弗龍黏脂在象徵意義上，也可以比擬爲香菸裏的焦油成分。

穿牛仔褲女孩的故事同樣隱含了許多訊息。新產品可能帶來危險：爲什麼會發生這種悲劇？是因爲人們揚棄傳統的布料，卻使用原來用做背包的帆布來做衣服！在許多故事版本裏，那個無辜的產品品牌就是最有名的牛仔褲品牌「李維」（Levis's）——這符合葛瑞・芬倪所提出的所謂「巨人哥利亞效應」（Effet Goliath）。年輕人的行爲則在兩個層次上被譴責：一方面，人們不會穿著衣服進浴缸；另一方面，一位正派的好女孩應該穿裙子而不是長褲，更不應該穿貼身長褲。再一次地，內在正義——持續地——韃罰偏差行爲。

割草機的故事讀起來非常驚悚，但幸虧也非常失眞。故事裏星期天工作的園丁因爲不小心而被殘忍地懲罰。在一個改寫過的故事版本中，割草機由兩個人抬起來，於是被旋轉利刃割掉的指頭數目也變成兩倍！相信這個故事眞有其事將導致一個正面的結果：行爲舉止將更加謹愼。關於錯誤使用產品的傳奇，提醒我們，說明書的社會效用是非常重要的。

布朗范德曾注意到，法律學者或者保險專業者喜歡講述割草機的故事，藉此顯示如果製造商未能預知這些危險而且使用手冊沒有警告的話，他們則必須擔負起這類不當使用所造成意外的責任。這是非常典型美式作風的觀點：在美國，消費者保護運動的進步是伴隨工業進步而發展的，「微波爐裏的貓」某一個改寫故事版本可以做爲例子：

> 在那隻貓死了之後，它的主人控訴微波爐的製造商，並提出損害賠償要求。一個美國法庭判決飼主勝訴，並以法律強制要求微波爐的製造商必須在使用手冊上載明下列文句：「不可使用此一設備烘乾狗或貓。」
>
> （Brednich 1991, p. 111.）

關於有缺陷產品的謠言也很多。舉例而言，一具丁烷打火機爆炸，造成相當於三條三酸甘油炸藥的威力（Brunvand 1984, p. 155-157）：這樁毫無眞實根據的故事，一九八〇年在美國流傳。根據布朗范德的分析，這樁故事一方面表現人們對於新方法的恐懼，另一方面象徵性地傳達對於菸草害處的疑慮。同樣地，關於跳跳糖（Space Dust）會在小孩子胃裏爆炸的謠言，謠言的出現不僅因爲一種新產品，同時也因爲它所象徵的新行爲：偏愛人工合成且染色的糖果，更勝於健康有益的食品（Kapfere 1990, p. 181）。還有一個故事說，一名女子以植入鹽水袋的方式隆乳，結果在搭飛機旅行時，水袋因爲氣壓改變而破裂——這樁故事有兩項啓示：新科技的可靠性是值得懷疑的，至於賣弄風情則應受懲罰。在這些謠言中，不斷重複的爆炸主題具有一個象徵意義：新的產品是危險的，它可能會爆炸，最好不要使用。

小魔怪效應

幻想電影往往很接近當代傳奇，經常重複利用、濫用甚至剝削同一個主題，直到極致。喬伊·鄧特（Joe Dante）導演、史蒂夫·史匹柏（Steven Spielberg）製片，一九八四年出品的《小魔怪》（*Gremlins*，或譯《小精靈》），可以說是產品錯誤使用與可怕後果一項具眞實感的寓言。「小魔怪」是電影裏的一個角色，但它同時也是第二次世界大戰期間美國空軍形容無法解釋機械故障時，所用的淘氣小妖精擬人化術語。後來，同樣的詞用來做爲嘀咕外國製造的機械故障時的埋怨用語。在電影裏，把所謂的「魔乖」（Mogwai）送給他小兒子的父親，是一位不成功的發明家，他在工作裏把機器設備弄得亂七八糟。「魔乖」這個溫柔的詞蘊藏著令人厭惡的「魔怪」意含，其中的隱喻是不尊重飼養小動物「使用手冊」所造成的後果：不可以在午夜後餵食，不可以碰觸到水，（是不是影射濕淋淋的狗與貓放在微波爐裏烘乾的故事？）不可以照射強光。碰到水的小魔怪分裂增殖成無數小怪獸，充斥於整個城市，到處破壞，特別是破壞機械與電子設備。整部電影其實就是對科技的嘲諷（雖然爲了拍攝這部電影的特殊效果，運用了許多複雜的科技）。在電影中有一幕戲呈現反諷的影射，值得我們研究：一頭小魔怪被關進微波爐，加熱直到爆炸！我們因此建議以「小魔怪效應」來形容某種當代傳奇的傾向：敘述一些因爲產品的缺失或設備不當使用，所造成恐怖意外的故事。

幾乎每一個星期，我們都可以在大眾媒體上發現關於新科技之危險的報導，這些報導有時候是支持「小魔怪效應」的論點，有時候是反對，有時候只是單純繪聲繪影地渲染。

許多人相信，手提式的電子設備——行動電話或電動遊戲機——被懷疑會干擾飛機的駕駛系統，造成導航失靈。我們可以想像基於這項假設所激發之靈感，而創作出來有趣的當代傳奇：由於一個小男孩在機上操作他的口袋式電動遊戲機，造成飛機偏離航線，在目的地三十七公里以外的地方降落！因爲民俗傳說的傳播者（尤其是新聞媒體）偏愛這類的主題，把它視爲機器裏的一粒沙似地，強調一個極小的原因不成比例地導致一項極大的後果。一九八二年，英國民航組織（CAA）強力建議民間航空公司禁止乘客在機上使用電子設備，或者至少，將使用這類設備的乘客座位安排離駕駛室愈遠愈好。事實上，專家認爲外來的雜散電子干擾——廣播電視電波、民用通訊無線電波、衛星電話通訊波——對於導航設備所造成的干擾與實際危險更爲嚴重。在任何情況下，個人電子用品所造成的電波干擾都非常輕微，不致於成爲設備偏差失靈的原因（一九八四年一月十三日法國《世界報》報導）。

一九八八年十月號的《科學與生活》（*Science et vie*）雜誌，曾攻擊有關石英震盪鐘錶具有危險性的謠言，批評其爲一種「僞科學」的論述。這樁謠言認爲石英震盪鐘錶有害健康：它會影響人體磁場，戴這一類手錶的人身體能量會受到破壞。

另一些論述看起來比較嚴肅，例如有關反對鹵素燈的說法：如果直接照射，將對眼睛造成傷害，甚至造成「陽光曬傷」而導致皮膚癌；有關反對過長時間在電腦前工作的說法：對視覺基因的發育有影響，可能造成新生兒此一器官的功能失常；有關反對冷氣機的說法：如果不勤於保養維修，將造成病菌的大量繁殖；有關反對以石綿做爲隔絕材料的說法：長時間裏石綿因爲老化而釋出纖維，吸入這些微小纖維將導致肺癌；有關反對地毯的說法：將地毯的環境有利於節肢寄生蟲的孳生繁殖，將造成人類的過敏反應。

活躍少數團體的焦慮角色

在大部分工業化國家裏，總有一些團體組成對抗新科技危險的十字軍，對他們而言，這些危險性尚未被正式科學所承認。這些少數團體扮演著活躍的角色，他們不只傳播前述的那些故事，更以煽動面對科技恐懼情緒的方式，令大眾相信這些當代傳奇。

例如由路易斯・史勒辛（Louis Slesin）在紐約主編的期刊《微波新聞》（*Microwave News*），從一九八〇年代初期就開始加入反對利用無線電波新科技所造成負面影響的戰爭。這份期刊曾揭露好幾樁驚人事件：緬因州二十三名巴斯鐵工廠（Bath Iron）的工人，因爲一艘美國海軍軍艦的雷達輻射的影響，在一個下雨天裏出現「陽光曬傷」的症狀；夏威夷無線電發射中心的天線附近，曾出現許多次短暫火花與燃燒惡臭；在紐澤西州維儂（Vernon）市的郊區，我們發現有非常密集的極高強度衛星發射站，同時持續發生且無法解釋地，有非常高數量的蒙古症案例。根據一九九〇年美國「環境保護署」一份名爲《電磁領域致癌可能性之評估》（Evaluation of the Potential Carcinogenicity of Electromagnetic Fields）的研究報告，生活在緊鄰高壓電線範圍的居民，面臨一些潛在的危險：低頻率的電磁波可能是癌症發生的原因之一，特別是白血病與腦癌。至於高壓電線，則同樣將導致偏頭痛、失眠、肌肉無力、流產以及畸形胎兒等問題。會造成類似困擾的還有電子通訊天線、醫學用的電子影像掃描設備、電毯、傳呼機、行動電話，當然也包括微波爐。根據路易斯・史勒辛的說法，雖然已經出現許多警訊，幾乎沒有任何研究針對暴露在電磁波下的長期影響進行深入探討。在一九九〇年七月三十日出版的《時代》雜誌上，史勒辛大聲疾呼：「美國已經花費很多時間研究這個領域缺乏探討的問題；彷彿因爲感覺到將要發現的事，我們就已經被嚇壞了。」《微波新聞》的發行量很低，每期大約只有五百份，但是它的實際影響力很大，因爲它的讀者是科學家，以及爲社會大眾撰寫報導的新聞記者。有一名記者就以《微波新聞》爲本，出版一本標題聳動的書《死亡電流》

（*Currents of Death*），在美國非常暢銷。

在法國，巴黎一份營養專業期刊《飲食資訊》（*Diet Infos*）一九九一年十月號裏，有長篇文章大力抨擊「微波爐的魔法」。

首先，微波爐的縫隙讓微波外洩，即使爐子的門完全密封，仍無法避免這種現象，而這種外洩微波很可能造成頭痛、暈眩與疲倦。「但是，」這篇文章非常謹慎地作結論：「這些症狀如此常見，除非握有關於縫隙的正式證據，我們無法明確指控微波爐。」這份期刊也討論微波外洩造成隱形眼鏡使用者的眼睛發炎症狀；造成人體異常發燒現象，以及比較嚴重的灼傷或白內障病症；同樣地，微波外洩也可能導致心臟病患者心律調節器的故障，以及對於懷孕婦女的負面影響。另有研究者指出，實驗室的動物在數年暴露於微波照射之下，罹患了白血症。由於消費者保護組織的爭取，當局終於制定了關於限制外洩微波輻射量的法規。

再者，微波爐的運作對於食物的結構造成影響。不僅是微波烹煮的方法不足以完全殺菌，更重要的是它將會改變食物的化學成分。牛奶裏的乳酸因此轉變成毒素，傷害飲用者的神經系統。《飲食資訊》上的文章強調：「有一個舉動絕對要避免，就是將奶瓶放到微波爐裏加熱。」在這篇文章發表的同時，正好有一個電視廣告普遍播放，鼓吹微波爐的好處，其中之一就是快速將牛奶加溫以滿足嬰兒的需求！這個廣告另一方面也提醒母親，利用微波爐加熱牛奶後，最好滴一滴奶在手上測試溫度：事實上，經由微波爐加熱後，往往造成液體已經沸騰，但奶瓶僅僅微溫的現象，這種容易造成錯覺的現象的確是許多意外發生的原因。

由於微波爐會造成許多「突變」——胎兒的異常或食物成分的改變，因此它往往被視爲煉金術士的缸爐，或魔鬼的燒鍋。這說明某些形容詞如「微波爐的魔法」、「牛奶邪惡的化學變化」的出現並非偶然，同樣地，《飲食資訊》的主要愛好者之一法國蒙柏里耶醫藥大學教授亨利・卓瓦耶（Henri Joyeux），是天主教的忠實信徒，並且是一九八一年聖母瑪莉亞在前南斯拉夫（即現在的波士尼亞）小鎮默主哥耶（Medjugorje）顯靈現身神蹟的堅決捍衛者，這件事亦絕非偶然。

活躍的少數團體——例如生態主義者——在消費者保護運動中扮演激勵的角色，而消費者保護運動是二十世紀末最重要的社會學發明之一。就是因爲這個原因，英國葛瑞德國營企業（National Grid Company：國營電力公司，如同法國的EDF）被要求提撥一千萬英鎊贊助一些獨立研究，以分析評估高壓電線經過人口密集地區時所造成的影響。一九九二年五月三十日《獨立報》（*The Independent*）報導，在北約克夏，有八千人簽署請願書，許多包括農夫與地主的地方團體動員起來，反對在他們地區興建兩百七十座高壓電塔。在法國，一九九〇年代伯塔尼（Bretagne）地區也有類似反對EDF高壓電塔計畫的示威動員。

科學論戰與不確定性

對於如何精確計算風險，科學專家們彼此很難達成共識。因此，專家們爭論著高壓電線通過與罹患癌症頻率兩者統計相關的正確性。在一九九〇年一份著名的研究報告宣稱高壓電線

「有機會」（probable）造成癌症的發生，但幾個星期之後，同一份報告改寫的內文將「有機會」換成「有可能」（possible）：「這個更動，意味著低頻電磁波造成癌症風險的機率，與食用花椰菜或使用地板蠟的機率相當。」——物理學者羅伯・帕克（Robert L. Park）在《紐約時報》上的一篇文章中寫道，這篇文章後來被一九九一年九月三日的《國際前鋒論壇報》（*International Herald Tribune*）轉載。但是對那些造成人心慌亂的少數團體而言，這項更改字句的舉動是白宮干預的證據，總統府利用官方報告誘騙人民相信能源的安全性，罔顧實情，任憑電磁波傷害美國人民的健康。

如同前述物理學者帕克的看法，有些產品具有危險的嫌疑，但事實上完全不會造成任何負面影響。例如三十年前在「氣泡」碳酸飲料中加入環己胺磺酸鈉（Sodium Cyclamate）的做法，曾引發一些疑慮，但現在證明是無害的。同樣地，對於某些人而言，不使用石綿這種防火隔熱的天然礦物纖維，可能會造成更多其他的健康問題。有些微波爐的使用手冊裏，會用以下的句子來加強使用者的信心：「自然界中即存在微波。」

有關當局給予某些產品銷售販賣的許可，卻又無法保證它的安全性，這種現象讓人有決策不一致的感覺。舉例而言，一九九二年一月，美國——隨後法國與極大部分歐洲國家都跟進——下令禁止矽膠植入的乳房整形手術。因爲這種技術有許多缺點，有些很輕微，但有些卻很嚴重：人工乳房容易變形；手術有失敗的危險；矽膠的微粒會潛入人體其他部位，甚至到腦部；最後，這種整形手術可能造成癌症。同一年的六月，美國政府卻同意通過一種改良的乳房植入方法：矽膠義乳造成的不便之一是其填充物的流動性太強，同時隔絕層太薄所致。至於癌症的風險，則據研究證明是空穴來風。最後，政府與醫學界的決策屈服於當代傳奇的道德壓力之下，這項手術只允許在乳房需要修復的條件下才能施作——例如在乳癌腫瘤切除手術之後，而不准基於美容的考量而利用這種技術進行豐胸。同樣地，矽膠微粒潛入腦部的情形，事實上只發生在極少數不當操作的例外中：「一名演員到醫生那兒求診，要求隆乳。這位蒙古大夫直接將矽膠注射進胸部，結果一些矽膠微粒就有潛入腦部的可能危險。」（*Actuel*, 1992）

所以，無論政策轉向哪一邊，人們都會感到憂慮。媒體故作驚人之語，是因爲他們獲得的資訊很粗糙，並且以一種簡化的焦慮公式呈現（舉例而言：「高壓電線＝癌症」）。澄清解釋的言論很容易被忘記，反而只有令人驚惶的訊息對於公眾的衝擊能夠持久：直到今天依然如此。雖然最近的研究已經證實低頻電磁波會造成癌症危險的說法並不正確，但是在美國與歐洲，反對設立高壓電塔的群眾還是引用一九九〇年美國「環境保護署」所發表《電磁領域致癌可能性之評估》的研究報告內容，做爲抗爭的依據。科學上有關風險強度的爭論，不但不會帶給人們信心，反而增添大眾的憂慮。無論如何，一旦有產品未經深思熟慮就被認定有害，幾乎永遠無法翻案，一些提供孕婦使用的藥物就是很好的參考案例，像是最早上市的非處方鎮定劑「沙利竇邁」（Thalidomide），早期在很多國家曾用於減輕懷孕婦女的噁心、嘔吐症狀，一九六〇年代發現這種藥造成上千位畸形兒的產生，因而聲名狼藉，長期被列爲禁藥，直到最近才因爲在動物實驗中有抑制腫瘤血管之增生而重返醫學的舞台。當代傳奇往往一種稍嫌過度的方式，提醒人們在追求進步之中，仍應該保有睿智的審慎。

荷納　撰文

【參考文獻】

Actuel, mars 1992《SOS silicone. 170 000 Françaises ont les seins truqués au gel de silicone. Dangereux ou pas》.

Rolf Wilhelm BREDNICH, *Die Spinne in der Yucca-Palme*, 1990, p. 111.

Paul BRODER, *Les Courants de la mort,* Paris, Laffont, 1993.

Jan Harold BRUNVAND, *The Choking Doberman*, 1984, p. 154-157, 161.

Philip ELMER-DEWITT,《Hidden hazards of the airwaves》, *Time*, 30 juillet 1990, p. 48.

The Independent, 30 mai 1992,《£ 10 m requested for power line research》.

Jean-Noël KAPFERER, *Rumeurs*, 1990, p. 181.

Le Monde, 13 janvier 1984, 《Les jeux électroniques détra-quent-ils les avions?》

Hal MORGAN *et alii*, *Vraies ou fausses? Les rumeurs,* 1988, p. 50

Martine ROBERGE, *La Rumeur*, Québec, Célat-université Laval, 1989, p. 79.

Science et vie, octobre 1988, 《Champs électro-magnétiques, montres à quartz et superstitions》, p. 12-13.

電焊工人的隱形眼鏡

馬德里。星期一工人聯合工會（CCOO，一個親近共產黨的組織）宣稱，兩名特利羅（Trillo，位於西班牙南部的安塔露西亞）核能電廠的工人出現隱形眼鏡緊黏在眼角膜上的現象，取出眼鏡之後，均因此而失明。

根據同一個消息來源，這兩名工人一是電子技工，另一是焊接工人，都曾分別暴露於火花四濺的工作環境裏。電弧造成水分立即蒸發的效果，導致隱形眼鏡所含水分快速乾燥。

當這兩名工人回家之後，企圖脫下隱形眼鏡，用力過猛，眼鏡黏著角膜一起剝離，致使兩個人都因此失明。

（法國克萊蒙費朗（Clement-Ferrand）地方報紙《山區報》（*La Montagne*, 1983/9/7）

以上這一篇新聞稿同一天出現在許多法國的報紙上。事實上，它是一九八三年一些企業在內部期刊討論職場安全問題時所流傳的一樁故事版本，首先在美國出現，之後很可能經由瑞士，在整個歐洲大陸上傳播。依據一種習以爲常的程序，這個故事的地理定位很明確：特利羅的核能電廠，其實它只是無數工作場所中的一個地點，在此發布了相關新聞稿。這個民間故事在一九七五年到一九八〇年期間，廣泛在歐洲散布流傳，但估計它大約在一九六〇年代末於美國誕生。

一九八三年，瑞士的企業中流傳著以下這篇文章：

戴著隱形眼鏡嗎？請小心。

美國最近發生了兩件意外，導致嚴重的後果，而這種現象迄今仍未受到應有的注意。

—一所企業的一名電力監督人員企圖接合自動斷電裝置，因此造成短暫的電弧發生。

—爲了能夠更清晰地分辨電極，一名電焊工人脱下他的保護面罩。一不留神，他在這個時刻點燃了一道電弧。

以上這兩位人員都戴著隱形眼鏡。當他們回家之後，打算摘下隱形眼鏡，竟導致眼角膜剝離，結果因此失明。

電弧可以產生敏感的微波，這種微波幾乎立刻會蒸發隔在隱形眼鏡與眼角膜之間的液體薄層，眼鏡就因此緊貼住角膜。這類的意外迄今仍前所未見，往往不會造成任何疼痛感。

美國負責安全與健康的相關當局，非常謹慎地研究這個現象，未來將正式發表研究報告。在等待研究報告的同時，我們強力建議隱形眼鏡的使用者，當自己有可能受到電弧影響之後，不要勉強脱下隱形眼鏡。

這封警告信件是由電力設備聯合監督協會寫給洛桑菲利普・莫利斯公司（Philip Morris de

Lausanne），其內容則是由美國母親協會流傳的資料摘錄而來。

（文章引自於一九八四年《*Contactologia*》期刊）

另有一個這樁故事的迷你版，以口耳相傳的方式散布，這次的受害者只有一位工人：

一位戴著軟式隱形眼鏡的電焊工人，成爲一項恐怖意外的犧牲者。他使用的噴燈焊槍所產生的微波令隱形眼鏡黏住眼睛。這位工人自己並未注意到這一點，回家後，當天晚上，他脫下隱形眼鏡，眼角膜跟著剝離。目前這位工人幾乎全盲。

（Morgan et alii 1988, p. 176.）

某些故事版本說的是兩位工人在兩個不同的工廠發生意外，另一些故事版本說的是兩位工人分別在同一個企業裏發生意外，還有一些版本說的是兩位工人同時在同一個工作場所裏發生意外，最後則是只有一位工人發生意外。根據不同的故事版本，發生意外的企業包括「聯合快遞」、美國匹茲堡的「杜克斯勒電燈公司」（Duquesne Light Company），或在西班牙與法國的謠言版本中西班牙南部的特利羅核能電廠。但是在大部分的情況下，故事中並沒有提及機構的名字。

一九八四年八月，法國大巴黎區公共工程區域聯合會——這是法國公共工程聯合會最有力量的地方分會，它集合了超過五千家企業，並同時是法國全國企業主協會的一員——在超過六百家機構裏散布一份通知書。此一通知敘述一件發生在未具名企業裏的意外：

> 「一名工人與一名電焊技師一起操作一具電流斷路器。」爲了能夠更精確地進行工作，他們都脫下保護面罩：因爲不小心，他們在這個時刻點燃了一道電弧。後來他們回到家裏，在脫下隱形眼鏡時，眼角膜同時剝離眼睛，兩個人都因此失明。（Kapferer 1990, p. 86.）

這份通知強烈建議不要在工作期間戴隱形眼鏡。我們發現，這份通知的內容其實是在瑞士流傳故事的摘要版，但兩個工人在同一家企業裏一起工作。這類的通知流傳很廣，並張貼在企業的公布欄裏，其中包括法國最大的企業，例如「索拉克─撒西勒鋼鐵廠」（Sollac-Sacilor）、雷諾汽車廠、法國電力公司（EDF）、法國郵政公司（PTT）、巴黎公共運輸局（RATP）等。

直到今天依然如此，這個傳奇故事就像眞實事件一樣地在美國與歐洲流傳。它甚至被收錄在羅倫·德拉羅爾（Laurent Delaloye）一九八三年九月七日出版名爲《這是什麼樣的星球！十年來不可思議的眞實新聞報導》（*Quelle planète! Dox Ans de faits divers incroyables et authentiques*）一書中。

以上這本書的敘事手法，呈現了許多事物的相反意涵，是這樁故事成爲傳奇的最佳案例：隱形眼鏡的目的原本是爲了提供更好的視力，在這裏卻造成失明；另外，電焊工人眼睛被焊黏，是「灑水者被潑水」主題的一種悲劇性版本。這樁職場意外雖然不被注意且讓人吃驚，但故事中仍採用許多傳統的象徵元素，例如火和眼睛。因此這個故事很容易被牢記。

一九八三年六月，這樁謠言在美國的流傳到達最高峰，於是美國眼科學會進行一項深入的調查。他們證實，不僅沒有任何堅實的證據證明確實有這類意外發生——沒有任何一家工廠發生類似的事件，而且根據專家研判，故事中的現象依自然法則是絕不可能發生的。有趣的是，這項調查發現一件小意外——眞實事件，但與傳奇故事不同——很可能是這樁傳奇的源頭。

一九六七年七月二十六日，美國馬利蘭州巴爾的摩市「貝勒漢鋼鐵廠」（Bethlehem Steel）的一名電焊工人，因爲一具電流斷路器的爆炸而弄傷眼睛。這名工人同時戴著防護眼鏡與隱形眼鏡。根據醫生的診斷，該名工人眼角膜的損傷一部分是爆炸熱風所致，也有一部分是在意外發生後仍長期佩戴隱形眼鏡所造成的磨傷。美國眼科學會的報告明確指出：「隱形眼鏡並未焊黏在眼角膜上。該名工人在幾天後即恢復視力。兩名曾醫治他的眼科醫師說明，電力爆炸所產生的火花與當事人眼睛的損傷毫無關聯。」

在這類傳奇故事裏，我們可以發現電焊工人、隱形眼鏡與眼角膜的傷害。在許多故事版本裏都曾出現電流斷路器，這似乎印證發生在巴爾的摩的意外是這樁傳奇的源頭。同樣地，我們也注意到發生這類事件的機構，或張貼這類警告通知的企業，往往坐落於美國東北部鋼鐵重鎮：例如賓州的匹茲堡、馬利蘭州的獵人谷（Hunt Valley）等等。這類傳奇的第一個創新是，事件發生是因爲一件出乎意料的爆炸，這讓故事裏的意外不致於成爲例外，它變得很普通、很常見，以利於謠言繼續發展一個更嚴重的主題，一項「日常生活裏的陷阱」，揭露一項隱藏的危險——原來電力火花會導致隱形眼鏡黏在眼角膜上。受傷的原因不再是爆炸或長期佩戴隱形眼鏡造成的磨傷，而是電焊工人自己的無知行爲。更糟的是，事件的發生是無痛的、無法覺察的，同時，恐怖的意外總是在自家住宅內發生。

傳奇故事的第二個創新，當然是工人所受的傷害遠遠超過預期：眼角膜的輕微外傷，居然演變成失明。我們觀察到，有時一名工人會倍增爲電焊工人與電力工人——這個現象可能是因爲電流斷路器的出現，受害人數增加可以強化事件的嚴重性。

電焊工人隱形眼鏡傳奇散布的過程，是一種關於安全的所謂「民俗傳說複製」（Xeroxlore）典型。除了專家與眼科醫師之外，幾乎所有的人都相信它是眞的。關於意外現象的解釋深具普遍的說服力：我們認爲隱形眼鏡這個產品有某些缺陷。另一方面，相關的通告也提供了某些科學包裝的說法，是因爲「微波」蒸發了隔在隱形眼鏡與眼睛表面之間的水分。

所以我們一點都不驚訝幾乎無人質疑這個故事，甚至主要散播這樁謠言的人就是企業裏負責工業安全的人：工會、企業負責人、社會安全服務部門。以官方正式通告的方式散發，更增加這個故事的可信度。

關於此一傳奇的詮釋

首先，這樁傳奇可以詮釋爲一個懲罰不謹愼的故事案例——脫下防護頭盔，以及男性間的玩笑話題——佩戴隱形眼鏡最重要的原因之一是外觀容貌上的考量。然而，這樣的詮釋無疑是不夠全面的，另一方面，也並非所有的故事版本都提到工人脫下防護頭盔。

更深入地分析，如同其他許多都市傳奇一樣，這個故事似乎反射出對新事物的恐懼。在一九七〇與一九八〇年代期間，佩戴隱形眼鏡的人與日俱增：在法國，一九七四年隱形眼鏡有四萬名使用者，一九八一年佩戴隱形眼鏡的人超過一百萬，到了一九八三年底，人數到達一百二十萬。這種迅速增長的現象固然因爲隱形眼鏡的優點，但由於它不會造成傷害。爲了避免導致眼角膜潰瘍，醫生一半建議不要連續佩戴隱形眼鏡超過十二小時。而如果戴的是軟式隱形眼鏡，因爲感覺更舒適，反而需要更仔細的檢查，免得造成刮傷而不自知。電焊工人的傳奇就像一個寓言一樣呈現進步的缺陷。電力的出現並不是一項偶然，它是火的現代型態，從未被完全控制；在一些故事版本裏，則出現微波，事實上微波爐是許多都市傳奇的重要角色；還有核能電廠，它挑起了人們對於放射線的恐懼。

至於眼睛剝離的主題，可以追溯到非常古老的傳統，德國作家霍夫曼（Hoffmann）幻想文集裏的俄狄普斯（Œdipe）神話。在霍夫曼的作品《沙人》（*L'Homme au sable*）裏，呈現一種對於眼睛與眼鏡間空隙的某些憂慮，和電焊工人傳奇中的憂慮近似。在路易・瓦克斯（Louis Vax）一九六〇年的作品裏說：「柯佩留斯（Coppélius）與柯波拉（Coppola）指的是同一個人物，這個名字的源頭是*coppa*，意思是眼框。他是一位矛盾的『沙人』：一方面挖掉孩童的眼睛，另一方面又創造一些無生命的物件，一些眼鏡，一些活生生的眼睛。」對佛洛伊德而言，眼睛被挖出的主題透露一種焦慮，因爲眼睛是男性生殖器的象徵，而失明其實就是被閹割去勢的隱喻。且不討論這項「性象徵」，眼睛還有多重意義，它反映男人無知的道德意涵，面對進步的「失明」，以及因爲無知盲目所必須付出的代價。

同樣在一九八三年，電焊工人故事的一個「女性」版本在美國流傳：故事敘述一名女子在睡覺的時候，使用一種特殊的日光燈照射皮膚，讓皮膚能曬出漂亮的小麥顏色，但是她待在燈下的時間太長了，使得隱形眼鏡黏在眼球上（Brunvand 1989）。在這個故事裏，除了警告某些設備的危險性之外，我們發現民俗傳說藉由處罰來嘲笑某些行爲的一貫做法。

在最後我們引用一個讓人不禁微笑的短文。隱形眼鏡的故事一方面很幽默，同時又非常逼眞：

> 一對非常熟識的男女決定在女方的公寓共度一夜。在上床之前，他們喝了非常多的酒，到了凌晨四點鐘，男子醒來，感覺非常口渴。幸虧在女方睡的那一頭床邊櫃上，放著一個裝滿水的小杯子。早上，這一對男女都醒了，女子以一種迷惘的神情在桌子上摸索找東西。男子關心地問道：「妳還好嗎？親愛的。」「我不明白，」女子回答說：「我放隱形眼鏡的那個杯子到哪去了？」
>
> （Carbone 1990, p. 158.）

即使在這個幽默小故事裏，道德的元素都沒有缺席，這是對於床上縱慾與過度飲酒的一點輕微懲罰！

在電焊工人眼角膜剝離的恐怖故事，或年輕女子曬黑皮膚的故事，以及其他有趣的故事裏，都以不同的方式呈現一九七〇與一九八〇年代期間，人們對於隱形眼鏡的某些憂慮。這些民間故事被歸類在新產品可能蘊含之危險性的傳奇分類裏，這類的傳奇透露出產品不當使用所造成的問題。

荷納　撰文

【參考文獻】

Jan Harold BRUNVAND, *The Choking Doberman*, 1984, p. 157-160.

-, *The Mexican Pet*, 1986, p. 165-166.

-, *Curses! Broiled Again*, 1989, p. 33.

Maria Teresa CARBONE, *99 legends urbane*, 1990, p. 158-160.

Contactologia, 6/1, 1984, 《Lentilles de contact et coup d'arc électrique, un canard journalistique》, p. 44-45.

Laurent DELALOYE, *Quelle planète!*, 1988, p. 64.

Jean-Noël KAPFERER, *Rumeurs*, 1990, p. 86-88.

Libération, 18 octobre 1984.

Hal MORGAN *et alii, Vraies ou fausses? Les rumeurs*, 1988, p. 176-178.

Louis Vax, *L'Art et la littérature fantastiques, Paris*, PUF, 1960, p. 81（coll. 《Que sais-je?》, 907）.

浸有LSD迷幻藥的包裝紙

注意：毒品

警察當局提醒大眾對抗一種提供給兒童的新型毒品。這種毒品可能已經在瑞士流傳，很快就會入侵歐洲其他國家。

——一種特別的包裝紙在美國販賣，名字叫做「藍星」（Blue Star）。它是一張白紙，紙上繪有許多小星星。每個星星都浸有LSD（麥角酸二乙胺，強力的合成迷幻藥）毒品。如果吸食者將紙片放進嘴裏，以唾液融化這些星星，LSD會立刻穿透黏膜進入血液裏。尤有甚者，只要接觸紙片，LSD還可以直接經由皮膚吸收。

——這種流傳的LSD紙片可能以閃亮的顏色印著「超人」圖案，或者華德迪士尼的卡通人物（蝴蝶、小丑……）。它們被放在紅色卡通的硬盒包裝裏，以玻璃紙捲起來，每一捲五張，每一包共十捲。

這些迷幻藥由青少年提供給兒童，以此賺取金錢，同時也吸引新的客户。一位小朋友一旦擁有這類紙片的其中一張，就可能展開一場「致命之旅」。

——市面上還有其他浸有毒品的紙票：「Piramid」（金字塔，拼字有誤，應作

Pyramid）點綴著不同顏色的小點，「Window Lane」（窗玻璃，拼字有誤，應作Window Pane）被畫分出許多可以剪下的小格子。

通知兒童們這些新毒品的出現，並且忠告它們不要碰這些危險的圖案紙片，這事非常重要。因爲它們就像「Strichnine」（番木鱉鹼，拼字有誤，應作Strychnine）之類的劇毒一樣可怕。

如果兒童出現以下現象：恍惚、出現幻覺、情緒急速變化、嘔吐、行爲突然轉變、體溫大幅變化，請立刻送至醫院並通知警方。

請廣泛散布這項訊息。

（一九九一年十一月、十二月在法國流傳的傳單）

以上的文字內容，一九九一年十二月貼在法國奧爾良一家地方銀行裏，它是以無人署名打字印刷傳單的形式，於一九九一年十一月與十二月間在法國各地流傳。這份傳單並不敘述一樁故事——並非談論過去的、唯一的、獨立的事件，而是提供一套劇本，這劇本可能已經實際上演許多次，並且極可能自行發展蛻變。它坐落於承載謠言與傳奇故事訊息的交通工具所行駛的路上。有些傳單基本上就是謠言，但是這份關於浸有LSD迷幻藥包裝紙的傳單卻具有一種敘事的面向：青少年向學齡兒童推銷浸有毒品——近乎是毒藥——的圖紙，這項行爲因爲圖像的操弄而更顯得問題嚴重。因此，我們不意外地發現許多談論毒品的小說作品以此爲重要的故事元素：例如一九八九年一部英國製作的電視劇：該劇一九九一年四月五日在法國La 5電視台上演，名爲《魔鬼般的陰謀》（*Diabolique Machination*），以及一九九一年法國製作的電視劇：該劇一九九二年一月九日在法國TF1電視台上演，名爲《朱利．列斯寇》（*Julie Lescaut*）。這些傳單上的準故事是如何構成的？我們檢視不同版本的文字，就可將錯綜複雜的內容扒梳釐清（Renard 1990）。

前面引用的傳單來自於瑞士。另一份近似的版本，但其中有關就像番木鱉鹼之類劇毒一樣的文字被刪去，一九八八年十月與十一月在巴黎流傳。那時它的名稱還不是「包裝紙」，而是「紋身貼紙」或「郵票」。在此期間，傳播媒體與研究者習慣使用「包裝紙」這項稱呼做爲這種迷幻藥形式的代名詞。尤有甚者，法國海關在一九九〇年八月攔截了一批壓縮成片劑的LSD，藏在印著「野獸之王柯南」的包裝紙裏。這件事情證實了流傳的謠言，並說明爲何這樁謠言在一九九一年又重新出現。在一九八八年，另一個故事版本，既不談論番木鱉鹼劇毒，也未提及相關反應（恍惚、出現幻覺、嘔吐等等），從四月自法國南部的尼斯開始散布於整個法國，這個版本揭露了一個地點：聖侯許醫院（Hopital Saint-Roch）。所有這些版本都引用一九八七年流傳在美國與加拿大傳單的法文譯本。至於尼斯的那個版本採用的則是來自加拿大魁北克的法文傳單。一九八七年流傳在美國與加拿大傳單的源頭，是一九八一年一份更簡單的版本，裏頭既沒有「藍星」，沒有蝴蝶、小丑、紅色金字塔……，也沒有番木鱉鹼。

「藍星」的說法源自一項事實：在美國俄亥俄州的哥倫坡斯（Columbus），曾逮捕過一名販賣裝飾成「藍色小星星」LSD「吸墨紙」的毒販。蝴蝶、小丑與紅色金字塔則是一些屬於兒童的圖案——在一九八〇年代，學齡兒童之間曾流行「貼紙」、「轉印紙」與其他自動黏貼圖案的風潮，很可能那些LSD「吸墨紙」上確實印著這類圖案。最後，關於番木鱉鹼的說法可能是因爲一些毒品摻假事件的發生，舉例而言，一九九〇年四月在法國馬賽，好幾名吸毒者因爲吸食摻有白色致命物質（滅鼠劑、混凝土、番木鱉鹼）的海洛因而死。因此，在一九八一年到一九八七年期間，這份傳單就像是一張「黏紙」似的，將一些零星分散的元素都黏合在同一個主題之下。在這份傳單重新打字或翻譯的過程裏，有些名詞被拼錯或變形：「金字塔」應該是「Pyramid」，卻變成「Piramid」；「窗玻璃」應該是「Window Pane」，卻變成「Window Lane」；「番木鱉鹼」應該是「Strychnine」，卻變成「Strichnine」。這些扭曲說明在看似明確的文字內容裏，伴隨著某些無法理解的元素，但最重要的是具有普遍意涵的訊息，這些訊息的可信度，以及散布這份傳單的必要性。

一九八一年的傳單已經具有這椿謠言的重要特質：某些人向學齡兒童推銷浸有LSD的刺青圖案——可以舔食或貼在皮膚上；毒品經由皮膚毛孔滲入而毒害兒童。根據傳單所述，圖案呈現華德迪士尼的人物，特別是電影《幻想世界》（*Fantasia*）裏的片段：扮作「巫師學徒」的米老鼠。

強・哈洛德・布朗范德嘗試追蹤傳單的源頭以及不同的內容版本。原來是紐澤西州警察麻醉品管理局在這個地區發現印著米老鼠「巫師學徒」圖案的LSD「吸墨紙」，於一九八〇年散發的。這份通告說明，毒品紙被裝在錫箔紙紅色卡通盒的包裝裏。對於製造商以及吸食者而言，這些浸有LSD吸墨紙包裝上重複出現的主題（米老鼠、史努比、星星，甚至佛陀、外星人E.T.或蘇聯總書記戈巴契夫！）已經成爲某種「商標」，是說明某種毒品或某種劑量的指標。警察的通告上說：「注意：兒童們可能藉由這類的印刷圖案轉印到皮膚上當作刺青。」

傳奇之所以誕生，是因爲人們將LSD的包裝很類似兒童玩耍用的刺青圖案這項眞實的想法，轉變成給孩童的刺青圖案裏含有LSD的錯誤想法。而這個刺青圖案之後變成各種圖像：包裝紙、郵票、貼紙等等。而圖像的主題也愈來愈廣泛：連環漫畫或卡通影片的人物、幾何圖案。關於LSD之星最持久的形象，是戴著藍色高尖帽玩弄著許多小星星的巫師學徒米老鼠（從一九八〇年開始流傳，相關傳單則從一九八一年出現），但實際存在於LSD吸墨紙上的只是簡單的藍色星星圖案。原始的故事被添加上了LSD經由皮膚毛孔而被吸收的現象：這個構想在一九六〇年代即已出現在一樁謠言裏，搖滾歌手吉米・漢瑞克斯（Jimi Hendrix）將LSD的細小藥丸放在他綁在頭上的帶子裏，這樣在演唱時，隨著滿頭大汗，迷幻藥就會漸漸滲入他的身體裏（Morgan 1988）。最後，一些駭人聽聞的細節也被加入，例如某些個人或懷有惡意的青少年免費提供這些圖像，中毒症狀的描述，以及非常重要的，番木鱉鹼劇毒的出現。

現在我們瞭解這樁傳奇的建構是虛假的。並沒有查獲任何一項提供兒童LSD刺青圖案或浸有LSD包裝紙的案件。而且也沒有發現任何一件兒童有LSD中毒症狀的案例，在美國沒有，在歐洲沒有，當然在法國也沒有。根據醫生的說法，LSD根本不可能經由皮膚毛孔滲入體內。即使是用舌頭以唾液濕潤包裝紙，仍不足以讓一劑強烈的毒品經由皮膚被吸收。何況兒童們一般也不會去舔刺青圖案，因爲這樣很容易讓貼紙黏在舌頭上。LSD對人類而言不致於致命：LSD並無過量的問題，因此關於LSD「致命之旅」的形容，給人吸食之後迷幻恍惚致死的印象，是錯誤的。至於免費提供毒品而讓年輕人產生毒癮讓他們「上鉤」的說法則十分荒謬，因爲LSD與大部分的毒品不同，它不會造成生理上的依賴性。免費提供LSD對於毒品買賣而言毫無益處，製造商與零售商要眞的這麼做，很快就會破產。同樣要是在毒品裏加入劇毒藥物，很快地就不會有消費者有勇氣吸食了。最後，在許多傳單裏都曾出現一個想法，提供兒童迷幻藥的目的只是想欣賞他們吸毒後的反應藉以取樂，事實上這是來自於對LSD長期吸食者很深的誤解，對這類的人而言，「迷幻之旅」是一種自願的嚴肅經驗。

關於重要人物的謠言

傳單內容的眞實感覺奠基於一種雙重的相似性之上：在兒童們所收集的圖像，與LSD生產商在浸有毒品「吸墨紙」上所印製的主題之間的相似性；在這樁外表無害的物體卻暗藏毒品的故事，與許多流行消費品裏摻有麻醉藥物的眞實事件之間的相似性。一九八八年六月，有兩個這類的案例爲專欄作家們提供話題。在巴黎，掃除毒品中央辦公室發現一起將古柯鹼與鳳梨罐頭放在一起魚目混珠的案件，這案件讓讀者回想起《丁丁歷險記》裏「裝有黃金雙螯的螃蟹」

故事。在倫敦，海關官員則發現海洛因包裝成糖果的外觀，與市面上販售的糖果一模一樣。一九八八年六月十八日的《自由午報》（*Le Midi libre*）上，報導了這項消息：

在英國出現警訊。糖果裏被塞進……海洛因。這是一種運送毒品的新技倆。如果一名兒童不慎吃下這種甜食，他將曝屍荒野。這件事引起普遍的恐慌。

這類消息發布的時間，正值法國流傳浸有LSD迷幻藥包裝紙的傳單，益發加強消息的可信度。

這樁傳奇的社會學特徵，是它在上流社會知識階層中流傳散布，法國如此，美國亦然。因此它與在不理性而且無知迷信的普羅大眾間流傳的謠言截然不同。在此傳奇裏，有兩個社會族群被牽涉其中：一邊是醫藥社會的專業者，他們擔負著公共健康的責任；另一邊則是學校的教育人員，他們被最早期尼斯傳單裏的句子所恐嚇：「學校才剛收到由聖侯許醫院轉達的通告。」（即使這相關於醫院的參考資訊有問題）。一個發生在法國隆河流域地區的聖羅宏．達涅（Saint-Laurent-d'Agny）市的傳單散布過程非常有象徵意義：這份傳單的內容是由一所男女混合公立學校主任校醫的妻子所撰寫，她在傳單上蓋了校印之後，影印一百八十份，送給學生及家長。

在傳單散布的過程中，參與的健康衛生專業者相當廣泛：一家美國銀行的安全與疾病預防服務人員、加拿大魁北克一家企業的健康安全顧問、法國卡斯特（Castres）的地區醫學中心、位於比利時布魯塞爾的布魯格曼醫院（Hopital Brugmann）放射科人員，以及所有將這份傳單貼於候診室的醫生，和將它貼於藥房的藥師們。在法國尼斯，有一位尚・賈斯曼（Jean Jasmin）教授，是尼斯大學牙醫學系的主任，他在一九八八年五月三十日影印了十六份傳單寄給其他法國大學的同行們，傳單上還加註：「本項資訊由尼斯牙醫外科學院的賈斯曼教授提供」的字句。其中一份傳單寄到巴黎第七大學，該大學再蓋上校印繼續影印散發：從一九八八年的六月到十月，這份傳單在整個巴黎地區流傳。

學校很自然地密切注意這些關於兒童的訊息，因此成爲這項謠言的二手傳播中心：根據比爾・艾利斯（Bill Ellis）的說法，散布的途徑從美國天主教學校的宗教人員——他們將傳單的內容直接告誡學童，到法國學校的行政人員——他們則大量散發傳單的影本。

另外還有一些公家機關在傳單上加蓋了政府關防，例如塔爾伯（Tarbes）的警察總局與里昂市政府，甚至有些機關的負責人還簽名並標示日期，以正式通告的形式發出，一家魁北克企業與法國蒙柏里耶郵政總局都曾這麼做。一九八八年九月與十月期間，民意代表們注意到這個問題，向政府提出書面質詢。政府部門提出相當多的闢謠說明，麻醉品管制局的奧利耶凡斯坦博士（Dr. Olievenstein）發表一項聲明，教育部與消費者保護委員會也分別提出說明，但這些努力的效果極爲有限。一項對於中學生的訪談調查（Hadjian 1989 et Kapferer 1990）顯示，闢謠的說明並未生效，大家依然相信這樁謠言，因爲官方的說明並沒有提出任何有力反證，也沒有對引發恐慌的事件作任何澄清。即使這樁謠言並不確實，但我們也不應該降低人們對於毒品戒慎恐懼的程度。於是到後來，即使消息是虛構的，也沒有人有興趣去澄清謠言。甚至產生了闢謠說明搖身一變成爲對謠言的肯定與證實的反轉現象。某些傳單版本上出現了令人震驚的文句：「麻醉品管制局確認這項消息！」

媒體扮演著模稜兩可的曖昧角色。許多期刊先登載了這類傳單，隨後再發布更正的訊息：例如一九八八年九月三日與四日的《比利時自由報》（*La Libre Belgique*）、一九八八年九月二十九日的《社會醫療簡訊》（*Profils médico-sociaux*）、一九八八年八月的《兒童雜誌》（*Enfants Magazine*）。如果新聞媒體對於這樁謠言的消弭有任何貢獻，與其說是因爲那些闢謠的說明，毋寧更因爲一些具有「反謠言」作用新聞訊息的發布：這些訊息有些不是真的，例如說這樁謠言是醫學系學生的惡作劇，或極右派政治人物的政治操作技倆；另一些則是真實的，像是公布一長串被愚弄的專業人士與機構的名單。因此，謠言裏原來的正面形象被置換成負面形象：散布傳單的人不再被認爲是消息靈通人士，而是一個天真容易上當的人，或是一名惡作劇者，或者更糟的是，一名操弄民意的政客。

傳單內容的逼真性，或因爲行政機關背書而造成的說服力，並不足以解釋爲什麼這樁謠言在美國以及其他西方國家如此成功。浸有ＬＳＤ迷幻藥包裝紙的傳奇能廣泛流傳，是因爲它奠基於一種關於恐懼的想像。

一項恐懼的主題

首先，我們發現在這份傳單裏有一項與許多謠言與傳奇共同的主題：存在於每日生活裏的陷阱。它的結構很簡單：在平淡無奇、微不足道的背後，隱藏著一項恐嚇或一種危險。尤其當兩種意義衝突對立的事物並列在一起的時候，效果更爲顯著。舉例而言，經過特殊改造的女裝試衣間用來誘綁白種女子爲娼；美麗的熱帶蘭花盆栽裏躲藏著毒蜘蛛；漢堡裏包著蚯蚓；用老鼠肉做成的異國美食……。將孩童的世界（米老鼠、星星、蝴蝶、小丑）與毒品（LSD迷幻藥、致命之旅）並列，創造出一種純眞與邪惡、美好與恐怖的強烈對比。這兩種世界之間有一道共同的模糊交接地帶，是由符號的曖昧性所創造出來：「巫師學徒」米老鼠的星星或藍色之星的形象，固然代表美好仙境，同時也象徵著迷幻影像；刺青可以是一種孩童的玩意兒，但也可能是罪犯或偏差行爲者的特徵。

這份傳單首度在法國流傳的時間，一九八八年，剛好是對毒品的恐懼氣氛濃厚加重的時期。在一九八八年六月二十七日的《當代婦女》（*Femme actuelle*）雜誌上，我們可以讀到「每一星期都有吸食海洛因過量或破獲古柯鹼買賣的案件」這類的文句。而根據統計調查（一九八六年五月Sofres-Actuel），法國人認爲最應該被譴責的兩項行爲是「販賣毒品」（九十八%的受訪者唾棄這項行爲）與「虐待兒童」（九十七%的受訪者唾棄這項行爲）。很清楚地，這兩項元素在浸有LSD迷幻藥包裝紙的謠言裏出現。在一篇刊載於《社會》（*Sociétés*）期刊一九八八年第二十期的文章裏，尚皮耶・艾托希貝吉爾（Jean-Pierre Ettori-Baizieux）指出，關於毒品的恐懼準確地反射出社會大眾的集體恐懼：毒品損害健康（反射出對於工業污染或都市污染的恐懼）；毒品導致想像力的脫韁奔放，降低了專業生產力（反射出對於專業知識層次低落與經濟危機的恐懼）；毒品多半在年輕人之間流行（反射出對年輕人叛逆的恐懼）；毒品伴隨著偏差行爲與罪行（反射出不安全感）。不同傳單版本裏對於吸毒症狀的描述，隱含著將這種行爲妖魔化的動機：情緒急速變化、恍惚、出現幻覺、無法抑制地發笑，彷彿是魔鬼附身的徵兆。根據加拿大警方的調查，最積極散發這份傳單的團體之一，是美國芝加哥一個激進基督教的神祕教派，對這個教派而言，對抗性氾濫、毒品與種種偏差行爲，就是一場上帝與撒旦之間的戰鬥。

在這樁謠言裏的毒品是LSD，而非大麻或海洛因，有其特別的原因。在一般大眾的觀念裏，LSD讓人瘋狂，而身體的問題容易痊癒，但精神上的問題則很難治療。這是一九六〇年代異議學生、烏托邦理想主義者、自由主義者常吸食的藥物。一九六六年，一位美國的政治人物毫不遲疑地宣稱，LSD是「出現在這個國家最大的禍害，它比越南戰爭更加危險」。

擔心孩童變成一名吸毒者、偏差行爲者、瘋子或異議份子的憂慮，可以詮釋爲父母害怕失去對兒女管教與控制能力的恐懼。其他的當代謠言與傳奇同樣呈現這一類的恐懼：奧爾良誘拐白種女子爲娼的故事裏，事件發生的原因是年輕女孩子被時裝品店裏暴露誘人的服裝所吸引；爲毒跳跳糖會在小孩子胃裏爆炸的謠言，是爲了破壞這種讓小孩子們深感興趣新甜食的形象。爲毒品以一些無害的東西命名——郵票、刺青、包裝紙——其實反映出家長們面對各種圖像入侵時的混亂與不解：孩子們帶著一些喜愛的圖像回家，但看在大人眼裏，這些圖像並不怎麼美觀，甚至有點醜陋。

這樁傳奇同時運用了心懷惡意的誘惑者傷害無辜者的主題。某些傳單版本提到一些青少年提供毒品給兒童吸食，目的是爲了欣賞他們吸毒後的失常舉止而取樂。在某些關於家族聚會習俗的「黑色版本」裏，也曾出現大人們讓小孩喝一點酒，然後取笑他們醉態的情節。在此，浸有LSD迷幻藥包裝紙的供應者與遊蕩於學校周遭的性侵害罪犯和誘拐兒童的騙子畫上等號，爲了保護兒童，師長們因此警告他們不可以隨便接受陌生人贈送的糖果。比爾·艾利斯提醒這可以歸類爲「暗藏毒藥的禮物」主題——舉例而言，巫婆後母送給白雪公主的毒蘋果，這類主題在民俗傳說文學創作裏出現的頻率很高。

最後，對外國事物的恐懼伴隨著其他恐懼讓這樁傳奇的發展超越美國邊界。如同異國植物夾帶著毒蜘蛛，或台灣製造的絨毛玩具熊暗藏蛇虺，浸有LSD迷幻藥包裝紙是帶來外國污染毒害的「特洛伊木馬」。我們社會裏的許多惡行可以歸咎於外國人：恐怖主義、毒品、疫病。在同時並列著美好的迪斯奈世界與毒品地獄，這份傳單給歐洲人一個有關美國正面與負面並存的雙重印象：美夢之國，同時也是惡夢之國與都市暴力之國。

荷納　撰文

【參考文獻】

Jan Harold BRUNVAND, *The Choking Doberman*, 1984, p. 162-169 et 174.

-, *Curses! Broiled Again*, 1989, p. 55-64.

Bill ELLIS, 《Mickey Mouse LSD tattoos: a study in emergence》, *Foaftale News*, 14, juin 1989, p. 3-4.

Joseph HADJIAN（dir.）, *Le Syndrome de la rumeur: des lycéens enquêtent,* Pierrelatte, lycée Gustave-Jaume, 1989.

Jean-Noël KAPFERER, 《Le contrôle des rumeurs: expériences et réflexions sur le démenti》, *Communications,* 52, 1990, p. 99-118.

Hal MORGAN *et alii, Vraies ou fausses? Les rumeurs*, 1988, p. 53.

Jean-Bruno RENARD, 《Les décalcomanies au LSD: un cas limite de rumeur de contamination》, *Communications,* 52, 1990, p. 11-50.

都市躁狂症

分析思考一名無辜市民被都市躁狂症患者攻擊的事件——這是一種讓人害怕的戲劇性新聞，往往造成眾人情緒激動與恐慌——可以讓我們更瞭解謠言與當代傳奇誕生的原因。

這類的事件在戲劇性程度的分類上屬於輕量級，往往在城市裏某個街區的一些人被人噴灑某種奇怪的氣體，導致身體的不適，或是路過此地的人莫名其妙被戳傷或割傷，但是傷勢都不太嚴重，這類的事件並不像在地鐵車站裏把人推下軌道或在暗處殺人等案件那麼突如其然、凶狠殘暴與重複出現。所有這一類的事件只是偶然出現的無動機與非理性攻擊。每一位居住在城市裏的人都是潛在的受害者。

在許多情況裏，幾乎沒有人可以確實逮到這類幽靈般的攻擊者。多納德・強生（Donald Johnson）在一九四五年曾簡化分析一項微小的意外，並據此發表了一篇非常有名的社會心理學文章。這項分析是針對一件微不足道的事件：在美國伊利諾州的一個小鎮馬圖（Mattoon，一萬六千位居民，九十八%爲本地人），一九四四年九月一日到十二日期間，警察接到二十通居民的報案電話，證實發生了一起神祕的毒氣攻擊事件，被噴灑這種氣體的人感到噁心與不適。強生的分析方法很簡單，就只進行訪談：一個月之後，有二十九個人出現受害症狀，這些人多半是年輕女性，教育程度不高，他對這件小規模流行病般事件的推論是某位歇斯底里症患者的傑作。當地報紙對此以情緒化的斗大標題報導：九月一日的標題是「一名服用麻醉品的遊蕩者逍遙法外」；九月五日的標題則是「服用麻醉品的瘋子再度展開攻擊」。第一位控訴者關於歇斯底里症患者攻擊事件——強生解釋道：這種事件相當常見，每一位醫生都遇過類似的病例——的戲劇性詮釋，受到地方報紙「毫不批判地認定爲眞」之後，攻擊事件就如同滾雪球一般愈演愈烈。但是這種符合大眾想像力的奇怪觀點卻很快地顯得荒謬，戲劇性的故事情節毫無依據，警察與地方上的巡邏志工們並沒有發現任何確切的相關事實，整個城市開始懷疑強生所提出的結論。這種懷疑心態愈來愈強，到了下個月，警方接到宣稱看見遊蕩者的報案電話明顯減少。面對這種情形，強生仍維持原來的結論，僅強調事件當事人與其他社會大眾之間的不同：這些奇怪的現象發生在特定少數社群身上，與大多數人無關。至於巡邏志工隊？在強生的文章裏僅用一個句子簡單帶過：我們並不清楚志工隊的社會組成。

一七八八年到一七九〇年恐嚇大倫敦地區的「怪物」千眞萬確地存在。或者至少，人們認爲這個「怪物」就是一七九〇年六月十三日被逮補並被判刑監禁在「新門」（Newgate）監獄六年的二十三歲高盧人，一名曾經擔任過舞者的人造花製造工人威廉·瑞維克（William Renwick）。這名「怪物」以一系列對於女性不嚴重但令人惱火的攻擊行爲羞辱倫敦市：他故意走在女子前面，然後在走到門前時猛然轉身往回走，滿懷撞上來不及閃避的女子，乘機撫摸女子大腿與臀部。其中一位受害者頭髮被扯斷並且在門上撞傷。整座城市因此爲之恐慌不安。一位富有的倫敦人高額懸賞捉拿這這名「怪物」，賞金原爲五十英鎊，後來提高到七十英鎊。

聖潘卡拉斯（Saint-Pancras）街區的居民組成夜間巡邏隊，諷刺漫畫家則以此爲題材畫著婦女穿著工程師們爲防範「怪物」騷擾所設計的銅製襯裙。

在巴黎，三十年之後，一八二〇年二月一日，「一名住在『小農場十字路』（rue Croix-des-Petits-Champs）的二十五歲裁縫學徒奧古斯特・馬利・畢熱爾（Auguste Marie Bizeul）被控刺傷四位少女，得到法律的制裁」，被處以五百法郎罰金以及五年的監禁。這項逮捕行動受到歡迎，因爲自從杜樂麗公園（Tuilerie）與皇宮（Palais-Royal）發生兩件攻擊事件，巴黎警察總局在一八一八年十二月三日發布相關新聞稿之後，始終沒有成功遏止「巴黎刺客」的消息（Romi 1962）。巴黎警察局的新聞稿上寫道：「某個人，迄今我們仍無法掌握他的行蹤，一段時間以來，以從背後刺傷人爲樂。他可能以錐子，或者固定在罐頭上的尖釘，或者雨傘爲刺人的工具。十五歲到二十歲的少女運氣不好就會在街上碰到這名刺客。」警察絞盡腦汁要逮捕這名罪犯，甚至以妓女爲誘餌，讓她們在罪犯出沒的公園裏散步。這些刺客的出現成爲市民抱怨的重點，甚至成爲小說與流行歌曲的主題——因爲往往同時發生數起攻擊事件，證明攻擊者不只一名。當局動員醫療人員與攜械的警衛人員組成預防巡邏與緊急救援隊伍。攻擊事件在畢熱爾被捕之後仍繼續發生，根據紀錄，直到一八二一年仍發生數起這一類的案件。

在我們的時代裏，尖端磨利的雨傘原本被特務組織人用來當作致命武器。一九七八年，兩名保加利亞分離主義份子分別在巴黎與倫敦，被尖端塗有氰化物劇毒的雨傘刺殺身亡。愛滋病的流行提供這類傳奇故事重要靈感，創造了「致命性愛」與難以防範的危險攻擊者。幾乎在每一個地方，洛杉磯、維也納、阿爾及爾，大家都在談論以受污染的注射針筒刺傷人的事件——針筒裏裝的常常是攻擊者自己的血，城市爲之恐慌。在大部分的案例裏，這種攻擊事件無意要勒索什麼，只是無目的的行動：許多人在搭乘地鐵時被刺傷，而一般的解釋是這種行爲出自於散布愛滋病的動機，如同一九九一年在維也納所發生的事件（Schneider）。有時候，裝有愛滋病血液的注射針筒取代了傳統搶匪手中的左輪槍：「要錢還是要愛滋病！」一九九二年初在美國加州，同年八月在阿爾及爾都曾發生過這種搶案。

一種更具戲劇性特色的案件類型，在一九八二年十一月到一九八三年一月期間，巴黎發生一系列推人掉落地鐵軌道的謀殺事件：一共有六個人死亡，十餘名流浪漢以謀殺嫌疑被逮捕，但其中大部分的嫌疑犯後來都獲判無罪。一般認爲，這類暴力事件並無明確動機。受害者與攻擊者之間並無任何關聯，他們只是運氣不好碰上這件意外。也就是說，每個人都可能是下一名受害者。一九八七年在倫敦，一名推人下地鐵的攻擊者被逮捕判刑。邁可・哥斯（Michael Goss）在一九八四年認爲，這個眞實案例已經潛移默化成一種「月台上躁狂症患者」的故事模式。這些故事在沒有任何客觀依據的情況下，敘述在地鐵裏無故攻擊乘客的角色：「他之所以這麼做，因爲他是名躁狂症患者。」故事中強調警方與倫敦公共運輸當局知悉這名躁狂症患者的存在，也瞭解有數名乘客因爲他的罪行而喪生，但卻沒有採取任何行動。因爲承認這個人物的存在一方面顯示當局的無能，另一方面也可能鼓勵其他的躁狂症患者模仿同樣的方式殺人。

「月台上躁狂症患者」是一種焦慮的沉澱，一種基於對陌生人、對瘋子、對個人的暴力行爲、對外出旅行的危險以及對黑暗持續性的恐懼所塑造出來的人物。由於地鐵裏的暴力事件與謀殺者存在的事實，讓這種恐懼在故事中顯得眞實而令人戰慄。這種眞實與不眞實之間的平衡，是都市躁狂症患者主題的中心觀點。（……）往往，這類關於躁狂症患者或神祕殺手的謠言與傳奇，承載著某些更一般化、深刻、嚴肅的訊息：它傳遞著流傳於城市裏的緊張與不滿，並讓屬於這個時代的恐懼具體化。躁狂症患者傳奇呈現人們——也就是說我們——以一種最糟的非理性方式對抗這種恐懼的故事。（Goss 1990, p. 95.）

同樣在一九八七年，在巴黎，流傳一個專門在地鐵裏割下旅客手指的攻擊者，他被因爲一個血淋淋的細節而被發現與逮捕：這名罪犯隨身帶著一隻帶著昂貴戒指的斷指。一個戲劇化程度加重的故事版本則敘述一個吃人肉的黑人，他搭乘地鐵時無意中讓隨身攜帶的手提包打開，車廂裏的其他乘客都清楚看見裏頭有一隻人類的手掌（Meurger 1988）。我們發現在這類驚悚的故事裏，都非常巧合地提及巴黎第十八區許多莫名老婦人謀殺案所引發的恐慌，事實上，這類故事是常常出現在茶餘飯後的閒聊裏或報導小道消息的報紙專欄上古老傳奇的不同版本：在市中心區一家販賣人肉商店的故事。這類的傳奇提供了城市地理的線索，因此人們可以按址查訪。因此，在許多巴黎的旅遊指南上迄今仍記載著關於「小男孩街」（rue de Marmouset）殺害小男孩的殘忍典故，雖然發生這件慘案的地點：坐落在巴黎西堤島上的一家劇院早已在十九世紀初拆除，改建成「神聖醫院」（Hôtel-Dieu）。在巴黎另有一條街有著同樣的名字，但它不在市中心，而在南邊的葛伯蘭（Gobelins）街區。

大部分眞實殺人案件的原因可以歸咎於神祕殺手。因此，一九六九年到一九七六年期間法國瓦茲（Oise）省南部城市凱伊爾（Creil）一名「幽靈殺手」所造成的八件謀殺案，在這座城市與周遭地區演變成一樁謠言。人類學者卡爾門・貝爾南（Carmen Bernand）與法蘭斯瓦絲・荷墨（Françoise Reumaux）曾對這樁謠言進行研究。每一位受害者的生活——大部分是女性——都經過仔細檢視。這個過程挖掘出許多不爲人知的祕密，足以解釋謀殺案的發生，並讓人們的注意力轉向那些具有危險性的「平凡人」與「好人」。這項研究揭開了那些有關所謂神祕殺手的神祕面紗。當時謠傳這些案件與一位利用特權做爲掩護的上流人士有關。這種說法讓這座工業城市的勞工居民們產生對於上流社會的強烈敵意，他們認爲市政當局不但無能，而且很可能還爲其掩護，是殺手的共犯。後來警方逮捕一名工人——他先是招供認罪，後來有翻供否認，最後被判有罪——而一般社會輿論普遍不認爲殺手就是這名工人。不久這座城市又出現了第二名殺手，讓人覺得那位謠言裏沾滿鮮血的權貴人士仍逍遙法外，繼續做案。結果這第二名殺手也被捕：他是一名地方警察，長期以來愚弄著自己的警察同僚。由於被認定精神異常，這位警察未被判刑，而這種現象進一步強化了謠言的可信度。

弗利茲・朗（Fritz Lang）所編導的電影《詛咒先生》（*M. le Maudit*），靈感來自於一九三○年代的眞實故事《杜塞道夫的吸血鬼》（Vampire de Düsseldorf），這樁故事呈現一座城市與一名不傷害婦女卻殘害兒童的神祕殺手鬥爭的戲劇性氣氛，此一事件激發了高度的社會動員。弗利茲．朗特別強調，有許多次這類的社會動員演變成聚眾鬧事、失控場面，甚至成爲非理性的動用私刑。

「哈利法克斯疤面人」（Balafreur de Halifax）的案例沒那麼戲劇性，但是非常值得我們據此分析一個都市社群毫無理由地涉入暴力事件的發展機制。這個事件發生在一九三八年十一月，前後大約持續十五天左右。一座英格蘭北部的中型城市（九萬八千位居民）被動員起來對抗神祕殺手。我們對於這樁事件的瞭解，是透過邁可．哥斯在二十八年之後的一項研究。到底在這項案例裏發生了什麼事？

一些個別事件因爲公眾意見的高度關切而被詮釋成一整套連環案件。集體動員的強度很高，甚至高過這些攻擊事件本身的重要性，這種發展局面滿足了個人與社會的需求。

躁狂症患者是一種興奮劑。因爲他的出現，突然之間，生活變得更無法預測，變得更緊急。我們反常地感覺自己更有活力，更有動力。（……）經由這名躁狂症患者，一些民意代表暫時性地變得重要，他們平凡的名字出現在報紙上，他們從未有人傾聽的乏味言論現在居然被引用，而且還吸引了公眾的注意。他們成爲眾所矚目的重要人物。第一次他們不再是一座機器裏的一個簡單小齒輪，而與許多個人產生關聯：紡織工人、雜貨店老闆、倉庫的搬運工人……。（……）神祕殺手提供一個抗議與宣洩苦惱的出口。都市裏有許多問題，例如街道缺乏照明，或城市的某些街區衰落破舊，往往必須勉強忍耐接受或完全地拋諸腦後，但是由於疤面人的出現，這些問題突然之間變得值得批判了。（……）這種對抗都市環境的無政府主義式反撲，塑造了疤面人的創造者：就是那些相信疤面人的存在，並藉他的存在表達造反之意願以及擁有權力之慾望的那些人們。

（Goss 1987, p. 39-40.）

這個集體創造出來的幻象如此令人滿意，因此後來它不再只是個想像。在意外事件持續十天，徒勞的調查與密集的集體動員之後，倫敦警察廳偵查部「蘇格蘭場」開始介入調查本案。重新詢問證人之後，倫敦警方獲致結論：這是一件集體歇斯底里症，而很明顯地，受害者都是自己故意弄傷的。十三名原告中有六名被法院以誣告起訴，其中有些人被判一個月的監禁。然而輕率地以集體歇斯底里症做爲解釋無助於眞相的揭露：的確同步發生了一些攻擊案件，但是哥斯詳盡的研究也指出，在都市裏，同步發生一些夜間攻擊案件幾乎是無可避免的。再者，在一些鄰近地區大量出現原因不明的謀殺案（一位年輕女子，然後是一名孩童）所引發的恐懼，在這種集體恐慌發生的過程裏扮演重要的角色。之後，這個事件就變成在這個地區上演的一齣荒謬劇，哈利法克斯的居民們轉向追捕所謂的「疤面人」。

將哈利法克斯案例與其他相對輕微但仍造成城市恐慌的神祕殺手系列事件作比較，邁可・哥斯從中萃取出一個集體行動的循環概念，或稱爲「神經緊繃」（flap）的概念：

這些系列事件裏的每個人都敘述一個大體相同的主題：在一個都市環境裏偶然發生的攻擊事件，通常找不到理由，這些事件被假設是精神不正常的罪犯所造成，因而導致廣泛的恐懼。警察或者民間自衛隊的努力都徒勞無功，在那個時代裏，人們最後只好創造一些現在看起來毫無關聯但當時卻頗有說服力的解釋與答案。（……）這些神祕殺手即使眞的存在，後來都會漸漸變成傳奇人物：例如有名的「開膛手傑克」傳奇。

這種系列可以被劃歸在一個更一般化的類別裏，即「神經緊繃」的社會心理現象。所謂的「神經緊繃」是指戲劇性地過度專注於一樁異常事件，因此突然引發的爆炸性反應，同時可能因爲其所造成的恐懼感而引發其他人出現類似的反應。它是許多不同事件組合而成的循環或連鎖效應，其整體效果遠較個別事件來得令人印象深刻，也更有說服力，而整體效應所造成的公共煽動或媒體密集的推波助瀾，就成爲「神經緊繃」的主要特徵。「神經緊繃」可能是一種超現實的觀點：外星人、幽靈、巫術或狼人傳奇；另一方面，它也可能專注於一些比較明確的恐嚇：一頭逃出牢籠的兇猛野獸，一名高度危險都市狂人毫無緣由的攻擊。

「神經緊繃」狀況的發展爲一連串事件嚴重性的逐步攀升所控制，同時也因此逐步加強。第一項事件刺激其他類似事件的發生，並且鼓勵一些證人現身，以個人親身經歷的證詞來確認這種現象。於是事件變得愈來愈詭異，愈來愈暴力，愈來愈讓人不安。後來事件朝著多樣化的方向發展，而發生的地點也愈來愈遠。媒體的報導與鼓吹使得一面倒的聲浪愈來愈大，最後非理性的觀點獲得勝利。

民防自衛隊的出現是「神經緊繃」的一個關鍵階段。這類自衛隊往往是自發性的組織，而後其中有些被當局認可，他們執行一些在承平時期被大家忽略的義務。雖然這些被組織起來的自衛隊守望戒備並巡邏檢查，但是往往漸漸越過法律的界線，演變成一群聚眾滋事、濫用私刑的暴民。

然後，當「神經緊繃」演變成無政府現象，非法的行動嚴重到了極點而且無法挽回時，所有的一切宣告終止。（……）這時候，最早先看起來像是千眞萬確的現象突然被揭穿，不再可信。我們可以稱這種現象是對充氣過度汽球的「洩氣」行動，它提供所有事件參與者一個理性化的過程。（……）官方的解釋提供參與者們一些堅實的證據，說明事情已被處理，他們不再需要擔憂那些自己所創造出來的恐懼。

（Goss 1990, p. 99-100.）

另一項出現在都市恐嚇案例中的檢視事件過程重要觀點，是事實建構過程中幻想所扮演的角色，特別是那些過程中的扭曲，提供了建構異常現象與新聞事件的基本元素：「這並非現實超越了幻想，而是幻想本身，想像力剪裁並串連時空場景，以拋棄現實的夢幻方式重現建構事件」（Auclair 1970, p. 98）。在傳奇的建構過程中始終有幻想的作用，如果都市躁狂症患者的行爲令人震懾，是因爲他們以實際行動呈現了暴虐的幻想，並且引發了廣泛的崇拜。戳人臀部的刺客、傷人腿部的刀客、割人衣服的怪客，以及比較起來顯得不夠刺激的性騷擾人士，乃至於嚴重危及都市居民生命的殺手，這些行爲偏差的都市躁狂症患者以「代爲執行」的方式滿足了人們的想像。在新聞報導裏，媒體「一方面煽動鼓勵潛伏的兇手，另一方面警告可能的受害者」（Gayda 1985）。他們的角色是非常曖昧的。

至於其他的事件，則是在種族敵視的氣氛中發展，殺手們攻擊某些特定的族群、兒童或青少年團體。

相對於城市具體有限的範圍與井然有序的架構，鄉村的情況則全然不同，在本書的另一個篇章討論了出現在廣袤鄉村裏神祕貓科動物所造成的恐慌。在這兩個例子裏，並沒有所謂的傳奇，而是一部詮釋的劇本，其中幾個主軸劇情穩定地發展，細節部分則隨這當地條件因地制宜。

坎皮儂・文森　撰文

【參考文獻】

Georges AUCLAIR, *Le Mana quotidien: structures et functions de la chronique des faits divers*, Paris, Anthropos, 1970.

Carmen BERNAND, 《L'ombre du tueur. Réflexions anthropologiques sur une rumeur》, *Communications*, 28, 1978, p. 165-185.

M. GAYDA *et alii*, 《Les pousseurs du métro》, *Journal de médecine légale. Droit médical*, 28, 1, 1985, p. 57-61.

Michael Goss, *The Halifax Slasher. An Urban Terror in the North of England,* Londres, Fortean Times（Fortean Times Occassional paper n° 3）, 1987.

- 《The Halifax slasher and other "urban maniac" tales》, in Gillian Bennett et Paul Smith（eds）, *A Nest of Vipers.Perspectives on Contemporary Legend,* V, Sheffield, Sheffield Academic Press, 1990, p. 89-112.

Donald M. JOHNSON, 《The "phantom anesthetist" of Matton: a field study of mass hysteria》, in Guy E. Swanson, T.M.Newcomb et Eugene H. Hartley（eds）, *Readings in Social Psychology*, New York, Holt, 1952 [1945], p. 208-219.

Nahum Z. MEDALIA et Otto N. LARSEN, 《Diffusion and belief in a collective delusion: the Seattle windshield pitting epidemic》, *American Sociological Review*, 23, 1958, p. 180-186.（Cette analyse, moins réductrice, porte sur une illusion collective liée à l'inquiétude éprouvée par la population lors des expériences de la bombe H.）

Michel MEURGER, *De l'ogre noir au rat blanc. L'insolite alimentaire dans la rumeur*, Paris, Pogonip, 1988.

Françoise REUMAUX, 《L'aventure du héros de l'ombre》, *Cahiers de littérature orale,* 15,

1984, p. 61-80.

ROMI, *Histoire, des faits divers,* Paris, Pont-Royal, 1962（《Les piqueurs parisiens》, p. 55）.

Igno SCHNEIDER, 《Geschichten über AIDS. Zum Verhältnis von Sage und Wirklichkeit》, *Osterreiche Zeitschrift für Volkskunde*, 46-95, 1992, p. 1-27.

悲劇性的誤會

在我的床墊與床板之間，我終於發現一張黏在床墊棉質布套上的舊報紙，泛黃而磨損到幾乎透明。這張報紙報導一件發生在捷克的新聞，但文字的前半部已經不見了。一名年輕男子離開一座捷克的鄉村，闖蕩外地去尋找財富。到了二十五歲的時候，他已經致富，帶著自己的妻子與小孩回到自己的家鄉。他的母親與妹妹在家鄉經營一家旅館。爲了讓家人驚喜，他將妻子與小孩先安頓在另一棟房子裏，自己一個人到母親那裏去，當他進門時家人並沒有認出他來。帶著開玩笑的念頭，他要了一個房間，並且炫耀式的展露他的錢財。到了晚上，他的母親與妹妹將這名男子謀殺了，取走他的錢財，並把屍體丟到河裏。翌日早晨，這名男子的妻子帶著旅客的身分證明來到旅館。母親上吊而死，妹妹則投井自殺。我反覆將這個故事讀了千餘遍。從某一方面來看，這個故事不像是眞的；從另外一方面來看，它的情節發展又非常自然。無論如何，我認爲這名旅客有點咎由自取，而且千萬不要隨便開玩笑。

（Albert Camus, *L'Etranger,* 1942, p. 105.）

以上這個故事由法國作家亞爾伯・卡謬以冰冷的文字風格在他的小說《異鄉人》（*L'Etranger*）裏敘述以上這個故事，卡謬後來還將這個故事從小說中抽離出來，在一九四四年單獨寫出另一部作品《誤會》（*Malentendu*）。這個故事是一樁古老的民俗傳說主題，被稱爲「悲劇性的誤會」或「被謀殺的兒子」。

這樁故事首次出現在十七世紀繪有插圖的消息快報——現代報紙的前身——上，這些傳單敘述著「讓人好奇且有趣的事件」。

> 一樁驚人且異常的故事：一對父母親在沒有認出他們親生兒子的情況下將他殺害。這件事發生於上個月，也就是十月，在朗格多克（Languedoc）地區一座名叫尼斯莫（Nismes）的小鎮上。巴黎，一六一八年。
> （Seguin 1959, p. 188.）

這樁十七世紀誕生的故事，雖然出現了許多不同的改寫版本，但是始終以眞實事件的面貌傳述，並且引用許多證據。

> 一齣有四名當事人的悲劇，一六一八年突然發生在法國，一六四九年發生在英格蘭康瓦爾（Cornouailles）郡，最常發生則是在中歐地區。劇中有一對經營黑店客棧的父母，一名被殺害的兒子，一名認出死者的妹妹，故事的結局是殺人者認罪自殺。
> （Kosko 1966, p. 343.）

在十七世紀，這樁故事在法國或在英國父親都是第一個出現的角色，他通常是貪婪的，有時是好人但負債累累。在中歐，率先登場的卻是母親。在十八世紀，辨認出死者的證人是一名男性，是這位受害人的教父或叔叔，而殺人者最後受到法律的制裁。在十九世紀，這個故事被放在新聞報導與小販兜售的故事小冊裏，同時也出現在敘事詩作或抱怨歌曲裏，這些創作將故事的內容做了變化，也將故事傳播開來，殺人的母親成爲最重要的角色，妹妹則變成共犯，不再只是個悲傷的證人。

波蘭裔的女性民俗傳說研究者瑪莉亞・寇斯柯（Maria Kosko）曾致力於「被謀殺的兒子」主題之研究——這個主題在阿爾尼（Aarne）與湯普森（Thompson）的民間故事分類裏，被編號爲 **AT 939A**——並編寫一本收錄了超過一百樁故事版本的大部頭相關著作。在第一位作者以法文寫出這個故事的數百年之後，寇斯柯的這本著作才被披露在國際的民俗傳說研究期刊《民俗傳說研究者通訊》（*Folklore Fellows Communications*）上，事實上這本書一直未獲得應有之重視。關於新聞報導方面，社會學者喬治・歐克萊爾（Georges Auclair）很快地爲「悲劇性的誤會」下了結論，認爲它是一件「可以被詮釋的新聞報導，是對於『壞媽媽』恐懼所激發的幻想投射」。有一篇符號學的研究論文研究「被謀殺的兒子」主題，一九七〇年發表於《藝術與民俗傳統》（*Arts et traditions populaires*）期刊上，這篇論文對這樁故事給予嚴苛的負面評價：「寇斯柯著作裏談論被謀殺兒子的主題，就像一篇缺乏理論的專題論文。」事實上，瑪莉亞・寇斯柯普查登錄了十七與十八世紀的相關歷史故事版本，包括全世界相關的民間故事、敘事詩與歌曲，十九世紀的戲劇版本，以及二十世紀的相關作品——大約有二十餘篇文字創作，包括一九四四年亞爾伯・卡謬的小說、一九二七年尙・寇克鐸（Jean Cocteau）的《可憐的馬特羅》（*Le Pauvre Matelot*）與達敘斯・密羅（Darius Milhaud）的《三項法條的抱怨》（*Complainte en trios actes*）。在她的書中，參考書目就超過十四頁。在此我們不可能全盤討論這本大部頭的專書，僅能引用與本文有關的一小部分：這本書認爲在十九與二十世紀裏，「悲劇性的誤會」主題基本上是以新聞報導的方式呈現，其靈感主要來自於亞爾伯・卡謬，這位大作家完全忽略了這樁故事的民俗傳說層面，而確認它出自於新聞媒體。

> 歷史學者尙皮耶・瑟淦（Jean-Pierre Seguin），《引發轟動的新聞・十九世紀的消息快報》（*Nouvelles à sensation. Canards du XIX*^{e} *siècle*）一書的作者，曾經寫信給亞爾伯・卡謬，提及《異鄉人》裏的新聞報導與「悲劇性的誤會」主題近似的巧合，並詢問這個故事的資料來源。卡謬只能回憶起是他所讀過的一則報紙新聞而得來的靈感：「在一份阿爾及利亞的報紙上，已經是超過二十年前的事了。（……）當時天氣非常炎熱，幾乎讓我誤以爲是夏天，這種氣候彷彿有利於傳說中可以吞噬船隻的大海蛇繁殖，非常適合記者在報紙上編造一些無稽的報導。」

終究，我們在這些新聞媒體上的文字報導裏可以看到一種眞實化的過程，將傳奇主題化爲眞實的案例，或是某些眞實但罕見的例外事件被人以一種預先設定的、具有傳奇特徵的敘事架構來描述。

從一八〇八年到一九三〇年，瑪莉亞・寇斯柯記錄了九件新聞報導，大部分都發生在東歐地區，這些新聞報導都呈現卡謬所轉述的故事結構。她甚至很可能找到那則給予卡謬靈感的報導：一九三五年一月六日刊登在《紐約時報》，然後在二月底被惡名昭彰的美國報界大亨赫斯特（W. R. Hearst）旗下偏愛報導小道消息的媒體所轉載。這篇故事有一段非常詩意的開場白：

> 在丘陵的深處，那裏發生了一場家庭悲劇，這場悲劇刺激了一部俄羅斯小說的創作。在歐拉維薩（Oravitsa），一位母親和她的女兒一起謀殺了一名住在他們客棧裏的陌生人，並搶奪那人的行李——卻不知道這位陌生人竟是她的兒子，也就是客棧主人女兒的兄弟……
>
> 母親與女兒將屍體埋藏起來，並沒有發覺這名受害者的身分。直到這位受害者的妻子來到客棧，打聽丈夫的下落，他的身分才被揭露。於是母親上吊，女兒則投井自殺。

像《紐約時報》這種有格調的報紙居然會刊載這個故事，實在非常反諷。事實上，在兩個月之前，在《紐約時報》的專欄裏就有人爲文揭露這個歷史悠久的報紙小道故事，那時這個故事發生場景是在南斯拉夫；但是這篇專欄文章卻又是因爲一九三一年一場發生在波蘭的悲劇所引發的迴響。寫這篇揭露眞相文章的是美國一位極具才氣的專欄作家亞歷山大・吳爾寇特（Alexander Woolcott），他在一九三〇年蒐集了許多民俗軼事，其中我們可以發現許多符合定義的當代傳奇，可惜的是大部分的民俗傳說研究者並不知道這號人物。吳爾寇特對於報社同事的對於文化知識的異常貧乏感到震驚。

這個情形讓我困惑驚訝。這樣一樁幾乎不停歇地在世界各地流傳的故事，可以出現在任何一間編輯室裏，讓仍尚未知悉的記者當作新聞來撰寫。一位英國的記者，同時也是幾部黑色小說的作者與神話故事的愛好者，瓦倫汀妮・威廉斯（Valentine Williams），就始終對這種民俗傳說的報導方向著迷。四分之一世紀以來，我們不斷看到整個歐洲的報紙上重複出現類似的報導，這一類的故事幾乎都是以某種標籤式的文字做爲開場白：「一位從海外返國的人說……。」一名原籍在東歐地區的男子，到美國去打天下，許多年之後賺得財富衣錦歸鄉。晚上他投宿在一對貪婪的年老農村夫婦家裏，這對老夫婦爲了取得這人的錢財將他謀害，卻在男子的口袋裏發現身分證件，原來是他們的親生兒子。（……）每一次這個故事在報紙上發表的時候，都彷彿事情就發生在前一天，而每一次都是僅此一次的報導。同樣地，每一次感覺上都有一位派駐在遠地的海外特派員寄回這篇報導，這類的特派員天眞而且太容易相信別人的說法，要是有人在小酒館裏向他敘述《白雪公主》或《三個厄兆》（*Triple premonition*）之類的童話故事，他也會有本事寫成一篇煞有其事的報導。

（Alexander Woolcott,《Folklore》, *New Yorker*, 12 decembre 1931, 引自Kosko 1966, p. 263.）

但是在更早之前，這種虛構新聞報導曾被一些觀察家嚴辭批評。瑪莉亞・寇斯柯曾引用一篇一八八〇年在捷克發表充滿才氣非常幽默的揭露文章。

> 那些記者是非常了不起的人們。他們手邊總是藏有一些庫存的故事，以備不時之需，特別是在無計可施的困難時刻。（……）他們說有一位闖蕩海外多年不知去向的兒子，回到家鄉，晚上正巧投宿在父母親家裏，結果母親因爲誤以爲是陌生旅客貪圖錢財而將他殺害。他們說有一名掘墓工人教訓自己孩子的方式是，小孩子要是犯錯了，晚上就把他關在黑暗的停屍間裏，白天再帶回來痛打一頓。他們說有一位英勇的磨坊主人被一群強盜攻擊，順手拿起門邊的斧頭抵抗，居然就在狹窄的巷子裏將強盜們一個接一個地統統殺死。他們說有兩百零八位候選人登記爭取擔任砍掉X先生頭顱的劊子手，其中有「一名理髮師與一名演員」。（……）但是今年，事情進行得太快了。幾天前我們已經看到殺害親子的報導，同時理髮師與演員劊子手已經前往爲X先生執刑，而一年還沒有結束呢。天曉得我們還要再犯下什麼罪行！
>
> （Jean Neruda,《Dulezita Otazka》, feuilleton de 1880 publié en volume, *Drobne Klepy*, Prague, 1892, p. 292, 引自Kosko 1966, p. 262.）

「悲劇性誤會」的主題是街頭行吟歌手的抱怨抗議或反映時代的敘事詩歌。因此一位歌手曾向創作一部有關倫敦建設工程與窮人的浩大著作的記者亨利・梅休（Henri Mayhew）透露，十九世紀倫敦流行的一首歌曲《利物浦的悲劇》（*Liverpool Tragedy*）「特別受到做母親們的青睞」。這種荒謬的誤會讓我們瞭解，往往某些盲目的、出乎意料的惡行故事以口述的方式散布反而有其吸引人的魅力，就像是以傳眞機散布某則社會新聞剪報一樣。

> 新聞報導對於人們已經變成了摩天大樓，就像是以前的大教堂一樣，成爲讓人更瞭解生活的工具（……）。那些了不起的事實往往在新聞報導裏找到安全的庇護之所。關於某些新聞報導，某些內容眞實的說教式寓言沉睡在大眾文化傳統裏的說法並不是眞的；關於虛構的新聞報導試圖取代眞實事件的地位，以在人們的記憶中變得有影響力甚至永恆存在的論調也不確實。
>
> 在民間故事的龐大家族裏，新聞報導屬於一種明確類型：寫實主義敘事，即使它們的目的（……）是爲了矇騙，是以一種經過設計安排的情節與其象徵意義而讓人信以爲眞，這個類型的突出特色仍是對歷史眞實的穿透性。「寫實主義敘事」這個類型族群通常處於休眠蟄伏的狀態（……），突然之間綻放（……），然後消失等待重生，直到它們所承載的象徵與所依賴的信用耗損衰竭爲止。某些時代比其他時代更適合這個族群的出現，非常矛盾的是，新聞報導蓬勃發展的時代正是充滿批判評論、蔑視傳奇故事、懷疑歷史眞實，彷彿要排出一切僞造虛構危險的時代。
>
> （Kosko 1966, p. 349-350.）

經由媒體的運作，新聞報導故事從地方居民社群中的流傳發展到全國性的散布——往往甚至成爲全球性的散布，最後變成一種半資訊與半傳說的東西，就像墨西哥的「民謠」（*corrido*）一樣，事實上，新聞報導故事的流動變得迅速急切了。這種情形從很久以前就開始發生，這種故事的基本元素來自文學，後續的文字發展則取材於民間智慧。

（MacGill Hughes 1940, p. 197.）

然而一九四〇年代之後，感覺上「悲劇性誤會」的敘事就已經消失無蹤了。相近的版本是一九七〇年代出現的《年輕竊賊與進城晚宴》故事，新出現的故事裏，受害者是犯錯的人，而謀殺的行爲居然是伸張正義，這種情節完全地扭轉故事的象徵意義。在這兩個案例裏，對於故事中各個角色之間眞實關係的瞭解，是劇情發展的最重要關鍵。

坎皮儂・文森　撰文

【參考文獻】

Georges AUCLAIR, *Le Mana quotidien. Structures et functions de la chronique des faits divers*, Paris, Anthropos, coll.《Sociologie et connaissance》, 1970.

Daniel FABRE et Jacques LACROIX,《Sur la production du récit populaire. À propos du fils assassiné》, *Arts et traditions populaires*, 18,1-2-3, Janvier-septembre 1970, p. 91-140.

Maria KOSKO, *Le Fils assassiné*（*AT 939 A*）*.Étude d'un thème légendaire*, Helsinki, Academia Scientarum Fennica,（Folklore Fellows Communications n° 198）, 1966; voir la bibliographie p. 351-364.

Helen MACGILL HUGHES, *News and the Human Interest Story*, Londres, Transaction Books, 1980（1940）.

Henry MAYHEW, *London Labour and the London Poor,* Londres, 1861, t. I: *Liverpool Tragedy,* p. 222-223.

Jean-Pierre SEGUIN, *Nouvelles à sensation. Canards du XIX*^{e} *siècle*, Paris, Armand Colin（Kiosque）, 1959; voir《Méprise tragique》, p. 187-190 et 206-207.

微波爐裏的貓

一名獨自在花園裏玩耍的小男孩不小心以澆花的噴水管弄濕了一隻貓。這頭可憐的動物冷得直打哆嗦，小孩害怕父母親發現責備他，於是把貓放進微波爐裏打算將它烘乾。哎呀，可憐的動物爆炸了。

（引自Brunvand 1981, p. 63.）

一位住在洛杉磯的女子擁有一頭小鬈毛獅子狗，她非常鍾愛這隻狗，悉心照料。特別是她常常給小狗洗澡，好讓獅子狗的鬈毛總是乾淨而且渾身香噴噴。有一天她正要出門，這頭心愛的小動物卻偏偏把自己弄得比平常骯髒，於是，趕緊，洗澡！但是這女子的約會有點趕，而她又不願意讓小狗維持濕漉漉的狀態。於是她想到一個高明的點子：把小狗放進新購的微波爐裏，由於時間緊急，而且她必須將狗毛完全弄乾。五分鐘之後，她打開微波爐的門，獅子狗不但完全烘乾，而且也煮熟了，達到十分熟的程度。

（引自Carbone 1990, p. 126-127.）

常常發生在美國，偶爾同樣發生在歐洲（Brednich 1990），以上這類故事在今天廣爲人熟知，也在所有先進工業化國家中流傳。上述兩個版本是最常見的，但還有其他許多版本以及不同的組合：造成這種可怕過錯的通常是小孩子——往往還是兩個小孩子，通常性別是男的，有時則是上了年紀的婦人；如果是動物的話，最常見的是貓或小狗，比較罕見是的小鳥，甚至烏龜；受害者不小心被弄濕（澆花的水管、掉進抽水馬桶或浴缸裏）；最後，可憐的動物被煮熟時，往往同時發生爆炸，而且從此主人再也不使用這具微波爐了。

這些故事出現在一九七〇年代之初，當時微波爐開始在市場裏大量出現。其實這種意外不是完全沒有可能發生，但是也沒有任何堅實的證據證明它的確發生過。故事看起來像是眞實的，何況造成這種可怕過錯的主角——小孩子或老婦人——並不熟悉微波爐的操作。但是這個故事出現的頻率之高，各種不同版本都將它視爲眞實故事來敘述，在在都指出它已經成爲一樁當代傳奇。這個故事之所以吸引大眾的注意，並不因爲它是眞的，而因爲它是一種教育的範例。

再一次地。這些敘事所隱含的第一層也是最明顯的訊息——如同其他許多當代傳奇一樣——是警告必須對新科技特別當心。在一九六〇年代期間，其實就已經流傳許多家用機器造成家庭寵物意外事件的故事：貓或小狗鑽進煤氣爐裏，或者鑽進洗衣機、洗碗機、乾衣機裏，而當我們啓動這些機器時沒注意到有動物在裏頭。在某些版本裏，是小朋友故意——但天眞毫無惡意地——將貓放進洗衣機裏清洗。在比較新的故事版本裏，微波爐取代了洗衣機、洗碗機或乾衣機、烘碗機的角色。

微波爐的運作迥然有別於傳統的鍋爐：快速的烹煮取代了文火煨燉菜餚的緩慢耗時；食物先從內部開始熱起來，然後擴散到外部，而非傳統的從表面先熱——因此可讓表皮焦熟鬆脆並呈現金黃——再由外而內煮熟內部；最後，微波是不可見的，我們既看不見爐火也不像電爐一樣可以感覺到爐面轉成火紅色與炙熱。相信我們能夠將動物放進微波爐而烘乾它們毛皮，是基於對所使用科技的誤解所造成。如同微波爐的使用說明手冊所說：「爲了將微波爐的每一部分弄清楚，首先必須忘記傳統的爐子，然後讓自己熟悉這個新的機器。」這個爐子有一些禁忌：不可以放進金屬，不可以在沒有刺破小孔之前烹煮帶殼蛋或有表皮的食物（蕃茄、豬血腸），否則就會爆炸。社會學者都知道，最困難的改變就是日常生活的改變。這些意外故事不僅呈現了人們對新科技的排斥，同時也透露出對於新烹煮方式的抗拒。對於微波爐的不滿其實是一種假借換喻——借攻擊容器以批評內容，眞實目的是要表達對現代烹飪習慣的不滿：某些冷凍食品冠以傳統菜餚、煨燉、油炸的名義，卻只不過是微波加熱。

這些故事所企圖傳遞的第二層訊息，也是在當代傳奇中常出現的內在正義：錯誤的行爲當下就會被懲罰，這種道德的主題屬於傳統或現代幻想式民間故事的傳統。小男孩或老婦人的懲罰是目睹他們的家庭寵物悲慘地死去。但是他們到底犯什麼錯呢？與其說是他們對於微波爐功能的誤解，毋寧說是因爲他們的社會行爲。小男孩觸犯了父母親的禁令：他不可以弄濕貓，很可能他也不准操作澆花的水管，甚至他根本就不准到花園裏玩！爲了掩蓋他所犯的某項或多項錯誤，最後導致一樁災難發生。心理分析學家強調這樁故事的性象徵意義：一名小男孩（在所有找得到的故事版本裏，我們從來未曾發現過主角是女孩）玩弄澆花水管（陽具），噴水（射精）在貓（女性）身上。從心理分析的角度審視，這樁傳奇可以詮釋成譴責「性早熟」。同樣也是具有象徵意義的，貓在微波爐裏的膨脹與爆炸是一種微妙的結尾，同時既洋溢幻想，又充滿道德訓示。

豢養獅子狗的女子不再幼稚天眞。事實上，不論是在美國、法國、德國或義大利，故事裏狗的品種都維持一樣，這並不是出於偶然。在當代傳奇裏存在著對於狗的刻板印象：杜賓狗是典型看守或防衛的猛犬，獅子狗則是討人喜歡做爲伴侶的最佳選擇。更深一層地分析，每一種狗都在一定程度上反映主人在大眾心理中的社會刻板印象（Abdelhafid 1985）。因此我們可以爲擁有一條鬈毛狗的女子概略描繪出一些特徵：「這是一位有相當年齡的婦人——四十歲到六十歲，頗有一點積蓄。她傲慢、勢利、賣弄風情，而且很愛穿昂貴的衣服，喜歡化妝打扮。這讓她看起來高貴，但有顯得有點怪異。她既不理睬人又趾高氣昂：這是一名小資產階級份子。這是一名膚淺的女子，老是希望能使自己看起來年輕一點。」（Abdelhafid 1985，p. 25）

微波爐故事裏的女子行爲與上述的概略描繪十分吻合。我們可以想像她就像在乎自己外表一樣地在乎獅子狗的外表。法文裏的一個動詞「bichonner」很能表達出這種情形的精髓，這個字一方面指的是「鬈，像獅子狗毛一樣地鬈曲」，另一個意思則是「精心打扮，把自己打扮得花枝招展」。發生微波爐意外的原因是這位女子準備出門，而她不願意自己隨身帶著的狗不是「乾淨而且渾身香噴噴」，她不願意破壞自己希望讓別人看到的形象。因此微波爐裏獅子狗的故事要譴責的很可能是賣弄風情與膚淺。

故事的第三層意義是呈現一些下意識裏的食物禁忌。家庭寵物與其他動物有一項非常嚴格且重要的區分，特別是相對於家畜或野生動物，就是人們不能吃家庭寵物。雖然在某些地方例如中國，狗是可以食用的，但仍然必須區分飼養來做爲寵物伴侶的狗與食用狗之間的不同。蒐集研究這類的許多故事之後，美國民俗傳說研究者凱斯・康寧漢（Keith Cunningham 1979）將其命名爲「熱狗故事」（hot dog stories），一語雙關地指出食物（夾著熱狗臘腸的麵包）與在微波爐裏發生意外的狗兩者間的關係。故事中的某些形容詞透露出菜餚的意涵：獅子狗「煮熟了，達到十分熟的程度」。當我們討論「三分熟」、「五分熟」、「十分熟」的肉質烹煮程度時，其實已經有食用的企圖，另一樁傳奇《嬉皮士保母與烤熟的嬰兒》則可以視爲《微波爐裏的貓》的最新改寫版本，在後者裏，食用寵物的禁忌轉化成吃人肉的禁忌。

在其他的當代傳奇裏，我們還可以找到關於微波對人體造成危害的故事。

荷納　撰文

【參考文獻】

Nouri ABDELHAFID, *Enquête sur les stéréotypes des maîtres*（*ses*）*de chiens et De leur style de vie*, mémoire de maîtrise de sociologie, Montpellier, Université Paul-Valéry, 1985.

Rolf Wilhelm BREDNICH, *Die Spinne in der Yucca-Palme*, 1990, p. 110-112.

Jan Harold BRUNVAND, *The Vanishing Hitchhiker*, 1981, p. 62-65 et 72-73.
Maria Teresa CARBONE, *99 legende urbane*, 1990, p. 126-127.
Keith CUNNINGHAM, 《Hot dog! Another urban belief tale》, *Southwest Folklore*, 3, hiver 1979, p. 27-28.

利齒怪物

也許是眞實的、集體創作的或是想像的，我們在《都市躁狂症》篇章中所勾勒出來的神祕殺手輪廓，廣爲社會大眾普遍接受。至於其他的類似意外，則可以歸咎於當代城市中少數有限的次級團體所爲。

偶爾，我們會碰觸到超自然的事物。例如一九五四年，一群住在格拉斯哥（Glasgow）中下階層街區的小孩子們，出發去尋找有銳利牙齒的怪物或吸血鬼。這件蘇格蘭事件的發生，是從格拉斯哥當地報紙《公報》（*The Bulletin*）上的一篇文章開始的，文章內容是這樣：

警察驅散了集結打算獵捕「吸血鬼」的小獵人們。

昨晚住在凱勒多尼亞路（Caledonia Road）上的居民紛紛打電話到警局抱怨，有數以百計的孩童發出擾人的巨大噪音，他們集結在南區墓園，打算圍捕獵殺「有銳利牙齒的吸血鬼」。

根據這些孩童的說法，吸血鬼已經殺害並吃掉「兩名小朋友」。

所有這些孩童都是從豪特屈森鎭（Hutchesontown）而來的。其中一些年紀非常小，連走起路來都顯得蹣跚困難。但是大部分的小孩子都帶著棍棒或石塊，準備奮戰一場。

獵捕行動在放學以後隨即展開，大人們注意到許多小朋友們有秩序地形成一股朝著公墓園區移動的人流。他們翻越過墓園的圍牆，挖掘墳墓土地搜索「吸血鬼」。這些孩童們發出愈來愈高亢的吼叫聲，讓附近的居民不寒而慄。

由於接到許多警告電話，警官阿列斯・迪波斯（Alex Deeprose）親自趕到現場。隨後他向記者宣稱：「我有一個感覺，好像自己是羅伯・布朗寧（Robert Browning）著名童話《哈梅林的笛子》（*Flûte de Hamelin*）中的主角，以神奇的笛音催眠小孩子跟隨一樣。我被不同身高、不同年齡的小朋友們團團圍住，他們都像我講述同樣的故事——『有銳利牙齒的吸血鬼』。（……）

到了夜晚，這場獵捕行動終於因爲一場大雨而結束。

我們注意到在這個街區的電影院裏，這個星期正在上映一齣恐怖電影。

（*The Bulletin*, Glasgow, 24 septembre 1954.）

這篇不尋常的新聞報導配上一張阿列斯・迪波斯警官的照片，發表在報端。但是事情並沒有因此結束，孩童們在午夜之後繼續他們的獵捕行動，根據一九五四年九月二十五日格拉斯哥《公報》的報導：「吸血鬼獵人們再次出擊。」尤有甚者，九月二十七日同一份報紙引述一名相信吸血鬼的存在但非常勇敢的格拉斯哥孩童的話語：「我們不再害怕吸血鬼了。」

三十年之後，山第・霍伯斯（Sandy Hobbs）以及大衛・柯維爾（David Cornwell），兩位對於當代傳奇充滿興趣的蘇格蘭研究者，對於這場圍捕有銳利牙齒怪物的行動進行調查。他們發現，在當時，許多地方報紙，特別是領導當地意見的報紙——天主教與教育性的報紙，曾指責從美國傳來的可怕連環漫畫，那些恐怖故事對青少年形成極不良的深刻影響。這些道德性的批評聲稱，這些外國文化「看不見的手」引發這場失控事件，並對年輕人的心靈造成了困擾。於是在格拉斯哥販賣的連環漫畫，與促成百餘名孩童在南方墓園裏暴動特殊的狂熱氣氛之間的明確關聯就被建構出來。自此之後，關於立法限制青少年讀物以及大人世界裏恐怖連環漫畫造成的負面影響之類的討論從未間斷。

到底是哪些因素影響了豪特屈森鎮的孩童們？兩位研究者發現，這是格拉斯哥市裏最貧窮也是人口最密集的街區，豪特屈森鎮正是以其一貧如洗著名。因為住宅黑暗、擁擠、簡陋，所以只要天氣許可，從夏天一直到秋初，孩子們都盡可能留在外頭活動。另一方面，在獵捕怪物行動的前夕，當地大眾化媒體上出現許多恐怖的消息與專欄故事。舉例而言，在專欄作家吉爾・德瑞斯（Gilles de Rais）從一九五四年八月二十八日開始發表的《不可思議但眞實》（*Incroyable mais vrai*）系列故事裏，八月三十日他敘述的是〈葛拉米斯怪物〉（Monstre de Glamis，一名經常出沒在葛拉米斯城堡的吸血鬼）。有兩樁謀殺案件一直沒有破案，受害者其中之一是一名男同性戀演員，另一則是一名十一歲的小男孩，人們對於謀殺案背後所隱含的意義議論紛紛，認為是一種針對同性戀與小男孩的恐怖行動。霍伯與柯維爾從一九五四年九月十二日《星期日郵報》（*Sunday Post*）上的一篇文章注意到，當時全英國有超過三百件謀殺案沒有偵破，造成了一種不容忽視的焦慮氣氛。雖然街區的電影院裏正在上映一齣恐怖電影，但事實上孩子們沒辦法觀看，因爲這部電影被分級爲「只限成人欣賞」，電影是敘述大螞蟻攻擊一座城市的故事。

這個故事與當地的傳統有關。在他們的調查過程中，兩位研究者發現《有銳利鐵牙的珍妮》（*Jenny aux dents de fer*）的故事線索，這是一個依據十九世紀初眞實人物所發展出來的故事，一位在凸出牙齒上裝上醜陋鐵製箍套的老婦人，她住所的花園經常受到一群淘氣小頑童的侵入，因此她常常要露齒威嚇趕走這些小麻煩。這個故事持續流傳到了一八七九年，「有銳利鐵牙的珍妮」發展成一個重要的恐怖人物，專門用來嚇唬那些晚上到了時候還不願睡覺的小朋友。霍伯與柯維爾也發現一九三〇年代以及一九六〇年代在格拉斯哥都曾出現孩童小獵人的歷史蹤跡。因此他們獲致一個結論：獵捕利齒怪物的行動發生的原因，是人們熟悉的地方傳統重現，這種傳統之所以一再出現，可能是因爲城市某些令人緊張擔憂的氣氛，而與連環漫畫無關。貧窮街區的小孩子們藉由對抗在鄰近地方大眾文化裏根深蒂固的恐怖人物，來凝聚他們的集體認同。

一座城市裏瀰漫的社會緊張氣氛與族群之間的敵意，正適合這種故事在青少年團體中醞釀與流傳。往往，這種故事藉由確認某種具有超自然無所不在特色的敵人，來增加它的焦慮感染力。就因爲如此，一九八〇年六月，巴黎郊區的所有馬格里布貧民區（Ghetto maghrebin，居住著北非摩洛哥、阿爾及利亞與突尼西亞三國移民的貧民區）在數星期的期間裏都流傳著有法西斯敵人的出現。事情最開始於五月三十日與六月二日發生在龐帝（Bondy）附近的兩起意外。五月三十日星期五，大約晚上十一點三十分，一群大約十五個人身穿迷彩軍裝的光頭黨攻擊正在德拉特爾（Delattre）小鎮旁的一棟建築物外聊天的五名馬格里布年輕人。其中一名馬格里布年輕人背部遭剃刀深深割傷，送到醫院縫了五十餘針。六月二日星期一，大約晚上十點鐘，六名蒙面人朝著市區一棟建築物的大廳投擲汽油彈。對於這兩件意外事件，根據警方的研判是兩組敵對人馬火拼報復的結果，但是馬格里布人卻將其詮釋成種族主義的攻擊事件。立刻令人恐慌的故事就出現了，沒有人敢去上學，嚴重的恐懼感散布在人們之中。

> 最近這些日子裏，許多謠言在塞納聖東尼（Seine-Saint-Denis）省廣泛流傳。特別是在學校裏流傳。（……）在這兒，據說有人發現一具被殘忍切成數塊的外國兒童屍體；在那兒，一名懷孕的馬格里布年輕女子被強暴，然後被捅得開腸破肚。另外，一群「法西斯光頭黨」以武力攻占一座小學，並且將兩名阿拉伯小男孩割喉殺害並高吊示眾。很快地，在六月九日星期一之後，這些謠言就在全省廣爲周知，特別是在學校的消息網路中迅速流傳。（……）六月十三日星期五，在波比涅（Bobigny）的警察調查總部幾乎被此起彼落的查證電話淹沒了。
>
> （*Le Monde*, 15 juin 1980.）

面對這種失控的情形，行政當局多方闢謠。警方對外公布意外事件的原始調查版本，釐清案件始末。但是在六月二十一日波比涅舉行了一場一千五百人反種族主義示威遊行之後，所有的謠言又重新上演。

一樁謠言？哪一種謠言？如果塞納聖東尼省在在龐帝發生的兩起種族主義攻擊事件之後，相信有特攻隊將孩童吊死在學校門口，相信有人會將婦女切成數塊，即使這種「相信」僅存在很短的時間，日後這類的謠言就會一再出現。（……）今天在學校裏，同學們拿法西斯主義來開玩笑，就好像從前拿幽浮外星人事件開玩笑一樣。至於警方則疲於奔命，一方面必須加強在龐帝市區的警力部署，一方面則必須加強對於馬格里布社區的控制，因爲馬格里布人基於害怕，許多人紛紛武裝自保。

（*Le Monde*, 22-23 juin 1980.）

回溯歷史，一九八〇年發生的這些簡短的情節就好像是年輕的移民們第一次的覺醒，並成爲一九八四年到一九八五年一些有組織運動的前奏曲，在這些運動裏，他們自己命名爲「**beurs**」（阿拉伯裔的法國人），佩帶印有「別碰我的夥伴」的徽章，並且成群地加入「種族主義救援」（**SOS-Racisme**）協會。在一九九二年，「光頭黨」的陰影依然籠罩在巴黎以外的法國外省小城市與中型城市的觀光市中心區，總是有一些預告式謠言宣稱將有種族主義特攻隊前來打砸燒殺。這些謠言讓許多城郊馬格里布的大聚落變得荒涼無人煙。在一九九〇年代初期，這些地區成爲饒舌音樂與塗鴉藝術、投石抗議、賽車競技、縱火與聚眾鬧事的實驗場，非常象徵性也非常眞實地，從一九八〇年開始，情況只有愈來愈惡劣。

最近有一樁意外事件發生在這些馬格里布大聚落的鄰近社區。一九九〇年十月，在一件青年共產黨的年輕女性成員與極右派激進份子之間的意外發生之後，焦慮的謠言就入侵法國里昂市西南部郊外的社區裏。攻擊行爲被扭曲而且被擴大，她被視爲未來一系列類似光頭黨惡行的預兆，這一系列的惡行是爲了教訓與報復最近發生在佛爾克森·維蘭（Vaulx-en-Valin，謠言流傳的移民聚落）的反種族主義騷動。人們言之鑿鑿地說，受到攻擊的年輕少女被人用剃刀在臉頰的一邊刻上微笑的骷髏頭，另一邊則刻上法西斯主義者的希特勒倒萬字標誌。學校當局、警方與市政當局都一再發表聲明，並在《進步》（*Progres*）雜誌上發表多篇闢謠文章，在這個事件之後，有兩篇大學論文（Courbier, Schohn）以此爲主題研究謠言的影響。

在倫敦，有關「切爾西微笑族」（Chelsea Smilers）的故事在小學生之間廣泛流傳。民俗傳說研究者史提夫·盧德（Steve Roud）在聽到自己在倫敦南部郊區克洛伊頓（Croydon）小學念書的女兒轉述這個故事之後，對鄰近地區的學校進行調查。他發現這個故事在一九八九年的二月與三月之間流傳，其源頭毫無疑問的是分別發生在兩個學生身上的暴力事件。當事人的說法都很相近——有明確的時間，在不同的兩個學校——切爾西足球俱樂部的一些激進份子到學校來騷擾學生。他們向小學生們提出有關俱樂部的問題，若答不出來，就劇烈地打他耳光，當受害者張嘴嚎啕大哭時，即用剃刀或裁衣刀割裂他的兩邊嘴角，留下永久的傷痕，看起來像是始終咧著嘴微笑似的。

我們注意到在里昂郊區與倫敦郊區所發生破壞容顏的系列事件裏，施暴者以剃刀或裁衣刀刻繪出象徵意味十足的標誌：微笑的骷髏頭、希特勒倒萬字標誌、微笑疤痕。讓人不禁想像這兩個故事有相同的源頭。我們也注意到剛好在這段期間裏，第一部《蝙蝠俠》電影正在大作宣傳，片中的壞人小丑Joker就有看起來像是咧著嘴微笑似的嘴角疤痕。這些看來不相關的攻擊事件竟然如此之近似，也許可以解釋這類的毀容傷害本身就代表某一類型的殘忍暴行：維多·雨果一八六九年創作的小說《笑面人》（*L'Homme qui rit*）裏的主角，不就是被誘拐孩童的惡人毀容變成醜陋可憐的乞丐？這類的劇情成爲強化某些報導新聞感染力的元素，同樣地成爲當代傳奇中出現頻繁的素材。

美國紐約市裏關於種族敵視的氣氛特別濃厚，這種氣氛又因爲媒體的刺激與煽動而加重。「某些並不嚴重的、可能有許多原因的攻擊事件，因爲媒體判定爲種族問題而變成重大事件，隨後挑起報復行動，並掩蓋了發生在少數民族每日生活中的其他暴力事件」（Filloux 1992）。許多年以來，這座城市裏充斥著「城市躁狂症患者」所引發的暴力事件，但是這些事件給人的印象是，施暴者不僅是那些心理不平衡的市民，更是種族主義狂熱份子。在一九八九年十月，十餘天期間，一群年輕黑人——其中大部分是女性——在行經紐約上西城市中心區時，常常被白人以尖銳物品刺傷。警方接獲四十一件報案，並在爲期十五天的掃蕩期間裏逮捕了十餘名青少年。一九九二年初，在布魯克林區又發生了攻擊事件，兩名年輕黑人——哥哥與他的妹妹，分別是十四歲與十二歲——被鄰近的年輕白人激進份子——阿爾巴尼亞裔與義大利裔——攻擊並潑灑白色油漆。這個事件發生的十天之內，發生了十餘起類似的反擊事件，包括有一名白人年輕女子被一群黑人輪暴，以及一名年輕黑人男子被三名西班牙裔年輕人潑灑白色油漆。一些高品質的媒體評論提醒人們不要對這類的衝突事件做過度的詮釋，雖然種族的敵意在許多事件中扮演一定的角色，但是並不必然就是最重要的發生原因。一件罪行、一項偏差行爲的發生通常有許多動機，輕率地歸因於種族敵視只會把事情推向最糟糕的境地：仇視與恨意的擴大（*International Herald Tribune*, 18-19 janvier 1992）。

利齒怪物、光頭黨特攻隊或法西斯激進份子，這些都反映出青少年團體裏流傳的焦慮與恐懼。非常矛盾的是，明確具體化這些焦慮與恐懼的同時反而削弱了它們的影響力。因爲如果恐懼具體化成一種東西，有名字，有其面貌，我們就可以控制其危險性，甚至可以反擊。如同民俗傳說研究者比爾．艾利斯（1992）所指出的，我們在這裏發現了建構當代傳奇的關鍵元素之一：所謂的「倫佩爾史提爾斯金原理」（Le principe de Rumpelstilskin），倫佩爾史提爾斯金是格林童話裏的小妖精，當女王發現得知它的名字的時候，它就會失去所有的法力。

坎皮儂．文森　撰文

【參考文獻】

Marguerite COURBIER, *La Rumeur d'Oullins*, dossier de TD 《Perception et représentation du monde》（psychologie），Université de Lyon-II, 1990.

Bill ELLIS, 《Needing Whitey: the New York City pin-prick incidents as ostension》，*Foaftale News,* 16,décembre 1989, p. 5-6.

-, 《Mystery assaillants: more pinpricks in New York City. London tube friends》，*Foaftale News*, 19, octobre 1990, p. 9.

-, 《Fables of fright》，（interview de Lawrence Roud），*American Way*, 25, 2, janvier 1992, p. 38-41.

Frédéric FILLOUX, 《Les gosses du Bronx en voient de toutes les couleurs》，*Libération*, 20 janvier 1992.

Sandy HOBBS et David CORNWELL, 《Hunting the monster with iron teeth》，in Gillian Bennett et Paul Smith（eds），*Monsters with Iron Teeth. Perspectives on Contemporary Legend vol. III*, Sheffield Academic Press, 1988, p. 115-137.

International Herald Tribune, 18-19 janvier 1992（《Cool it New Yorkers》）.

Steve ROUD, 《Chelsea similers: interim report on a gang-violence rumor》，*Foaftale News*, 15, septembre 1989. p. 1-2.

Christophe SCHOHN, *Insaisissables rumeurs*, dossier de TD 《Perception et représentation du monde》（psychologie），Université de Lyon-II, 1990, p. 9.

倒楣的水電工人

一名婦女（過度緊張地）將一名水電工人（穿著過度窄小的衣衫）送進醫院。

特拉維夫，星期一。

一件不平凡的不幸遭遇發生在一名以色列籍的水電工人身上。這件遭遇讓他躺進醫院的病床上，頭上有傷，手臂也裹上石膏。事件的源頭是一具盥洗台的排水管堵塞了。房子的主人本來答應他太太親自去修理，但是當有一天女主人外出逛街時，這位男主人改變主意決定找一位專家來處理。當女主人回家進入盥洗室，看見他的丈夫正蹲在盥洗台下方，穿著不合身的窄小衣衫，因爲使力的關係，在他緊繃的襯衫底下，露出一部分的身體。出於善意的幽默感，女主人將手放在這名她以爲是自己丈夫的男人赤裸的身體上撫摸。但這是請來的水電工人，不只是驚訝，而是嚴重地嚇了一跳，忘記自己頭上還有盥洗台。於是水電工人撞得昏了過去，女主人感到非常抱歉，爲了要將他救醒，打電話召來救護車。但是不幸地這位女主人又做錯了一件事：她喋喋不休地向抬擔架的醫護人員們講述整個故事，以致於他們在運送傷者的過程中漫不經心，一不小心竟讓水電工人從擔架上掉落下來，混亂中折斷了一隻臂膀。這名倒楣的水電工人終於在醫院裏恢復神智，質問房子的女主人爲什麼這麼短的時間裏可以造成這麼大的傷害，並且要求賠償……

（*France-Soir*, 2 janvier 1973.）

報紙的記者毫不猶豫地爲這個故事再增添一些眞實的細節，重新引用這個好故事，幾年之後又發表刊登在同一份報紙《法國晚報》上。在這個故事裏我們可以發現一些古典的敘事特徵：爲人妻子的誤會，她引發了整個事件；從擔架上跌落——太完美了，以致於沒有人會懷疑——更加重了這件不幸意外的嚴重性。故事發生的地點是在廁所裏，這是家居意外發生的最佳背景。以上這些元素常常出現在敘述讓人啼笑皆非意外的故事裏。

大約在一九七〇年代末期，英格蘭流傳一齣以上故事經過誇張改寫後的喜劇版本。爲人妻子的女主角在一間運動俱樂部的衣物存放間服務，她前來通知一名男士茶已經準備好了，她愉悅地搖晃著一名看來相當熟悉的異性——正在穿一件粗毛線衫的男士——以響亮的語調說：「哈囉！茶已經準備好了。」故事到這兒告一段落。後續的情節就很接近《法國晚報》上的故事，作丈夫的開車載著妻子到城裏逛街，車子突然拋錨，於是妻子一個人走路去逛街，留下丈夫在原處修車。當妻子回來的時候，看到一個人埋首修車兩隻臂膀露出在汽車引擎蓋之外，於是她對這個人做出親暱的舉動並說：「親愛的，我回來了！」她突然發現自己認錯人了，這人是她丈夫召來的修車技工，技工因爲受到驚嚇頭撞在引擎蓋而受傷，她與丈夫急忙呼叫救護車，結果在混亂之中第二件意外發生，就像前面我們引述的故事一樣。

在這一類的家居意外故事裏，受害者往往是作丈夫的，例如關於馬桶爆炸的故事版本：故事裏第一件意外是丈夫把抽剩的菸頭丟進馬桶裏，不幸的是他太太剛剛才誤將松節油當作漂白水洗刷馬桶。在這樁流傳於美國與義大利的故事版本裏，就跟其他類似的故事相同，總是作妻子的犯了錯（Brunvand 1981, Carbone）。

在一九七六年，我曾聽一名記者講述一樁巴黎近來流傳的民間故事，在故事裏無心的肇事者不再是妻子而是一隻小貓，男主人企圖把貓從浴缸底下救出來，結果反而被小貓驚嚇了而撞傷自己。另一樁布朗范德在一九八六年所敘述的類似故事裏，作丈夫的依舊是受害者：男主人聽到妻子的尖叫聲而從浴室裏衝出來，結果赫然發現剛買回來的異國盆栽上有一條蟒蛇，他立刻轉身衝進洗碗槽底下躲避，用力過猛而撞傷。事實上，丈夫所誤以爲蟒蛇的東西，是家裏頭養的狗（或貓）藏在盆栽裏所露出來的冰冷鼻頭（或毛茸茸的尾巴）。緊急救護人員趕到，因爲嘲笑這件趣事而在運送傷者的過程中讓男主人從擔架上掉落下來……。這時肇事的原因不是親暱的玩笑，而是在不該出現的地方所出現的異國動物，這種動物是外國人入侵的一種隱喻，因爲通常外國人的到來會伴隨著屬於他們的動物或他們的產品。

另一個在一九八〇年代初期流傳於斯堪地那維亞與美國有關雙重意外主題的故事版本，敘述滑雪的意外：

> 一位住在美國俄亥俄州阿克倫（Akron）的年輕女子，在冬天滑雪假期裏，參加她所屬社區所安排先攻頂後下山的滑雪越野活動。就在半途中她感到內急，於是離開滑雪路線到一叢灌木後面把長褲褪到腳踝處。突然間，她失去平衡開始倒退一路下滑。爲了停止繼續滑落，她翻了好幾個大跟斗，最後撞在一棵樹上折斷了一隻手臂。她獲人搭救，送往醫院，在得到初步醫

治正等候下一步裏石膏固定的時候，和旁邊一位跌斷腿等著醫療、同住一個社區的鄰居聊起天來。這位熟人說道：「妳是怎麼折斷手臂的？——妳一定不會相信我的遭遇。當我爬到半山坡時，突然看到一名女子，屁股光溜溜的，瘋狂地揮動她的手倒著滾下來。我大笑，一不小心，就摔成現在這個樣子。妳呢？」

（*Akron Journal*, 14 avril 1982, 引自Brunvand 1986, p. 117-118.）

流傳於同一個時期的瑞典故事版本，則是在一九八一年一月首度出版。故事很快地就傳遍全國。現在我們看來可能只覺得是個滑稽的笑話，但是這故事卻是以眞實報導的面貌流傳，因此我們可以將其視爲一樁當代傳奇。這個有關社區糗事、誤會與雙重不幸等主題的故事版本，就像眞實事件一樣地被呈現，往往它還以「新聞報導」的方式出現在報紙專欄或電視新聞的專題報導裏。在前面一個名爲《火雞脖子》的篇章裏，我們已經討論過這類故事傳播散布的機制。

坎皮儂・文森　撰文

【參考文獻】

Jan Harold BRUNVAND, *The Vanishing Hitchhiker*, 1981, p. 181-182.

-,*The Mexican Pet*, 1986, p.114-116 et 117-120.

Vérnique CAMPION-VINCENT, 《Les histories exemplaires》, *Contrepoint,* Décembre 1976, p. 217-232.

Maria Teresa CARBONE, *99 leggende urbane*, 1990; voir《Bagno》, p. 52-53.

David WHITE, 《There's something nasty in the fridge》, *New Society*, 1er novembre 1979, p. 248-249.

詹姆士・迪恩的保時捷跑車

一九五五年九月三十日，知名的美國演員詹姆士・迪恩（James Dean）在一場汽車意外中喪生，當時年僅二十四歲。他開著金灰色編號130的保時捷敞篷跑車朝著加州的塞林那斯（Salinas）以每小時一百六十公里高速飛駛，在那兒他應該要參加一場汽車競速比賽。迪恩才剛拍完《巨人》（*Giant*）這部電影就立刻出發赴這場死亡之旅，當時他的情緒在某些人眼中是焦躁狂熱的，但是在另一些人看來卻又是異於平常的寧靜安詳。

在這件意外發生之後，這部肇事汽車被平時負責其維修工作的機械技師買下。但是在運送過程中，保時捷的煞車鬆開，從載運的卡車上滑落下來，撞上一名工人，將他的雙腿撞得粉碎。一位加州比佛利山莊的賽車愛好者麥克亨利（McHenry）先生買下了這部車的引擎，沒有多久，就在一場賽車中受到重傷。這部保時捷的外殼被送往塞林那斯，同樣在運送過程中，車殼又意外地卡車上自動彈落出來，砸在旁邊一輛汽車上，駕駛人當場死亡。這場意外造成公路上的連環車禍。

一九六八年，詹姆士・迪恩去世後的第十三年，這部保時捷跑車神祕地消失了，就像揮發在空氣中似的。之後沒有人再看見它。

詹姆士・迪恩毫無爭議地是二十世紀後半期電影界神祕的巨星之一。兩部成功的電影《天倫夢覺》（*A l'est d'Eden*, 1955）與《養子不教誰之過》（*La Fureur de vivre*, 1955）把他塑造成一九五〇年代年輕人反叛形象的典範，穿著牛仔褲、夾克，開著跑車。他的眞實生活和銀幕上的角色非常接近：報紙上常有他跟人打架爭鬥、他的各種愛情冒險，以及他對於引擎與賽車的熱愛等相關的許多報導。整個世代的美國年輕人都熟悉他在《養子不教誰之過》電影裏那種「反叛不需要理由」（rebelle sans cause）的形象與生活風格。他的葬禮上擁來大批歇斯底里的群眾，這種盛大場面是自從魯道夫・范倫鐵諾（Rudolph Valentino）的葬禮之後首度出現。直到今天，他依然是百分之四十六的二十歲到二十四歲法國年輕人的偶像（一九九〇年七月Ipsos調查統計），一九九〇年九月米歇爾・貝爾傑（Michel Berger）與呂克・帕拉蒙頓（Luc Plamondon）的搖滾歌劇《吉米傳奇》（*Légende de Jimmy*）也是以他的傳奇故事爲主題。

面對這種悲劇性的偶然與馬路上毫無意義的意外，人們的心靈很自然地會去找尋一些隱藏的意義，找尋一個人生命突然結束的理由，這種情形一點也不罕見：一九六〇年讓亞爾伯・卡謬喪生的那場車禍，使得荒謬哲學家的形象與作家的形象重疊起來；在一九六三年，當著名的冒險系列故事《*OS117*》的創造者尙・布呂斯（Jean Bruce）突然去世之後，《巴黎日報》（*Paris-Jour*）上寫說：「他的死亡就像他的英雄們一樣：迅如閃電。」因此，活著就像「時速超過一百公里」似地，詹姆士・迪恩離開人間，因爲他在加州的公路上把保時捷開得太快了。

在汽車的神話領域裏，保時捷象徵著年輕、男子氣概、競爭、科技效率、速度。介於單人座的賽車與四人座的家庭房車之間，兩人座的汽車意味著戀愛中的夫妻或情侶。毋須心理學者的分析，我們也可以認知到賽車所散發出來的陽具崇拜象徵。同時，速度之中存在著一種危險的狂歡效果，正如同法蘭斯瓦絲・薩崗（Françoise Sagan）在《我最美好的回憶》（*Avec mon meilleur souvenor*）書中所寫道的：「就像速度在生命的幸運之中添加了賭博與冒險，因此在前述的幸運生命裏，永遠混雜著死亡的可能。」最後，在無數電影作品裏，我們可以觀察到一種十分常見的表達方式，汽車高速地行駛在象徵著一個接一個英雄們的命運、冒險、出征或遊蕩的道路上。至於美國加州，它相對於美國東岸，提出了一種完全不同的、新的美國生活方式。

詹姆士・迪恩的意外以一種矛盾的方式呈現《養子不教誰之過》電影中那種「即使在死亡中也要強調生命力」的精神，也就是喬治・巴泰伊（Georges Bataille）爲色情所下的定義。《養子不教誰之過》電影中不就呈現出兩個青少年幫派爲了較量勇氣，開著汽車在危險的懸崖峭壁上橫衝直撞的死亡競賽？根據艾竇加・莫杭（Edgar Morin）的論點，駕駛汽車所冒的個人生命危險，成爲一種男性成年禮或男性氣概考驗的替代品。

詹姆士・迪恩所象徵的年輕與生命的意願如此之強——而使年輕人們都對他產生強烈認同——因此某些關於他仍活在人間的傳奇也出現了。有人說，死於車禍的是一名搭便車的男孩，詹姆士・迪恩依然活著，但因爲車禍而毀容，沒有人能認出他，現在隱居在靠近洛杉磯的一座農場裏。另一個版本則說他因爲車禍而半身癱瘓；還有一個版本說詹姆士・迪恩失去理智，現在被關在某間醫院精神病房的一角。我們注意到，在這些傳奇故事版本裏，詹姆士・迪恩的軀體也許還活著，但他這個角色事實上已經死了。在這些神話裏很明確地指出：英俊的臉龐已經消失，密集的肢體活動已經停止，反抗精神轉爲心智喪失。竇加・莫杭（1957）強調詹姆士・迪恩殘存的地點是「一座介乎於生命與死亡之間的無人島」，醫院的精神病房。人們持續地相信詹姆士・迪恩尚在人間，如果他現在還活著，年齡已經超過六十歲了。在他消失的許多年之後，仍有數千封愛慕者的情書雪片般寄來：數字甚至從每星期兩千封增加到每天七千封！另一方面，也有許多人與他心靈交流。在一九五六年，一本名爲《詹姆士・迪恩歸來》（*James Dean Returns*）的書出版，賣出五十萬本，書中收錄的是這位演員從天上捎來的訊息。

另一種影響命運的可能方式，是在無生命的物體上加諸於厄運凶兆，這是一種神祕決定論的說法。這就是關於被詛咒物件的主題，在許多敘述帶著邪惡詛咒物件的迷信，在許多關於傷害其主人的帶凶或被施以魔法的房屋或珠寶之歷史傳奇中，在幻想故事或某些「陳舊失去光輝，失去動人力量，必須靠吸取生命來恢復迷人魅力的」古董之類的故事中都可以發現（Vax 1965）。這類的傳奇故事激發了某些恐怖連鎖詛咒故事的誕生，例如有名的《聖安東尼之信》（*Lettres de Saint Antoine*），收到信的人必須把信再轉寄給其他人，否則一但連鎖中斷，厄運就會降臨。還有，我們注意到有關於數字的迷信，那就是：在詹姆士・迪恩去世後的第十三年，那部保時捷跑車就神祕地消失了。

在某一段期間裏，詹姆士・迪恩發生意外的保時捷跑車殘骸曾展示給影迷觀賞：前期故事無疑地是從這兒開始的。根據艾竇加・莫杭的報導，只要花美金二十五分，人們就可以欣賞這部致命的跑車，再加上二十五分，就可以坐進它的駕駛座裏。據說只要花美金二十五元就可以買到一小片扭曲的汽車殘骸碎片：這或許可以解釋爲什麼後來整部汽車都消失無蹤！

奧地利大公的敞篷豪華汽車

詹姆士・迪恩的保時捷跑車傳奇與一九一四年塞拉耶佛（Sarajevo）奧地利大公法蘭斯瓦・費迪南德（François-Ferdinand）在一輛敞篷豪華汽車裏被刺身亡的故事非常近似。

一九一四年六月二十八日，霍布斯堡（Habsbourg）的奧地利大公法蘭斯瓦・費迪南德，奧地利帝國的儲君，協同他的妻子到波士尼亞的塞拉耶佛進行官式拜訪。他們倆所搭乘的交通工具，是特地爲他們製造的紅色豪華型敞篷汽車，在此行中首度啓用。這趟拜訪一開始就很不順利，因爲有一枚炸彈向大公夫婦投來，但是這炸彈在道路上爆炸，只炸傷了四名前導人員。很短的時間之後，一名塞爾維亞學生賈維里羅・普林西浦（Gavrilo Princip）拿著一支手槍突然向汽車開火，將大公夫婦當場雙雙殺害。一個月之後，奧地利向塞爾維亞宣戰，爲第一次世界大戰揭開序幕。

這輛敞篷汽車隨後爲奧地利將軍波利歐瑞克（Potiorek）取得，但是不久之後他就在一場戰役中慘敗，喪失了軍權，並在悲慘的處境中幾近瘋狂而死。一位年輕軍官接手這輛車，一個星期之後他就在一場車禍中喪生，這場車禍還撞死了兩名農夫。第一次世界大戰之後，一名塞拉耶佛的南斯拉夫政府官員取得這輛車，在四個月裏發生了四次意外，最後一次意外讓他的右手臂永遠殘廢，於是他將車子轉讓出去。一位名叫索迪斯（Srkis）的醫生以廢鐵的價格買下這輛車，在六個月之後自殺身亡。一名有錢的珠寶商接著取得這輛車，一年之後破產，以自殺收場。之後這輛車的擁有者又是一名醫生，同樣很快陷入破產困境。一名瑞士賽車選手買下這輛車，結果在賽車場上滑出車道撞壁而亡。這輛敞篷汽車隨後落入一名塞拉耶佛郊區一名富有的農場主人之手，有一天這輛車拋錨了，車主於是請來一輛牛車拖曳向前，但車輛就是卡住無法動彈，當拉車的牛正在使力時，汽車突然自行發動，套在牛上的車軛被拉得斷裂，車子於是在下坡路上翻轉碰撞，車主當場撞死。一位名叫提伯・赫許費爾德（Tiber Hirshfield）的修車工人買下這輛車，將它修好，漆成藍色。某一天這輛車載著六個人前往參加一場婚禮，途中車子突然自行加速，發生意外，不但車主喪生，同行中的四名乘客也不幸去世。後來一位奧地利官員將車子修好，放置在維也納的一座博物館裏。第二次世界大戰期間，這座博物館被炸彈摧毀：這輛車完完全全地消失，連車上收音機的一枚按鈕都找不到。

雖然以上兩個故事裏所報導的事件都以「百分之百眞實」的面貌呈現，但是依然値得查證，藉以比較眞實的事件與記載在報導故事文字內容之間的異同。分析一些不同的故事版本之後，我們得到豐碩的成果。根據由喬治・蘭吉藍安（George Langelaan）撰文、由塞吉・德貝凱特奇（Serge De Beketch）與賈克・塔爾迪（Jacques Tardi）繪製插圖、書名爲《血紅色的敞篷豪華汽車》（*La Torpédo rouge sang*）的塞拉耶佛汽車故事版本，許多這輛汽車的受害者都罪有應得：波利歐瑞克將軍將塞拉耶佛掠奪一空；那位瀟灑的年輕軍官像愛炫耀的孔雀一樣地四處調戲女人；富有的珠寶商則包養了一名年輕的情婦。在這兒我們發現整個故事充斥著道德制裁：在這個故事裏，那輛汽車彷彿是一位超自然的正義使者。

一些關於被詛咒的保時捷跑車的改寫版本有時減輕了故事中的意外，有時則加重了它所帶來的悲劇：那位機械技師在運送過程中只撞碎了一條腿，而非雙腿；而比佛利山莊的賽車愛好者就在一場賽車中致命，而非僅受到重傷。保時捷跑車的車架與底盤被展示在一場巡迴展覽中：每一次只要移動它，那輛汽車就會帶來災難，例如有參觀訪客受傷、櫥窗玻璃破裂等等。這場展示會是由一場公路保險公司所主辦，在這兒我們注意到一種所謂「無以復加」（comble）的極致程度，在傳奇或謠言裏十分常見！而在改寫版本裏，保時捷跑車是在火車運送過程中神祕地消失的。

讀者應該會注意到塞拉耶佛敞篷豪華汽車傳奇與詹姆士・迪恩保時捷跑車傳奇共同擁有一個類似的結構。首先，一輛汽車直接或間接是重大的悲劇事件發生的原因，每個故事都有其核心情節，幾乎每個人都知道這些重大事件：第一次世界大戰的揭幕，一位明星在其事業顛峰時殞落。在兩名謀殺案的犧牲者與戰爭中數百萬的死者之間，在一樁汽車意外事件的荒謬與一位標示一個世代年輕演員的消逝之間，存在著相當的落差，人們因此渴望找尋一些隱藏的理由來解釋——詛咒的主題由此而生。每樁傳奇都列舉了一連串的不幸事件，悲劇性的新聞，本身看起來沒有意義，而且各自有其發生原因，但是從它們的重複與累積卻可以找到意義，而循著意義的線索追溯，源頭就是那輛汽車。事實上，在最主要的意外發生之前，就有一些宣示性的徵兆出現並揭開故事的序幕：詹姆士・迪恩出發赴死亡之旅之前焦躁狂熱的情緒，或是「異於平常」的寧靜安詳，或是就在意外發生之前很短的時間裏，他在警察局裏所做的超速筆錄；至於在塞拉耶佛謀殺案的故事裏，則是那枚先行爆炸的炸彈。故事中，詹姆士・迪恩車子的顏色常常被提醒——而且在一開始就被提及——是紅色的，這是激烈與暴力的顏色。德貝凱特奇與塔爾迪（1970）也曾象徵性地強調，那輛敞篷豪華轎車是「血紅色」的。迷信的人一定會注意道故事裏出現十三這個數字，詹姆士・迪恩的保時捷跑車出廠編號是130，而在詹姆士・迪恩意外去世後的第十三年，那輛車就神祕地消失了。

在保時捷跑車的傳奇裏，所有的事件都是汽車意外，這種做法降低了詛咒的「全方位」影響，但卻因此突顯了公路危險的主題，這種危險顯然在一九五五年比在兩次世界大戰期間更爲重要。在這兩樁傳奇裏，有一個情節呈現出一種準自主性，也就是汽車的擬人化：保時捷跑車自動從運送它的卡車上滑落，以及敞篷汽車沒有人碰觸就突然自行發動。從這些情形來看，車子因爲一種特別的意願而栩栩如生，所有的意外不再是因爲偶然，而是基於惡意的企圖。現代的幻想電影經常採用「邪惡汽車」的主題，例如史蒂芬・史匹柏根據理察・麥瑟森（Richard Matheson）小說原著於一九七一年拍攝的《飛輪喋血》（*The duel*）；約翰・卡本特（John

Carpenter）根據史蒂文・金（Stephen King）小說原著於一九八三年拍攝的《克莉斯汀》（*Christine*）；還有華德・迪士尼的《金龜車》（*Coccinelles*）系列，敘述一輛擬人化汽車的浪漫故事。

在主要事件與一系列的恐怖劇情之後，故事結構的第三個元素，出現在每一樁傳奇的結尾，是被詛咒汽車無法解釋的消失。毫無疑問地，這是故事中一項必要的元素，因爲除非被詛咒的物件實質上不存在了，否則厄運不可能終止。但是我們同時可以觀察到，這種神祕性的消失，正是這樁故事中有超自然力量介入的證據。

被詛咒汽車這種傳奇形式的三段驗證結構與符號學有密切的關聯：

—主要的驗證：做爲故事基礎的重要事件（塞拉耶佛的謀殺案、詹姆士・迪恩的汽車意外）；

—確認的驗證：一系列恐怖劇情，以確認汽車的確被「詛咒」；

—讚頌的驗證：汽車完全地消失，因此厄運也終止了，這證明了它的確會帶來厄運。

以汽車這種現代性的實際物體與科技來代表快感與死亡，被詛咒汽車傳奇呈現出對厄運與命定不幸的一種迷信，而且這種迷信與相信魔鬼或巫師不同，它是一種無關宗教的、無人性的凶邪。何況我們知道，詹姆士・迪恩就像許多他的影迷一樣，深信星象學與占星術……

荷納　撰文

【參考文獻】

Maria Teresa CARBONE, *99 legende urbane,* 1990, p. 100.

Serge DE BEKETCH et Jacques TARDI, 《La torpédo rouge sang》, *Pilote*, 567, 1970, p. 22-27（réédité en 1984 par Pepperland, Bruxelles）.

Jean-Noël KAPFERER, *Rumeurs*, 1990, p. 205-206.

George LANGELAAN, 《Les faits maudits》, *Planète*, 32, 1967.

Edgar Morin, *Les Stars*, Paris, Le Seuil, 1957, p. 119-130（rééd. Galilée, 1984）.

Yves SALGUES, *James Dean*, Paris, Stock, 1990.

Louis VAX, *La Séduction de l'étrange*, Paris, PUF, 1965, p. 73.

羅浮宮金字塔與撒旦的象徵

羅浮宮金字塔「呈現某種神祕與隱密的面向。它連結巴黎子午線零度而位居首都的正中心，這座金字塔具有祕傳的象徵意義，緊密地與死亡終結和生命起始息息相關。這種象徵意義因爲這座建築物上覆蓋著六百六十六片玻璃而更加地被強化。根據聖若望默示錄的記載，666是從地獄而來被詛咒惡獸的數字。」

《共和國東報》（L'Est républicain）一九八八年三月二十八日讀者投書）

羅浮宮金字塔建於一九八八年，是巴黎重要的現代紀念建築物。它以金屬支架搭建，覆蓋著透明玻璃，矗立於羅浮宮建築群的中心拿破崙廣場上，做爲羅浮宮博物館的入口。很早以前，在祕密教徒與法國天主教完整教派之間就流傳著一樁謠言：金字塔將以六百六十六片玻璃建造。大家都知道這個數字是地獄惡獸的數字，記載在新約聖經聖若望默示錄第十三章第十八節，是「反基督」（Antéchrist，基督敵人）的象徵。對於謠言研究的專家而言，羅浮宮金字塔可以列入所謂魔鬼撒旦標記的清單裏：就像寶鹼公司（Procter & Gamble）的標誌、印刷條碼、歐洲出口皮鞋的鞋底、希臘新設計的身分證等等。

關於羅浮宮金字塔呈現某種神祕意義的說法，在新聞媒體上引發相當大的迴響。在《共和國東報》上，舉出羅孚宮金字塔上覆蓋著六百六十六片玻璃的投書讀者還寫道，這座金字塔位居於一種「巨石圈」（Cromlech，古代的環形大石垣）的中心，它的半徑界線是以「巨石柱」（Menhir）爲記，石柱的其中之一就是協和廣場上的埃及方尖碑。在這個地理上的圓圈裏，我們可以發現所有法國政治決策、知識、藝術與宗教的中心都被包羅在內。金字塔塑造了「高密度的『地氣』影響範圍」，而形成一種「權力的催化作用」，干擾整個國家的運作。這封讀者投書最後預測法國將有一場影響深遠的動亂。

大眾化神祕學專業期刊《未知》（*L'Inconnu*）雜誌在一九八八年四月號中，刊出兩篇文章討論羅孚宮金字塔與它的六百六十六片玻璃。第一篇文章的作者關切金字塔與它在聖經默示錄上的意義，認爲這是全球大災難世界末日的預兆。它同時判定巴黎的拉德方斯（La Défense）區是貪愛金錢與貪愛核子能源的魔鬼信徒選中的邪惡所在，原因是法國幾個重要的金融公司以及法國電力公司都將企業總部設在這裏。第二篇文章則採取一種具有原創性的立場，並一種樂觀的方式詮釋666這個數字：這個數字宣示了寶瓶座世紀的來臨，這是愛情與和諧的世紀。羅孚宮金字塔由一位華裔建築師貝聿銘設計，一九八八年啓用。依據中國星象學的說法，一九八八年是龍年，而龍在亞洲的傳統裏是個吉祥的神獸。再者，金字塔是太陽的象徵，這個象徵強化了龍的祥瑞正面意義。雖然這兩篇文章的立場不同，但是它們都一致認爲從這座紀念性建築上可以預見到未來的動亂。

在一九八九年五月十二日《世界報》所出版的特刊《羅孚宮的謠言。惡魔、上帝與金字塔》

（*La rumeur du Louvre. La Bête, Dieu et la Pyramide*）裏，討論了關於羅孚宮金字塔六百六十六片玻璃的謠言。它確認了眞實的數字：根據這棟建築的正式統計結果，一共使用了八百七十五片菱形玻璃與一百一十八片三角形玻璃，而《共和國東報》讀者投書的計算則是六百零三片菱形玻璃與七十片三角形玻璃，依照這位讀者的統計總共使用玻璃六百七十三片，比預言的數字多了七片，而七又是一個具有象徵意義的數字。因此，666這個數字只是因爲對於玻璃片計算方式的不同所造成的不明確結果。謠言也認爲金字塔的造型與三角形的形式正是祕密會社共濟會的象徵。《世界報》則認爲，我們有理由相信這些謠言的目的是爲了破壞這座現代紀念性建築的催生者：社會黨的法國總統法蘭斯瓦·密特朗（François Mitterrand）的名譽與聲望。

羅孚宮金字塔坐落於巴黎的都市軸線的端點，這條軸線從它出發，穿過協和廣場——法國皇帝路易十六在這裏被送上斷頭台，然後經由戴高樂星形廣場上的凱旋門，最後抵達一九八九年完工啓用的拉德方斯區新凱旋門。傳統保守陣營份子——天主教完整教派、保皇黨、極右派——始終不斷強調這座建築物蘊含共濟會的、世俗化的以及呈現共和國精神的內涵，這種建築內涵顯然與巴黎聖母院與蒙馬特聖心堂迥然不同。巴黎並不是唯一受到這種控訴的城市。一位法國傳統天主教徒與極右派國民陣線（Front national）政治辦公室的成員伯納·安東尼（Bernard Antony）就曾批評，法國南庇里牛斯（Midi-Pyrénées）地區的新建築物充斥著「共濟會的象徵，三角形、三角規與圓規」（Le Monde, 31 aout 1991）。

這種詮釋性的狂熱同樣也出現在美國，在一本書裏（Westbrook 1990），以華盛頓的地圖展示，這座城市的街道形成共濟會的象徵、撒旦的標記、巫術中使用的神祕五角星符。

從混亂的現象中發現某些規律性的圖案似乎是一種準科學式思潮的重要活動。因此拉芒許海峽（La Manch）彼岸的英國，神祕主義者就曾在鄉村的「休耕地」（leys）上修剪推整出直線跑道，以連結上所謂的大氣電流，非常詩意地企圖建造提供仙女與精靈降臨人間的道路。另一方面，不明飛行物的研究者則發現一些地理圖案——直線或等腰三角形——構成了神祕飛行物判視方向的飛行地圖。

關於羅孚宮金字塔的謠言深化了神祕主義者的思維。人們找尋這座建築物坐落位置的意義：巴黎的中心、紀念性建築所組成圓圈的中心、在一條象徵性的軸線上等等。在《共和國東報》的讀者投書裏，所提到古老的巴黎「子午線零度」非常有意義，事實上在一八八四年以英國格林威治天文台爲子午線標準點之前，國際上的傳統是以十七世紀第一個正式確定子午線的機構——巴黎天文台——爲子午線起點。路易十四甚至認爲這是他個人以及全法國的光榮。一九八三年的《無法解釋》（Inexpliqué）雜誌說得好：子午線零度「不僅僅是一條我們觀察太陽的直線，也同時是路易十四『太陽王』（*le Roi-Soléil*）選擇用來俯視他子民的視線」。

在這一類的思維裏，紀念性建築物的造型也非常重要：人們很自然地會聯想到埃及金字塔與它的神祕傳說，這是神祕主義思維很古老的傳統之一，但同時也涉及當代有關「形體波」（ondes de formes）的準科學理論，根據這種理論，不同的幾何量體會放射出不同的波，其中又以金字塔形狀的放射波最強大。

如果我們比較前面討論過的《艾菲爾鐵塔的水力千斤頂》與羅孚宮金字塔的謠言，情況顯得很矛盾：有關一座已經建造超過一個世紀老建築艾菲爾鐵塔的是一樁「科技傳奇」，但是關於一座新的現代建築羅孚宮玻璃金字塔的卻是傳統迷信或準宗教的說法。在這種矛盾的背後，我們觀察到這兩座紀念性建築物的幾個共通點。首先，它們都屬於巴黎最多人拜訪的紀念性建築物。在之前的篇章裏，我們得知葛瑞・芬倪曾提出一個「巨人哥利雅效應」的論點，謠言通常傾向針對知名的產品或知名的企業傳布。我們可以想像「巨人哥利雅效應」同樣適用於有名的建築物。另一方面，這兩座建築都是具爭議性的焦點。就古典美學、傳統文化與國家主義的角度來看，批評者認爲他們是醜陋以及過度現代化的，同時它們的建造者均爲外國人：居斯塔夫・艾菲爾（Gustave Eiffel）原籍德國，和拉德方斯區新凱旋門設計者的國籍一樣；羅孚宮金字塔的建築師貝聿銘則是華裔美國人。這也是當代傳奇針對的重點，它們通常對於新事物與現代性提出質疑與批評。

荷納　撰文

【參考文獻】

L'Est républicain, 28 mars 1988.

Gary Alan FINE, 《The Goliath effect. Corporate dominance and mercantile legends》, *Journal of American Folklore*, 98, 1985, p. 63-84.

L'Inconnu, avril 1988.

Inexpliqué, Paris, Éditions Atlas, 1983, t. X: 《Les secrets du méridien de Paris》, p. 2161-2165.

Le Monde, 12 mai 1989, p. 28; 31 août 1991.

Mouvements religieux, 104, décembre 1988, p. 10-11.

Charles L. WESTBROOK, *The Talisman of the United States: The Mysterious Street Lines of Washington DC*, Ayden, Westcom Press, 1990.

老鼠骨頭與不潔的食物

以下故事被歸類於「污染謠言」裏，討論摻雜著不潔獸肉而欺騙消費者的食物。從簡短的謠言到結構化的敘事情節，這類故事有變化多端的不同版本。在此，我們僅描述與詮釋接近於傳奇形式的故事，這些故事經過巧妙的設計，往往是以發生在敘事者自己身上或周遭親近的人身上的方式被講述。這類故事的源頭古老得無法追溯：對於污穢骯髒的恐懼和人類的歷史一樣悠久。但是在我們這個時代裏，這種恐懼由於當代社會的進化，食物變得愈來愈人工化，人們愈來愈擔心這些人工食物可能造成的負面後果，因此強化了其威嚇影響力。在最近因爲愛滋病猖獗流行以及消費者保護激進運動興起之後，食物污染與性愛污染的故事發展有相當大幅度的轉向，我們在此總結地檢視現代這種對食物恐懼相關之意見、謠言與集體行爲。

老鼠的骨頭

關於老鼠骨頭的故事一九七〇年代初期在全歐洲流傳，造成顧客們根本不敢到外國餐廳用餐的後果：

哇！這可是一件大事……就像所有的民間軼聞一樣，敘事者非常眞誠地保證他本人認識這位不幸事件的受害者。

由於在到餐廳用餐的翌日牙齒疼痛不已，一位病人到牙醫那兒看診，牙醫師從他的下頷裏取出一小段非常奇特的骨頭。由於這段骨頭如此奇特，牙醫師十分好奇地將它拿到實驗室化驗。實驗室的正式化驗報告說明這是……老鼠骨頭的一段碎片。牙醫師馬上打電話通知他的病人。這位病人立刻向法院提出控訴。警察搜索了這家餐廳，結果發現廚房冰箱裏裝滿了切成塊狀的老鼠。在羅亞爾河（La Loire）流域南部，同樣一樁故事被刻意修改潤飾過了：這位不幸的食客因爲一小段骨頭鯁在喉嚨而氣喘送醫，最後警察在餐廳的地下室裏發現一個老鼠的養殖場。

在法國，去年裏所有發生老鼠骨頭故事而被訴諸民意制裁的餐廳不是越南餐廳，就是中國餐廳，而事件發生的地點則都是在瑞士。（……）在這個同時，在整個西德境內原本生意興旺許多年的地中海周遭國家餐廳與其他外國餐廳，一下子都變得門可羅雀。（……）一年之後，在法國，隨後在德國，同樣的荒謬故事如燎原之火一樣地蔓延，原本那些被謠言攻擊的餐廳有許多長期光顧的熟客，但這些熟客立即改變他們的消費習慣，對這些餐廳卻步。在這裏，軼聞故事展現了它的影響力，它可以變成人們談論的話題，也可以使得人們重新思索某些習慣的行爲。（……）如果我們拿這個民間軼聞做爲例子分析，並以爲它近似一樁寓言，主要理由有三：第一是它呈現二十世紀幸福快樂的城市裏隱藏著可怕陰暗的角落。再者是這種謠言在電視、廣播與大眾媒體的時代裏所展現的強大影響力，不僅值得社會學研究者思索，也值得所有研究大眾傳播的專家們重視，甚至可以教育這些媒體專家在民俗力量前學習更謙虛一點。最後，也許因爲毫不懷疑，也許因爲遺忘，某些古老結構性的破壞始終像地雷一樣潛藏在集體意識裏，埋伏在現代生活的舒適、便利與安全感的外殼裏，它會在我們背後，甚至我們自己身上突然爆炸，嚇得我們目瞪口呆。

（Pierre Viansson-Ponté,《L'os de rat》, *Le monde*, 10-11 juin 1973.）

在其他歐洲國家裏同樣流傳這一類的軼聞故事，但有著許多不同版本。被指責的外國餐廳有所改變，在法國與英國是亞洲餐廳，在德國則是地中海周遭國家餐廳。每一位敘述這樁故事的人都有其最主要的關切。因此，其中一個故事版本敘述一個法國人發現一家北非餐廳使用老鼠肉，但他的結論卻讓人意外：「迄今沒有人抱怨申訴，相反地，這種肉搭配北非料理庫斯庫斯（couscous）好吃極了。每個吃過的人都舔嘴滿意、回味無窮，並且大力推薦給他們的朋友。」（Dansel 1977, p. 184）在斯堪地那維亞，意外則發生在外國觀光旅行的時候，在這些充滿陽光的國家裏，食物美味但令人擔憂：

一位住在諾爾契平（Norköpping）的瑞典人在希臘的羅德島享用一道美味的雞肉沙拉之後，不小心讓一小塊骨頭卡在他的喉嚨裏。一位瑞典籍醫生幫他取出骨頭，立刻辨認出這不是雞的骨頭，而是老鼠的骨頭。事後到這家羅德島餐廳調查，發覺後廳冷藏櫃裏裝滿了老鼠。

（引自Brunvand 1981, p. 84.）

大約在同一個時期，在美國流傳著非常相似的故事。故事敘述一名婦女到住宅附近的肯德基炸雞店買了一盒炸雞塊，當她在家裏一邊欣賞喜愛的電視節目一邊享用炸雞時，突然，她驚恐地發現拿在手上的居然是炸……老鼠！這一次赫然發現不潔獸肉的時間是在享用食物的過程裏，而非事後到醫院看診時，這種噁心的感覺和前面的《生吞活物》篇章相當近似。葛瑞．芬倪在一九八〇年一共蒐集到一百一十五個肯德基炸老鼠的故事版本，仔細研究過後，指出在恐怖發現裏的幾個令人印象深刻的常見場景。當事人是在黑暗中，這非常合乎邏輯地解釋爲什麼直到炸老鼠吃到一半才發覺不對。但是，這故事也涉及到一頓匆忙解決迅速果腹的快餐，指出現代家庭裏常見的、根本已經失去一頓飯正常結構的飲食。受害者最常是一名女士，有時是一對夫婦。我們發現在一個版本裏，一位妻子試圖對她丈夫哄騙廚房手藝。

> 有一位妻子根本沒有爲丈夫的晚餐準備任何東西。於是她趕緊外出買了一包炸雞，並且營造出賣力準備菜餚的氣氛。但是當她與丈夫開始享用炸雞時，覺得味道怪怪的。結果他們倆發覺吃的是炸老鼠。
>
> （Fine 1980, p. 234.）

爲什麼總是女人成爲犧牲者？因爲柔弱的女性是比較有趣的受害者。何況，這個故事敘述著公平處罰的劇情，在社會分工裏女性有其角色，理應善盡其責，但是受害者忽略了她在家庭裏準備伙食的工作。

在蒐集的版本中，只有相當少數（十五篇，大約占十三%）的故事裏受害者出現嚴重的後果。前往法院提出控訴是比較常見的結果（二十篇，占十七%）。出現老鼠的原因——因爲餐廳不重視整潔或某些不滿員工的惡作劇——幾乎不常清楚說明（十六篇，占十四%），但故事本身就會說話，其實也不需要再妄加評論。肯德基炸老鼠的故事是一種極具敵意的敘事，它攻擊速食聯鎖店，攻擊這種全國型商業導向——其生產目標不是品質，而是獲利——的功能與服務。這個隱喻的故事，對於人們到速食店裏購買已經做好的食物，而不願意自己在家準備的行爲既痛恨又憂心。

在那個時代，歐洲大陸幾乎沒有速食的引進，但是速食餐廳已經進駐英國。因爲被謠傳提供顧客炸老鼠影響品牌聲譽，英國雪非爾德（Shefield）市肯德基炸雞店的負責人於一九八一年初在報紙上刊登廣告，懸賞一千英鎊給找到這樁謠言傳播源頭的人。在媒體上發表幾篇平衡報導之後，這類的故事漸漸沒什麼人再相信了。

在雪非爾德於一九八二年夏天舉辦當代傳奇國際研討會的一年前，保羅・史密斯（Paul Smith）曾對發生在雪非爾德的這樁謠言進行研究。他發現這樁謠言主要流傳的族群有二：一是速食的消費者——工人區的居民與中小學學童，另一則是被這種新消費行爲所傷害的生產者——雪非爾德中央市場的魚販與肉販。雖然雪非爾德的分店當時才剛剛得到全英國最整潔肯德基炸雞店的榮譽，但是他們還是常常接到匿名電話的指責與質問（最高峰時一天有五十通這種敵意十足的電話）。但是最難堪的是，他們很難應付那些忠實顧客的幽默感。這些顧客非常英國作風地開玩笑：「今天晚上能不能給我一塊沒有尾巴的食物？」或「給我一塊白色的炸肉塊，我不要褐色的。」雪非爾德分店的經理在這些事件發生的一年半之後仍記得很清楚，面對這種玩笑讓他有多麼不舒服。

> 我們必須應付這類玩笑，並且語帶幽默地回答：「唔，今天晚上我們沒有褐色的，只有白色帶著粉紅色眼睛的炸肉塊。」但是無論如何，這還是很傷人。我都還可以回憶幾次我嘗試回答這些笑話時，眼中含著淚水。在我的人生裏，還沒有經歷過比這更困難的考驗。
>
> （Smith 1984, p. 205.）

可樂謠言

可口可樂，在全世界各地代表美國的飲料，在與肯德基炸老鼠類似的情況下，長期面對人們在可樂瓶裏發現漂浮著一隻老鼠的謠言。這類的故事符合關於可口可樂配方祕密的許多民間傳說：可口可樂可以溶解肉類、它的高度腐蝕性可以用來擦亮銅器、用它在性交後沖洗陰道可以殺死精蟲達到避孕的效果等等。這種有老鼠泡在軟性飲料、泡在這種典型美國式氣泡、無酒精的甜性飲料裏的故事十分常見。這個故事比肯德基炸老鼠的故事更早出現，如同可口可樂比速食更早問世一樣。

葛瑞・芬倪蒐集了許多敘述當事人經驗的故事版本，故事的結果總是受害者得到巨額的賠償以做爲安撫。這種事件的利潤之大，以致於一九一四年到一九七六年在美國，總共有四十五件軟性飲料被死老鼠污染的案例。葛瑞・芬倪進行了一項令人暈頭轉向的數學計算：每四百個法律訴訟中只有一件案例能確立，乘以四十五件，即有一萬八千隻老鼠；每一個訴訟中大約有十件是關於可口可樂的污染，即老鼠的數目有十八萬隻；每一個故事直接相關的當事人有二十人，也就是說在美國第一手的故事一共有三百六十萬件，即使這些故事是在六十二年的期間裏發生，其數量也絕不容忽視。雖然這些經驗不怎麼確實，但是數量如此龐大的親身經歷故事一定強化了這樁謠言的可信度。

很確定地，各種食物污染事件刺激了可口可樂有老鼠這種故事模式的發生。從生產端審視，在作業相互影響的連鎖生產線上，我們不能忽視很有可能有一名不滿的員工曾聽說過這一類的故事，因此刻意製造破壞。從消費者端審視，也有可能有人僞造受污染的商品，以造成傷害，並詐欺取得實質利益（Preston）：我們確定曾經發生過將可口可樂開瓶之後塞進老鼠屍體，以其勒索公司的事件。葛瑞・芬倪以案例分析，發覺這類的事件造成的傷害比謠言本身來的輕微。勒索的金額從五十塊美金到兩萬塊美金不等，它們的中間值是美金一千元，勒索金額的平均值則是美金一千七百七十二元。

在法庭上控訴人（在此我們發現，提出控訴的男女比例相當）的申訴正好做爲強化這類傳奇故事的證詞：

兩位老婦人進入一家餐廳享用簡餐。她們點了餐點並叫了幾瓶七喜汽水，服務生送來幾個顯然使用過多次陳舊的綠瓶子。她們坐下來，每個人用一只玻璃杯喝汽水，就像一般老婦人一樣喋喋不休地聊天……。在喝完第一杯汽水之後，其中一位老婦人又倒了第二杯，她感覺瓶子底部好像有東西，但是隔著綠玻璃她看不到是什麼。這引起兩位老婦人的興趣，她們睜大眼睛盡力要辨認出七喜汽水瓶底的東西到底是什麼，她們反轉汽水瓶試圖把東西倒出來，結果倒出一具殘缺不全的老鼠屍體。這兩位老婦人嚇得昏倒，稍後人們將她們救醒。她們一回家就對這件事提出控訴，並贏得數千美金的賠償。

（根據L. H.於一九七六年五月十一日在美國明尼亞波利斯市所做的紀錄，此一紀錄記載一九六〇年到一九六五年期間一名二十五歲白種男孩在愛荷華州戴文港（Davenport）所聽到的故事。引自Fine 1979, p. 478.）

一九四三年七月二十四日的晚上，一位女性的控訴者與她妹妹進入一家餐廳，她們坐在酒吧區每個人各點了一瓶可口可樂。女服務生端來兩瓶冰鎮過的可口可樂，其中一瓶瓶蓋已經打開，另一瓶則未開封，一瓶放在控訴者的面前，另一瓶放在她妹妹面前。控訴者拿了一根吸管放進瓶子裏，根本沒有特別注意瓶子裏的內容，就著吸管飲用。根據控訴者的說法，事情的發生如下：「喝到一半，我覺得有異，於是向我妹妹說：『有一種發臭的味道。』她回答說她的那一瓶沒問題。於是我繼續喝，當飲料喝盡時，吸管碰到瓶底的某個東西。我把瓶子拿起來，看到那裏頭有一隻老鼠。（……）我大聲尖叫，老闆過來叫我安靜不要引起別人注意，因爲酒吧區還有別的顧客。（……）我感到非常噁心。我奪門而出，嘔吐起來。」

（反對芝加哥可口可樂裝瓶工廠的牆壁塗鴉文字。引自 Fine 1979, p. 480.）

道德規範的模式影響這些故事與法律訴訟的行動；但不利的是，這使得人們除了透過道德規範模式的三菱鏡去檢視事實之外，別無他法。

某些故事突出的焦點相當怪異。我們回到當代的法國，尚路易·樂蓋勒發現一九八九年從五月到十二月間，在法國北部與奧恩（Orne）地區的地方日常生活裏，有六個民間軼聞故事敘述家庭主婦發現市場買來的四季豆被污染了（一共有五盒綠色四季豆，其中四盒裏頭有癩蛤蟆，一盒有蜥蜴；另一盒菜豆裏則發現青蛙）。這種謠言不僅由文字媒體傳布，更因爲經由廣播媒體的空中傳播而加強了說服力，尤其這些故事都是以當事人第一人稱親身經歷進行敘述，更讓人覺得這種事件到處都在發生，沒有地理上的限制。然而也曾有人提出質疑：

每次都一樣，都是一名婦女在四季豆裏發現一條蛇。爲什麼從來不曾發生一名男子在香甜水果裏發現一隻馬蜂的事情？這些故事的發生彷彿是在婦女們的想像裏，癩蛤蟆系統性地「適合」在四季豆裏被發現。（Le Quellec 1991, p. 95.）

記者們通常喜歡大肆操作隱喻的手法。因此，他們憑藉一種「好故事」的標準從日常生活許多事件中挑選題材。這就是一般所謂的「好訊息」，它敘述一些沒那麼重要的事件，但卻可與某種典型相呼應，這種典型往往能夠深深引發一般人的共鳴，容易「發人深省」。

在第一類外國餐廳不誠實地故意選擇不潔的獸肉當作食物的故事之後，第二種類型是炸老鼠與可口可樂裏老鼠的故事，這些屬於意外事件，受害者也相當有限。然而，那些不肖餐廳這麼做的動機爲何？故事裏並沒有解釋，但是非常明顯地，完全是因爲貪婪的緣故，同時也是對於挑剔顧客的某些敵意以及欺負一般顧客缺乏分辨食物內容的能力。我們發現貪婪的動機在故事裏一再重複出現，餐廳老闆採用一些令人倒胃口但不至於造成明確危險的獸肉做成食物，以獲取暴利。有些謠言宣稱麥當勞在他們的漢堡裏加入二十％（有時多一點，有時少一點）的袋鼠肉或蚯蚓肉，另一些謠言則敘述某些美國披薩聯鎖店在他們的披薩裏採用餵給狗吃的下等肉塊。

這種貪婪的動機若出現在外國人身上時，我們往往會覺得充滿敵意。葛瑞・芬倪在一九八九年曾仔細研究一樁針對墨西哥可樂娜啤酒充滿敵意的謠言。這樁謠言一九八六年在美國加州出現，在這一年可樂娜啤酒對美國的進口量增長了一七○％。這樁謠言言之鑿鑿地訴說墨西哥工人們在外銷到美國的啤酒瓶裏撒尿，以讓此一品牌啤酒美麗黃色與豐富泡沫兩項特徵更爲彰顯。在這裏，獸肉被排泄物所取代，但是「不潔」的主題依然存在。然而這種做法是否眞的會造成消費者的危險？這項疑問的答案仍舊是不確定。

因爲可樂娜啤酒的銷售量應聲下跌，此一品牌的進口商於是對這樁謠言採取行動，並向另一名進口競爭品牌啤酒的進口商提出訴訟反擊。這場訴訟官司最後以和解收場。我們可以注意到，這個事件與寶鹼案例非常類似：安麗公司——家庭用品的連鎖零售與直銷商——的銷售代表們，非常賣力地宣傳關於與他們互爲競爭對手的寶鹼公司受到魔鬼撒旦的控制，謠言的證據就是寶鹼公司的商標。寶鹼對此提出控訴，並指名譴責幾位安麗公司的銷售代表。在這個案例或在可樂娜啤酒事件裏，被影射的壞人不僅剝削消費者，而且十分有創意，顯然傳奇的動力轉向其他的主題了。在此，葛瑞・芬倪提醒我們美國人對於墨西哥人之偏見所占的重要性：墨西哥工人撒尿行爲所展現的敵意與厭惡是有其理由的，這種行爲是他們對美國入侵鄰國之恨意的發洩方式。這同時與美國人視墨西哥爲鄰國但非常陌生疏遠，是先進大國通往第三世界的門戶這種歧視的感覺，在墨西哥人中所滋生敵意的一種反射。

最近十年以來，在美國的黑人少數民族中流傳一個關於食物污染攻擊性的故事，呈現出某種存在某些次級團體之間的焦慮感。被指控的是一家炸雞連鎖店——教堂炸雞（**Church's Fried Chicken**），老闆是庫克魯克斯・克蘭（**Ku Klux Klan**），他提供的炸雞以黑人的獨特配方調味。這樁故事很接近謠言：情節很短，沒有任何基於眞實事件的地點與人物，但是敘事者有權威的消息來源，是一本相當暢銷的電視雜誌上刊載的報導，報導中說炸雞採用的調味是黑人的獨特配方。這是一件被證實的報導，是非常一般性的報導，但是竟演變成只要是黑人常光顧的餐廳都存在著某些危險。爲什麼教堂炸雞會被指控？這是一間美國德州人在一九五二年創立的公司，一九六五年股票上市，很少做廣告，主要的顧客群是黑人，提供一些典型的食物，通常店面都設在黑人區（Turner）。

另外也有一些類似的指控，以傳單的形式具體傳播，在一九九一年的春天出現於紐約，指控大約半年前問世的廉價碳酸飲料「熱帶狂想」（Tropical Fantasy），這種新飲料與教堂炸雞一樣主打黑人市場（Foaftale News, 1991）。白人所攻擊的主題是這種飲料裏含有增強男人性能力的成分。在白人的世界裏，即使到今天，對於黑人的刻板印象之一就是他們極強的性能力與多產的生殖力。是不是對於黑人高出生率的恐懼導致這種謠言的產生？就如同那些保守政客一直鼓吹未來黑人數量將超過白人的論調。

在這些故事裏，被攻擊的產品多是領導品牌（可口可樂：Fine 1985），或是迅速成長的商品（可樂娜啤酒）。某些創意產品，例如新型的口香糖「氣泡王」（Bubble Yum）或添加碳酸的糖果「拍普搖滾」（Pop Rocks）同樣成爲謠言攻擊的對象。謠言說「氣泡王」裏頭藏有小蜘蛛或說這種口香糖致癌，至於「拍普搖滾」則將會在人的胃裏爆炸。這時候，對於消費者的危險不再是貪婪或是製造者的敵意與攻擊性，而是這些未經適當管控的新產品帶來的「小魔怪效應」與連生產者都不甚知悉的新科技危險。這類簡短的故事可以被歸類爲謠言。例如，一樁閒話將知名人士之死與「拍普搖滾」糖果的謠言連在一起；或是言之鑿鑿地說「小米奇」（Little

Mickey，一位在電視麥片廣告裏擔任主角的童星）是因爲吃了某種危險的糖果之後消化不良而死。

刻意散布愛滋病

愛滋病的故事在現代成爲某一種傳奇的標準型態，成爲活化傳統傳奇主題的一樁新主題。在一九八八年編撰出版的《停止美乃滋醬》（*Hold the mayo*）故事集裏，提到關於食物被污染的故事（Langlois 1991）。這樁故事指控速食聯鎖店漢堡王，敘述漢堡王的一名員工染上愛滋病，竟將他的血注入美乃滋醬裏，企圖讓顧客們也感染愛滋病。這樁故事以傳奇的形式傳布，故事中詳細敘述一些細節讓情節更有說服力，在朋友們間口耳相傳的過程中，版本不斷被翻新修改。在此有兩個食物被刻意污染的主題，其主要動機是攻擊而非貪婪，另一個動機則是報復：在經由性關係而感染愛滋病之後，這名員工以他的方式再將愛滋病散布出去，以達到報復的目的。

葛瑞・芬倪（1987）曾研究一樁發生於一九八五年經由性關係傳布愛滋病而藉以報復的故事。故事敘述一名天眞的男人與一位在酒吧裏邂逅的年輕女子共度一宿，當他翌晨醒來時，美麗的女子已經離去，只在浴室的鏡子上留下一枚鮮紅的唇印，以及用唇膏寫的句子：「歡迎加入愛滋病俱樂部。」這樁故事呈現女性傳染給男性的染病方向，但是從那時候開始，這種案例就相當罕見了。對於芬倪而言，這樁傳奇的觀點似乎是其詮釋的核心與方向：就女性來說，這椿傳奇成爲她們對於美國常發生的強暴恐懼的一種反擊；就男性來說，則呈現了他們對於女性的某種恐懼。一九九一年在奧地利流傳的另一個故事版本裏，愛滋病感染的受害者是一位奧地利女性——當這名婦女從希臘、西班牙、突尼西亞或土耳其度假結束，登機返國前，她的異國露水男友送給她一個之前就已經承諾要給的小禮物，裏頭赫然是一隻死老鼠，以及一張紙條：「歡迎加入愛滋病俱樂部。」（Schneider 1992）這是一種經由性關係傳染故事所呈現的，來自於歐洲南部國家或第三世界的危險。

介於故事與以這些故事做爲典範的露骨行爲之間的界線十分模糊，因爲這涉及了愛滋病。在城市中有人以針筒刺人以散布疾病，或恐嚇要散布疾病的故事，不全然只是故事。得了愛滋病的女性故意傳染給尋芳問柳男性的故事，感覺上很接近眞實情境。一九九一年九月，美國《烏木》（*Ebony*，主要讀者爲美國黑人的通俗綜合性雜誌）雜誌上刊載了一封達拉斯寄來的女性讀者投書，信中自承從她感染了愛滋病之後，常常到酒吧裏放浪行骸勾引男人，盡量把病毒傳染出去。這封信的結尾這麼說道：「我想，如果我非得死於這種難以忍受的疾病，我渴望有人陪我。」《烏木》雜誌的編輯說明，他們並不確定這位簽名爲CJ的讀者投書所言是否確有其事，但最後還是決定登出來，「就當作是一種對讀者的警告」。這封讀者投書引發廣大的迴響，一個地方廣播電台發出訊息希望作者與他們聯絡。九月四日，CJ打電話到這個電台敘述她致命的性誘惑活動，並強調她一點也不覺得有任何良心上的不安：「我對所有的男人做這種事，因爲是男人讓我變成這樣。」這個事件引發的反應非常強烈：許多人湧進醫院要求做愛滋病檢驗，保險套的銷售量激增，酒吧、舞廳等夜晚活動場所的營業額直線滑落。十月底，達拉斯警方查到了這名引起軒然大波的投書人，發覺只是一樁惡作劇。這名投書人是一位年僅十四歲的年輕女孩子，最近有一位親密友人因爲愛滋病而過世，她宣稱寫這封讀者投書的目的是爲了「提高大眾對這種疾病的警覺」。一位夜晚活動場所的男性常客在接受訪問時答道：「如果這名女子說的是眞的，這將是一場連環謀殺案。」事實上，這種故事與古老時代在泉水裏下毒的故事非常接近。

現代食物的危險

在現代社會裏，不潔的獸肉、排泄物、含有毒性或對健康有危險的新產品的威脅降低了，但面對現代食物的恐懼卻升高了。新的故事是關於工業化的食物以及就營養學觀點有問題的食物：高糖分的氣泡飲料、油膩的炸雞、美乃滋調味醬。

這些由農產加工業所製造出來的食物是不是含有許多有害的添加物？一九七〇年代中期在法國，一樁關於一份出現在維爾吉夫（Villejuif）的傳單的謠言試圖證明這個論點（Kapferer 1985, 1989）。我們仔細地研究了這份傳單出現的整個過程，瞭解它所帶來令人迷惑與矛盾衝突的情境。

在一九七〇年代初期，歐洲經濟共同體（CEE）的所有國家共同制訂了一部食品添加物的詳細彙編。一九七五年六月一日，《政府公報》（*Journal officiel*）出版了這部彙編的清單，其中幾項的敘述如E 224或E 450讓人覺得迷惑。一九七五年十二月，《科學與生活》（*Science et vie*）雜誌以「食品添加物小手冊」的標題發表了一個對於《政府公報》清單的評論表，這個表裏總共有一百四十三種添加物，其中二十九種被列爲「值得憂慮」或「有危險」。

同時，關於色素運用的議題亦出現矛盾的情形。有九種色素添加物將被歐洲經濟共同體禁用，但決議給予一年緩衝期。在一九七六年初，消費者組織抗議這項決議，並發動一項示威活動杯葛所有的色素添加物。這項示威活動雖然在今天已被遺忘，但是在當時卻對食品工業造成極大的衝擊，甚至這個產業將一九七六年與一九七七年列爲危機年代。一九七六年四月，在消費者聯盟的刊物《選擇什麼?》（Que choisir?）雜誌的第一〇六期，即以「請杯葛色素」做爲標題。這期雜誌還附贈一本折頁別冊，讓讀者有所依據來執行杯葛的指令。這本折頁別冊的標題爲《食品添加物指南——避免無意義的危險》，列舉了一百零七種色素，但指出其中七十種「有危險」或「值得憂慮」。

第一份傳單出現在一九七六年伊始。看起來它似乎是受到《科學與生活》雜誌評論的刺激而出現，但是內容卻更爲聳動。這份傳單將食品添加物區分爲「致癌的」、「值得憂慮」、「無害的」三個類別，並宣稱最危險的是編號E 330的檸檬酸，這是一種普遍被採用且無害的添加物，《科學與生活》與《選擇什麼?》將其歸類在「值得憂慮」類別裏。很確定的是，從這份傳單我們可以發現，杯葛色素添加物的示威活動利用並強化了人們對於食品加工業的疑慮。

在整個漸進說服的過程裏，第一版的傳單首先引用《科學與生活》的權威說法，然後在

「維爾吉夫醫院」散發傳單，維爾吉夫醫院是當時全法國最知名的癌症治療醫院。然後我們發現某個關鍵的陳述句子悄悄地改變了：原本是「在維爾吉夫醫院裏散發傳單」，後來變成「由維爾吉夫醫院散發傳單」，最後變成非常權威地「維爾吉夫醫院宣布……」。

受到冒犯與傷害的單位——食品工業、管理當局、維爾吉夫醫院——嘗試駁斥，但他們的行動缺乏效率。有許多反對那些散發傳單的人的抱怨。但是司法單位幾乎完全未予譴責，散發傳單的人也幾乎沒有受到任何制裁。

隨著歐洲經濟共同體的採用食品添加物彙編的腳步，「維爾吉夫傳單」也開始向其他國家散布。一九八四年傳到英國，一九八九年傳單則抵達丹麥。一九九○年，這份傳單的德文版本非常普遍地在布魯塞爾歐洲經濟共同體執行委員會的員工之間流傳。

傳單在消費者運動的活躍份子中引起廣大的迴響。相對於這份傳單資料上的一些錯誤（E330檸檬酸一般以自然狀態存在於柑橘類的水果裏，實在不應該被視爲致癌物質，甚至是無害的），消費者運動的活躍份子與散發傳單的人們都認爲這種錯誤是枝微末節，並無損這份傳單所傳達之最重要訊息：工業化食品是危險的。

食品被污染的恐懼在世界上將與日俱增。有三種主要原因使這種疑慮擴大加深：消費者運動活躍份子的行動、大規模集體中毒事件造成的公眾恐慌，以及卑鄙的勒索事件。

消費者運動活躍份子以世界末日式的聲明對抗工業化食品。他們與食品管理當局就現代食品品質議題的爭論，不斷地在層面上擴大與在內容上加深。每一次出現食品污染的爭議時，支持消費者運動團體的呼聲就升高：乳酪與李斯特氏菌（listerriose）污染、雞蛋與沙門氏菌（salmonellose）污染、冷凍食品與細菌污染，以及英國肉牛的海綿狀腦炎病症（瘋牛症，BSE），最後這一項肉牛病症發現於一九八九年，而在一九九二年成爲電視新聞報導的焦點，英國「獨立電視台」（The Independent）的記者大衛・佩瑞（David Pirie）以「自然的謊言」（Natural Lies）爲標題進行專題報導。一九八七年，人們懷疑標示原產地爲愛爾蘭與丹麥的冷凍牛肉，其實是來自前蘇聯受核子污染的車諾比地區。這批肉被南美國家拒絕後，某一部分送往荷蘭，在被檢驗出具放射性後銷毀。同一批肉另外的部分則在一九八九年被運往西非洲。荷蘭的綠黨基於義憤讓這件事曝光，並經由奈及利亞在非洲公布了這項消息。放射性污染的謠言因此擴散開來，造成區域性的恐慌與騷亂，雖然經過專家檢驗並沒有發現任何異常，所有的國家都堅決拒絕接受這批肉（L'Union 1989）。幾個月之後，人們的激情冷靜下來，這批肉也順利地銷售出去。在同一個時期，中東國家拒絕澳洲來的進口羊肉，因爲澳洲羊肉被控遭布魯氏菌（brucellose）污染（Liberation, Le Monde 1989）。

各種不同原因所造成之食物中毒謠言其實影響層面有限，但經由媒體渲染之後造成的公眾恐慌卻相當驚人。舉例而言，這種下毒謠言往往針對因爲政治決策而進口的水果，像是一九七八年、一九八五年、一九八七年與一九八八年從以色列與南非出口到歐洲的葡萄柚（Klintberg）；或是一九八九年美國進口的智利水果（Carlson）。有時，這種恐嚇是爲了倡議某些主張而特別針對某間公司：譬如說反對動物之活體解剖。一九八四年，動物解放陣線

（Animal Liberation Front）曾對英國的「火星」（Mars）牌糖果下毒。

這個領域裏也存在卑鄙的勒索事件，這些人向大廠商勒索金錢，而這些大廠商的產品行銷甚廣，根本防不勝防，所以很容易受到傷害。在這種情形之下，資訊往往非常片面，因爲警方與受害企業都希望愈少人知道愈好。所以在一九八二年好幾位美國人服用內含劇毒氰化物的著名止痛藥「泰樂諾」（Tylenol）而致命的意外，到底是否與下毒勒索有關？還是只是某一名精神異常人士的突然舉動？沒有人有確切的答案。無論如何，一九八九年春天的確在英國發生有人在「漢茲」（Heinz）牌嬰兒食品中下毒勒索的案件。這件案件的主謀者是一名誤入歧途的警察，他藉由主導這件下毒勒索案來愚弄修理自己的警察同僚，結果在一九九〇年底被逮捕，被判以重刑。

近年來這一類恐慌令人印象深刻的發展，是立法政治的積極介入：製造關於食物恐懼的，不再只限於恐怖份子與勒索者。相反地，政治的介入看來似乎爲這些恐怖事件發生的原因進行辯護。什麼都變成可能，事情愈來愈糟。

永遠擔心害怕，任何溝通或說明都不可能保證永不出問題。如果衛生單位無法在這一點上展現能力，那麼發生以下的事件就不令人驚奇了：我們可能在四季豆裏發現癩蛤蟆、在馬鈴薯堆裏發現炸彈、奶油上漂浮著斷指、在葡萄酒桶底部發現殘缺的屍體，或是中學生們在學校裏吃的午餐波菜其實是操場上的雜草，油鍋鍋面上的鐵弗龍保護層在高溫時會逸出致命毒氣，在麵包或玉米片中發現保險套，在嬰兒食品裏發現刮鬍刀片、玻璃碎片或苛性鈉，在超級市場的香蕉堆裏發現蛇，E 330食品添加物會致癌，在巧克力棒裏發現死老鼠，罹患痲瘋病的工人在食品工廠裏工作，態度輕忽的工人把菸頭丟在乳酪桶中，或是工作認眞的工人淹死在酒桶裏。

（Le Quellec 1991, p. 216）

坎皮儂・文森　撰文

【參考文獻】

Jan Harold BRUNVAND, *The Vanishing Hitchhiker*, 1981, p. 81-90 et 99-100.

-, *The Choking Doberman*, 1984, p. 115-122.

-,*The Mexican Pet*, 1987, p. 99-103.

Margaret CARLSON,《Do you dare eat a peach? Or an apple, or a grape? The fruit panic was a lesson about terrorism and living with risk》, *Time*, 27 mars 1989.

Michel DANSEL, *Nos frères les rats, Paris,* Fayard, 1977.

Bill ELLIS, 《Tropical Fantasy and the KKK》, *Foaftale News*, 22, juin 1991.

-,《Aids Mary on radio talk show》, *Foaftale News*, 25, mars 1992.

Gary Alan FINE, 《Cokelore and coke law: urban belief tales and the problem of multiple origins》, *Journal of American Folklore*, 92, 1979, p. 477-482.

-, 《The Kentucky fried rat: legends and modern society》, *Journal of the Folklore Institute*, 17, 1980, p. 222-243.

-, 《The Goliath effect. Corporate dominance and mercantile legends》, *Journal of American Folklore*, 98, 1985, p. 63-84.

-, 《Welcome to the world of AIDS: fantasies of female revenge》, *Western Folklore*, 46, 1987, p. 192-197.

-, 《Mercantile legends and the world economy: dangerous imports from the third world》, *Western Folklore*, 48, 1989, p. 169-177.

The Independent du 30 mai 1992: 《Mad, bad and dangerous to chew》; 1er juin 1992: 《When the message is in the medium rare》.

Jean-Noël KAPFERER, 《Les consommateurs empoisonnés par la rumeur de Villejuif》, *Revue française du marketing*, 101, 1985, p. 83-92.

-, 《A mass poisoning rumor in Europe》, *Public Opinion Quarterly*, 53, 1989, p. 467-481.

Bengt af KLINTBERG, 《Modern migratory legends in oral tradition and daily papers》, *ARV*, 37,1981, p. 153-160.

Janet LANGLOIS, 《"Hold the mayo": purity and danger in an AIDS legend》, *Contemporary Legend*, 1, 1991, p. 153-172.

Jean-Loïc LE QUELLEC, *Alcool de singe et liqueur de vipère. Plus quelques autres recettes,* Vouillé, Geste Éditions, 1991, coll. 《Légendes et rumeurs》. Cf. chapitres V, 《Le crapaud dans les haricots》 et VI, 《Coca-Cola, bestioles, interdits et symbolisme》.

Libération du 2 octobre 1989: 《La galère de dix mille moutons australliens en rade dans la mer Rouge》 et 《Afrique. La viande importée sur le gril》.

Le Monde du 21 octobre 1989: 《L'errance de deux bateaux sur les côtes africanes. La ballade du bœuf irradié》.

L'Union（Gabon）du 29 septembre 1989: 《Viande radioactive au Gabon?》; 30 septembre 1989: 《L'Afrique fortement menacée. Redoubler de vigilance》; 3 octobre 1989: 《À propos de la viande radioactive. Les deux navires ont levé l'ancre》.

Michael J. PRESTON, 《The mouse in the Coors beer can: Goliath strikes back》, *Foaftale News*, 14, juin 1989, p. 1-3.

Ingo SCHNEIDER, 《Geschichten über AIDS. Zum Verhältnis von Sage und Wirklichkeit》, *Osterreiche Zeitschrift für Volkskunde*, 46, 95, 1992, p. 1-27.

Paul SMITH, 《On the receiving end: when legend becomes rumour》, *Perspectives on*

Contemporary Legend Proceedings of the Conference on Contemporary Legend, Sheffield, July 1982, Sheffield, CECTAL, 1984, p. 197-215.

Patricia A. TURNER, 《Church's fried chicken and the Klan: a rhetorical Analysis of rumor in the Black community》, *Western Folklore*, 46, 1987, p. 294-306.

被偷走的腎臟

我的父親在某一段期間裏，曾經擔任國際交換教授，在世界各地旅行。在訪問外國的許多經驗中，他曾與一位男性朋友一起拜訪巴西。某個晚上，他們倆決定外出狂歡。在喝了某一杯好得過頭的酒之後，這位朋友醉得不省人事，然後他們倆就失去了聯絡。

隔天早上，這位朋友身上僅著內衣褲在某家旅館的房間裏醒來，背上留下一道很大的疤痕。他下樓到旅館大廳詢問，但是沒有人認識他，也沒有人能夠回答他是如何來到這家旅館的。於是他只好返回瑞典，並到醫生那兒診治。

在他失去知覺的那個晚上，他兩枚腎臟的其中之一被偷走了。

以上這樁故事是一九九〇年十月在瑞典一座名叫波爾蘭吉（Borlange）的小鎮裏，一名年輕女孩告訴民俗傳說研究者班吉特・克林特堡（Bengt Klintberg）的。這樁關於被偷走腎臟的故事似乎最早出現在歐洲，事情的發生地點則是在遙遠的國度裏。這故事顯然很容易被人接受，因爲眾所周知，在某些像是印度、巴西、土耳其之類的國家裏，販賣可供移植的腎臟是窮人賺取大筆金錢解決財務問題的一個好方法。

在一九九〇年夏天，德國人類學者羅夫・布萊德尼契（Rolf Brednich）也蒐集了一樁類似的故事。這故事發生在土耳其，一團從德國布來梅（Breme）前來旅遊的觀光客在拜訪伊斯坦堡傳統市場的過程中失散了。兩天之後，旅遊團裏的一位婦女在一個海灘上發現了她的丈夫，目光呆滯，身上有一道很大的疤痕。她立刻將丈夫帶回布來梅，在那兒醫生告訴他，他的一枚腎臟已被摘除了。這個故事在一九九〇年夏天成爲全德國的重要話題之一，而布萊德尼契在幾個星期之內就蒐集到二十餘個不同的故事版本。除了土耳其以外，德國觀光客可能被偷走腎臟的危險國家還包括南美洲與東歐國家，例如羅馬尼亞與保加利亞（Brednich 1990）。

這樁故事在德國引起騷動：暢銷婦女雜誌《女性形象》（*Bild der Frau*）曾刊載出一張所謂「眞實的」遭遇這種慘劇的觀光客全家照片。但是，在調查這件事的眞實性之後，一九九〇年十月十日的土耳其報紙《*Milliyet*》提出質疑：警方或伊斯坦堡德國領事館都未曾接到任何相關報案（Kiliclaya 1990）。

一九九一年的二月與三月，這樁故事出現在美國。故事的形式極爲類似，但是發生地點不再是國外，而是在紐約。受害人也不再是在傳統市集裏走失的旅遊家庭或觀光夫婦，而是到紐約出差公幹的重要人物——他在酒吧裏或宴會上邂逅一位年輕貌美的女子，決定與她共度春宵，結果就出事了。敘述故事的地點則在美國的威斯康辛州或伊利諾州（Hesselberg 1991, Brunvand 1991）。受害者是上流社會人士，居住在該州的首府裏（例如威斯康辛州的麥迪遜市，伊利諾州的芝加哥市），但是在面對美國最偉大城市裏的陷阱時，卻顯得太「涉世未深」。在一九六〇年代，紐約變成是美國暴力與罪惡的淵藪。而這個故事一再在美國出現，它不斷被大眾文化貪婪地引用：NBC電視台《法網遊龍》（*Law and Order*）影集在一九九一年四月二日播出的節目劇情就是源自於這個故事。節目製作人喬伊・摩根斯頓（Joe Morgenstern）在某一個晚餐上聽到這椿故事，把酒吧裏的色誘劇情改編成爲一個人獨自在紐約中央公園慢跑被敲昏的戲劇性情節。他保留了受害者上流社會的身分，當事人是一家大型證券公司的金融分析師。這齣影集的拍攝作業極度保密，但是就在要完成整個作業之前，同樣在一個晚餐的場合裏，摩根斯頓居然又聽到有人在講述這椿故事，就如當初他最早聽到這故事的情形近似，但這一回，講述故事的人則是影集拍攝團隊的其中一員（Grove 1991）。

這椿故事奠基於器官移植醫學科技的進步，以及移植器官之需求日益殷切兩件現實處境之上。我們發現，在某些同時存在許多窮人，以及科學高度發展足以提供器官移植能力之外科醫師團隊兩項特徵的國家裏，人體器官的市場快速蓬勃發展。有時候活人們甚至剝削死人：在中國大陸，剛被槍決的囚犯屍體成爲新鮮腎臟的來源；而在南美洲，則已零星出現四處收購剛去世屍體眼角膜再轉賣的商業行爲。這種人體器官交易運作並不總是很順暢，常常出現賣方與中間人之間金額談不攏的衝突醜聞。至於人類活體器官交易，主要是有關「成雙」的器官買賣，像是腎臟與眼角膜。這種活體器官買賣確實存在，分成合法與黑市交易兩大類，甚至有一些殘忍的謠言敘述人口販子誘拐窮國的兒童賣到富有國家去，然後屠殺這些嬰兒以取得他們的器官。這種恐怖的故事廣泛地在拉丁美洲流傳，但同時也出現在亞洲。

另外一種相當近似的謠言則敘述這類兒童器官的交易，促使富國收養第三世界國家小孩的趨勢成長（Serrill 1991）。最近二十年來，收養外國小孩的風氣擴大到中產階級，收養的原因也從慈善理由轉到無恥的貪婪，收養者固然包括了正直善心人士，卻也同時包括了流氓惡棍，這些惡棍誘拐幼兒運送出國，一方面讓膝下無子女的母親購買收養，另一方面則提供滿足富有國家客戶的某些需求。這些謠言不只是講講故事而已，它們往往明確指出某些陰謀、系統性的誘拐與綁架，以及有組織的剝削行爲。每當有醜聞爆發——例如一九八七年在瓜地馬拉與宏都拉斯都發現有孤兒院暗中進行人口販賣；一九九一年六月，人們發現一名美國人到印度去收養第二位「養子」——這類罪證事實就會被強調。這些醜聞讓社會大眾相信謠言所述確有其事。雖然有些喧騰一時的醜聞後來發現並非實情，而在事後被更正。但是社會大眾一般很快就忘記更正澄清的部分，只記得那些驚悚的指控。

在南美洲一些大城市所發生，商人們付錢給不肖警察與軍人組成「死亡行刑隊」，在街頭上有系統地開槍屠殺流浪兒童，以取得新鮮人體器官的做法，在美洲大陸上引發強烈的指責。在拉丁美洲，公眾第一次對此惡行提出指控是在一九八七年（Campion-Vincent 1990）。從此開始，這件事就吸引了全世界注意的目光。因爲雖然缺乏更具可信度的檢驗，但是這一類的罪行證詞卻廣泛流傳。這些指控的謠言流傳時間持續長久並且非常具有說服力，因爲它象徵性地呈現富國利用不公平的貿易與經濟關係攻擊傷害窮國的事實。國際媒體最近發出的外電報導，再一次升高了這種指控，這次指控的是伊朗與阿根廷不肖的外科醫生：

腎臟竊賊。

伊朗警方發出國際通緝令追捕一名伊朗外科醫生。這名醫生被控偷走許多他診治病人的腎臟。

（*France-Soir*, 4 décembre 1991.）

一些阿根廷小孩的腎臟被偷走了。

人體器官的盜賣是發生在醫院的私人屍體上。一位名叫馬利雅・路易薩・拉米雷茲（Maria Luisa Ramirez）的小孩上個月在醫院因爲肺炎過世，他的家屬覺得醫生進行屍體解剖的舉動十分怪異。於是進行另一場檢查，結果發現這位小孩體內大部分的器官都被摘除了，毫無疑問這是醫院幹的好事。（……）家屬到醫療衛生部抗議，他們的答覆是這種情形很常見：「在某些案例裏，醫院在屍體內部塞滿紙張後還回給家屬，更過分的是，有人打開已封住的死者棺材，發覺裏頭居然是空的。」

（Maria Laura Avignolo, *Sunday Times*, 8 décembre 1991.）

人體器官的黑手黨呼嘯掠奪貧民窟。

年僅十一歲，奧斯卡（Oscar）住在阿根廷首都布宜諾斯・艾利斯南部郊區，在一個悲慘聚落裏一條充滿惡臭的街上被綁架。惡徒們把他綁架到一間至今仍無法查明的診所裏。開刀摘取他的一枚腎臟，一個月之後把他送回家，塞給他四百塊錢並在他身上留下一道疤痕。

奧斯卡是一群人體器官黑市商人毒手下的受害者，這群人橫行阿根廷的貧民窟與窮困街區，找尋新鮮腎臟，這些腎臟賣給北美、巴西或阿根廷等待器官移植的病人時，在市場上的價格大約在四萬五千元左右。（……）

阿根廷人談論著綁架兒童被找回時，往往身上帶著疤痕，而且少了一枚腎臟這類的故事已經有兩年之久。但是它說不定是出現在大部分南美國家裏的一種集體幻想，或是一種大規模的謠言。

（Maria Laura Avignolo, *Sunday Times*, 12 décembre 1991.）

對於那些深信義大利黑手黨的勢力日漸擴大的人們而言，有組織地綁架兒童以竊取其器官的故事很容易滋生發展，也很容易引起恐慌。

（Bermani 1991, Toselli 1991）

事實上，移植手術所要求的極高技術可以證明「人體器官黑手黨」的想法相當有問題。這種手術作業必須有一組人數眾多且醫療水準很高的團隊參與，簡直是一個犯罪企業，而這樣一個大型企業能長久存在而不露出蛛絲馬跡，基本上是不可能的。即使如此，在大眾化的八卦媒體、電視影集、醜聞小說或是宣傳文字上，還是定期地可以發現這類引發社會不安的謠言。

這樣的恐懼，同樣出現在面對窮人時富人的腦海裏。「被偷走腎臟」故事的歐洲版本提到旅客在遙遠國家所面臨的危險，這種危險與從遙遠國家帶回恐怖東西或動物之類故事相互呼應，同樣顯示第三世界的危險威脅。不公平所造成的潛在衝突日益增長，於是被詮釋成這些故事裏產品或動物造成的威脅。這些故事有些是直接的攻擊，例如富人身體若有殘缺，就直接對窮人豪取強奪；有些則是間接的傷害，例如第三世界所出口受污染的產品。因此在德國，就會流傳綁架或誘拐白種女性觀光客到異國賣淫的古老故事。

至於這類故事的美國版本，危險則出現在紐約，它似乎在暗示整個國家所有受到驚嚇的國民都認爲，這座原來的「燈塔城市」已經變成一座「垃圾桶城市」，在城市裏，美洲黑人——特別是加勒比海地區黑人——與西班牙裔美洲人成爲多數民族，紐約成爲一座第三世界風俗習慣主導的城市。

我們可以發現到，富人的幻想與窮人的恐懼相互激盪，而且像照映鏡子一樣地互相反射。非常不幸地，第三世界的社會處境往往強化了窮人們的恐懼。

幻想文學與電影也經常採用器官移植的主題，劇情往往搭配一名瘋狂的科學家，在解決問題的過程中製造更大的災難。一八一七年瑪莉・雪萊（Mary Shelley）想像創作了一個組合而成的《科學怪人》（*Frankenstein*），它被裝上一個愚蠢罪犯的腦子；一九二〇年摩里斯・何納（Maurice Renard）創造了《歐爾拉克之手》（*Mains d'Orlac*）鋼琴家，具備著殺人犯的手；一九六五年，布亞羅・納瑟雅克（Boileau-Narcejac）創作出小說《我的全部是一個人》（*Et mon tout est un homme*），麥瑞克博士（Dr Marek）是從一名被分屍成七塊的罪犯屍體上移植七塊肢體製作出來的惡魔。然而，書中真正的主角是馬特爾（Myrtil），一名將被砍頭的罪犯，他藉由塑造麥瑞克博士的出現，獲得再生存活的機會。

一切眞相大白了：百萬富翁馬特爾在他被迫赴斷頭台之前，構思創造麥瑞克博士這個怪物。原來這就是馬特爾本人，他利用自己的死亡，創造出另一個殺人惡魔。

前述這部怪異的小說，讓我們更容易瞭解幽默作家亞歷山大．維亞拉特（Alexandre Vialatte）所作的預言，他預測外科手術將有爆炸性的驚人進步。在一九六五年，文學再一次走在現實之前。

> 外科手術有了可觀的進步。我們可以移植腎臟，我們可以裝設假牙，我們可以切開腦袋，我們可以墊高鼻子，我們更換身體的主要器官就像更換鞋子一樣簡單方便；我們可以用一根銀螺絲釘將頭顱鎖在頸骨上；我們可以重新堵住兩耳之間相連的卵圓窗（trou de Botal）；我們可以重新聚合位於腦底部中央位置，座落於蝶骨上的蝶鞍（selle turcique）；我們甚至可以在腎臟裏的馬爾必基金字塔（pyramide de Malpighi）尖端上維持平衡。這些不過只是囊泡、闌尾、垂體與腱膜。我們將它們擺正、拉長、切開、調整。我們將它們切除、摘掉、更換。我們將它們打開、關閉、微微拉開，我們將它們磨擦、刮擦與拋擦。簡單地說，我們就像打開一隻手錶一樣地打開人體，我們修理人體也彷彿在修理一具鬧鐘。尤其是，我們移植。（……）我們移植所有的器官。我們移植頭顱嗎？爲什麼不？但是這可得偷偷地進行。（Vialatte 1965）

當代傳奇呈現出對一種侵犯人體完整、脅迫奪取器官的恐懼。有些幻想故事往往敘述外星人基於某些理由需要人類的器官，於是綁架人類進行身體檢查，甚至進行外科手術。我們可以發現一些與《被偷走的腎臟》敘事結構相同的故事：某人的生活作息中莫名其妙地出現一段無法解釋的空白，就是所謂「遺失的時間」（missing time），然後我們發現這人的身體曾經歷過外科手術。外星人也被控訴進行複製作業，甚至更糟的是，它們把活人放進培養液中保存，以便隨時可以取得最新鮮的器官。

被偷走腎臟的故事、兒童被綁架的謠言與外星人竊取肢體的幻想，都反映了我們對於一個醫學科技高度發展與道德淪喪新社會的恐懼，在這個吃人的社會文化裏，個人只不過是有權力的人眼中隨時可以更換的小零件。

坎皮儂・文森　撰文

【參考文獻】

Cesare BERMANI,《Non entrate in quella boutique! La leggenda continua》, *Tutte storie*, novembre 1991.

Rolf Wilhelm BREDNICH, *Die Maus im Jumbo-Jet*, 1990, p. 77-80.

Jan Harold BRUNVAND,《The case of the kidney heist》, *United Features Syndicate*, 22 avril 1991.

Véronique CAMPION-VINCENT,《The baby-parts story: a new Latin American legend》, *Western Folklore*, 49, janvier 1990, p. 9-25.

Lloyd GROVE,《The kidney that got away. Stolen organs amoung stuff of urban legends》, *Washington Post*, 2 avril 1991.

George HESSELBERG,《Organ theft destined for urban legends》, *Wisconsin State Journal*, 31, mars 1991.

Belkis KILICLAYA,《Alman 'kuyruklu yalan'i》, *Milliyet*, 10 septembre 1990.

Bengt af KLINTBERG,《Den vandrande njuren》, *Expressen*, 26 mai 1991.

Michael SERRILL,《The global baby chase. Wrapping the earth in family ties》, *Time*, 4 novembre 1991, p. 40-47.

Paolo TOSELLI,《Bambini: carne da trapianto! La leggenda esplode》, *Tutte storie*, juillet 1991.

-,《Bambini rapiti e traffico d'organi》, *Tutte storie*, novembre 1991.

-,et Giuseppe STILE,《Gli acchiappabambini e l'ambulanza nera》, *Tutte storie*, mars 1991.

Alexandre VIALATTE,《Et mon tout est un homme》, *La Montagne*, 23 novembre 1965.

大賣場裏的毒蛇

大賣場裏毒蛇的故事大約在一九八〇年代出現在法國，對於外省城市裏的大面積商場給予沉重的打擊。這故事的出現突如其來，內容則相當簡短：一名兒童最近因爲遭受毒蛇咬傷而死亡，毒蛇是藏在某項進口商品裏——玩具或水果，而這項商品是從X超級市場裏販賣出來的。這些商場發現因爲這樁指控的謠言，人們拜訪大賣場的頻率顯著地下降。相關當局的調查揭開了這樁謠言的漏洞：在救護中心與醫院裏，沒有任何兒童被蛇咬傷的案例。但即使當局已做了澄清，謠言仍頑強地繼續流傳，大賣場簡直變成毫無人煙的沙漠。於是這些賣場的經理人們出面對於這場陰謀提出訴訟。

在一九八二年八月，衛特漢（Wittenheim）——法國東北部上萊茵省米盧斯（Mulhouse）市郊的一座市鎮——一家超級市場的經理在當地報紙《亞爾薩斯報》（*L'Alsace*）上刊登半頁的廣告。廣告的標題是「尋人啓事」：他指出一樁敘述「一名兒童被賣場裏香蕉攤裏躲藏的毒蛇咬傷」的謠言並非事實，呼籲「所有誠實的人們一起來找尋這樁惡意誹謗的眞正源頭」，他並且承諾提供一萬法郎的懸賞給能確認這項不實消息作者的人。《亞爾薩斯報》對於這個廣告另外刊載了大幅報導，但是這位經理只接到幾通電話——匿名而且內容毫不確切。

另一方面，一封登在《世界報》上的讀者投書則指出，類似的謠言曾發生在聖德田

（Saint-Etienne, 1981）、列日（Liège, 1982）與尙貝里（Chanbery, 1982）。在尙貝里，致命的毒蛇就藏在一家商業中心花店旁藝廊的一座木馬裏。人們認爲這條蛇本來是躲在花店裏的某一株異國植物裏，後來轉移到木馬的底座躲藏。

在一九八一年，法國西南部出現一系列這一類的故事：在多爾多涅（Dordogne）省、在郎德（Landes）省、在波城（Pau）、蒙柏里耶（Montpelier）、圖魯斯（Toulouse）。但是在這一系列故事裏，危險的毒蛇與外國商品沒有關係。兒童是被一條躲在旋轉木馬中的劇毒蝮蛇咬傷致死。這是一條本地原產的毒蛇，推測是避寒冬眠時爬進旋轉木馬遊戲場裏。顯然這個故事與在這個地區流傳很廣《放生的毒蛇》傳說有關——傳說生態保育人士利用直昇機在這個地區的山區裏放生了爲數眾多的劇毒蝮蛇，本地既然已有這樣的傳說，大賣場裏毒蛇的故事就不再需要「外國毒蛇」的說法來增加說服力。另一方面，最近關於地方傳說也出現了「外國進口」的論調，人們議論紛紛地指控生態保育人士野放的毒蛇裏包含「東歐的異種毒蛇」。

一年半之後，一九八三年十二月十五日，法新社發自法國馬賽的通訊稿報導，有一個小孩被藏在台灣製造玩具絨毛熊裏的毒蛇咬傷致死，這隻玩具熊是從馬賽附近奧班涅（Aubagne）市的一家超級市場賣出。在受到這家超級市場的經理斥責，同時當地警察局也明確否認這項消息的眞實性之後，引用法新社通訊稿的《普羅旺斯報》（*Provencal*）在兩天後刊載出澄清更正的報導，並指出上一個夏天在亞維儂（Avignonl）也曾出現過類似的謠言，謠言所指的超級市場與奧班涅市的那一家都屬於同一個企業集團。這個集團的管理階層抱怨有人「到處傳播不實消息」以打擊集團形象。就如同之前的抱怨一樣——之後的也一樣，這種抱怨毫無澄清效果。因爲這種抱怨的功能，僅在於象徵性地保護公眾利益不致受損，而非法律行動。

被控訴的產品並非清白無罪的。在一九八三年底，台灣製造的玩具絨毛熊是爭議的焦點。台灣——這個共產中國的小兄弟——所生產出來的產品淹沒了整個市場，在法國中部杜爾（Tours）市消費保護與違規防治管理局的官員們中引發許多不滿之聲。由於台灣產品多以船運方式進口，這些小玩具絨毛熊（每個單價在二十法郎到四十法郎之間）所附帶小包裝的防蛀劑或防潮劑可能含有毒性。再者，用來固定熊頭的別針可能會對兒童造成傷害。杜爾市當局曾對此發出警告，這些警告在十二月時被多本消費者保護雜誌刊載引用，毫無疑問地這些警告文字將強化這椿故事的可信度。

一九八三年十二月初，同樣的故事發生在法國南部的尼斯。這次藏在危險的絨毛熊裏的是一隻致命的毒蝎。這座城市裏有三家商店因此結束營業，市政府衛生局發布一份釋疑澄清的公告，許多商店的經理人都認爲這是一件惡意的誹謗事件。

類似故事的風潮在一九六八年到一九六九年期間也在美國發生。受害者主要是女性。故事的情節有許多變化，但是肇事的產品卻相當明確：來自亞洲的紡織產品——通常是毛衣套衫。這種來自亞洲危險的保暖衣物在一九八〇年代經由一家法國貿易商的中介而傳到法國。在這椿故事裏，有一條毒蛇盤捲在衣服裏，咬傷了打開包裝袋的顧客。

一九八六年初，進口的絲蘭盆栽裏藏有蜘蛛的故事傳到了法國，這同樣也是指責遠方產品危險性的故事。這個故事超越那種「一名小女孩被藏在……裏的毒蛇咬傷致死」簡短消息的形式，而以一種民間故事的方式講述，具有完整的架構，說完整個故事情節需要一點時間，並且能取悅聽眾。

> 主角是一位充滿年輕活力的獨居女性，一位朋友剛剛送給她一盆絲蘭，她在澆花的時候注意到，每一次的澆水的時候這株植物都很明顯地呈現活潑生機（絲蘭在晚上也會像動物一樣地震動）。後來，因爲一通緊急求援電話，救難警察、救火隊員或自然科學博物館的專家都被召來檢視一場非常嚴重的意外事件。他們十二萬分小心地搬走這盆植物，或是用火將它燒得一乾二淨。這不是第一次發生這種事了，事實上，這些專業人士常被召換來處理這種毒蜘蛛流行病。

在巴黎地區，這個典型的故事情節流傳得非常之廣，但也消失得非常迅速。同時，媒體上也出現許多敘述絲蘭盆栽裏藏有毒蜘蛛故事的文章（當然，然後接著會有許多澄清更正的文章）。在一九八六年二月，《週日報》（*Journal du dimanche*）引述巴黎植物園溫室專家的說法，他說從來未曾聽聞這種事，另外一位苗圃工作人員則驚呼：「這完全是胡說八道！」（Vidal）。相反地，一九八六年四月，同一位巴黎植物園專家向《新觀察家》（*Nouvel Observateur*）雜誌承認，他曾接到這一類電話的緊急召喚（Righini），而在七月底，一位絲蘭的進口商在接受《解放報》訪問時臉色非常難看，因爲這種植栽的銷售量已經崩盤了。從一九八〇年開始，每年法國平均進口絲蘭大約是五到六個貨櫃的數量，但是到這個時候，一年的進口量已低於兩個貨櫃。絲蘭的進口是以束爲單位，抵達法國之後再運到溫室分裝成盆栽。每個貨櫃等於五萬束絲蘭（Fouchard）。

另一方面，緊急求援的電話並不是毫無作用的：一盆含有蜘蛛的絲蘭樣本被送到巴黎植物園交給溫室專家檢查。他發現這種蜘蛛並不是外來品種，而是法國本土蜘蛛，這位專家於是判斷，很可能是法國園藝工作人員在將絲蘭分裝成盆栽的過程中，讓本土蜘蛛趁隙而入（Reumaux 1988, p. 69.）。

從一九八六年開始，《絲蘭裏毒蜘蛛》的故事雖然仍偶發性地出現，但頻率已明顯下降。我們可以注意到這時也出現了《大賣場裏毒蛇》的故事。在一九八八年六月（Nord Martin, Berry），出現了結合這兩個故事的新版本：在法國北部里爾郊區安格羅（Englos）鎮上一家超級市場裏，一名兒童被躲藏在絲蘭盆栽裏的巨大蜘蛛咬噬而死。事實上，這兩個故事非常接近，這種兩個故事組合起來的情節一九八二年就已經出現在尙貝里了。

在一九八〇年代期間，另一個在城市裏流傳有關於危險動物的故事，是一條外表會騙人的小狗。這是一樁敘述假期很悲慘地結束的故事，關於遙遠國度的回憶與其他故事大不相同。

一對法國夫婦到菲律賓渡假。他們返回巴黎的時候帶回一條可愛的小狗，他們是在一家當地餐廳碰到這條狗，餵過它好幾次。他們向餐廳老闆請求要把這條狗帶走，老闆同意了，但是嘴角上帶著一抹很奇怪的微笑。這條友善的狗與家裏的貓相處得很好。但是有一天主人忘了餵這條狗，它居然把貓吃掉了，儼然是一名天生的屠夫。這對夫婦把這條狗帶到獸醫那兒，獸醫告訴他們這其實是一隻菲律賓的巨型老鼠。獸醫還告訴那位喜歡讓這條「狗」睡在她腳邊的女主人，這隻巨鼠隨時可能啃食她的臉孔。

（巴黎，大約在一九八〇年；一名二十歲主修科學的學生講述給尚布魯諾．何納聽的故事）

在一九八六年，這樁故事在義大利、德國及法國都得到極佳的震撼效果。《解放報》以一種反諷的方式將以下故事與毒蜘蛛的故事並列。

在阿拉伯餐廳或中國餐廳享受過小肉丸之後，老鼠們再度作惡並開始攻擊。某個天氣晴朗的日子，在南美洲友人家中度假的杜西默（Duchmol）夫婦在街上發現一條小狗一路跟著他們。這是一條非常討人喜歡的雜種狗。他們把它帶回法國，充滿愛心地把它養大，小狗成熟了，並不十分大，也不怎麼好看，但是非常乖巧。直到有一天一位到家裏作客的朋友帶來一隻貓。（……）所有的人一起都外出晚餐，留下兩隻動物相處廝混。等大家回來的時候，發現這裏發生了一場屠殺：牆上噴滿了血，貓不見了，一塊耳朵的殘片在這裏，一塊腳掌的殘片在那裏。那條狗顯然吃飽了，蜷曲睡在牆角。爲了解決開這場惡夢似的疑問，杜西默夫婦把這條受到詛咒的狗帶到獸醫那兒仔細檢查。獸醫說：「我很想告訴你們這是一條狗，但你們的狗並不是狗，這是一隻老鼠。一種非常罕見的老鼠。」（Fouchard 1986.）

「而這隻老鼠現在快要死掉了。」——同一時期在美國流傳的版本裏加上了這麼一句。比較合乎邏輯地說，而且按照故事的原名《墨西哥寵物》（*Mexican Pet*）所蘊含的意義來推測，這隻動物的原產地是墨西哥。在這個美國南部鄰國裏，不謹愼的觀光客（在美國版的故事裏，往往是一名單身女性）在此度假，被一條外表會騙人的小狗所吸引，以走私的方式將它帶回家。墨西哥一直是纏住美國不放的鄰居，一個被歧視、被懷疑，向美國輸出愈來愈多移民的國家。這樁故事多少企圖提醒人們注意移民的危險性。老鼠不是狗，不要混淆了它們的天性。即使看起來溫柔迷人，它總有一天會就地顯露出攻擊性來。它討人喜歡的外表只是一種假象。至於以走私方式將墨西哥寵物帶進美國的主題，事實上是對偷渡移民的一種呼應。

大賣場的毒蛇、絲蘭裏的毒蜘蛛或外表會騙人的小狗，都屬於暴力故事。「外來物」——這個詞本身就有判斷在裏頭，指的是外來的植物或產品，或是外表會騙人的動物——以藏身於外來的植物與產品裏的毒蛇、毒蜘蛛或毒蝎來攻擊人，或是藉由狗一樣的老鼠來造成無法預期的傷害。在大型商業賣場讓人眼花撩亂的購物走道上，兒童與婦女的安全受到威脅，因爲這裏同時潛藏著毒蜘蛛與外表會騙人的小狗：

這是一種所謂「有責任必須說出來」的謠言，這類的故事往往有一點瘋狂，但是卻擁有優異「引起轟動」的能力。這是一些穿越過邊界的外來物，我們把它們變成自己生活中的一部分，我們被它們吸引，以致於引狼入室，任憑它們入侵我們的公寓、吃掉我們的貓、從我們買回來的毛衣裏鑽出來咬我們一口、殺死我們的兒童。

（Fouchard 1986.）

大賣場裏毒蛇的故事主要在於呈現工廠大量製造產品的危險，並指控商業化的大型量販店。這類型的賣場是消費的神廟，現代的新大教堂，以嚴重威脅本土產品的廉價外國進口商品來賺取利潤。在這裏我們可以清晰地呈現，歐洲與北美洲的舊宗主們在面對從前受到他們宰制的亞洲人民，現在居然可以在許多領域裏生產出品質更好、價格更低的產品時，心底的惶惶不安。這種發展趨勢迫使美國與歐洲失去許多就業機會，也失去了平衡貿易的獲利優勢。

絲蘭裏毒蜘蛛的故事主要在於呈現對於原生在遠方的水果、植物或原料產品的憂慮。這些外來物的原產國通常被明確指出，但是它帶來的危險卻很模糊。這裏顯然出現一個矛盾：一個野生的自然之物闖進一座戒備森嚴的城市，但是城市的管理邏輯卻無法拘束野生之物，同樣的邏輯也曾出現在本書首篇《紐約下水道裏鱷魚》的故事裏。

非常不幸地，根據這類呈現對外國或外來物恐懼的謠言，我們很難看到美好的未來。在地球村的時代裏，我們發現對於交流的敵意與焦慮伴隨著交流一起增長。

在一個自由交流毫無限制的世界裏，在一個工業科技流向國外並在境外進行生產的世界裏，我們不再能保證均衡。如果二十世紀的前三分之二所呈現的是美國政治權力與工業力量的增長，那麼後三分之一則呈現這種工業宰制的崩潰。爲了使大眾知悉這個沒落趨勢，某些警告透過通俗故事的方式來呈現。世界已經變得分散化了，但是這對於許多人而言卻還不夠明確，他們得學習瞭解這項事實。

（Fine 1989, p. 160.）

坎皮儂・文森　撰文

【參考文獻】

Miguel BERRY,《Il n'y a pas et il n'y jamais eu de mygale à Auchan Englos》, *La Voix du Nord,* 9 juin 1988.

Jan Harold BRUNVAND, *The Vanishing Hitchkiker*, 1981, p. 160-170, 172-173.

-,*The Mexican Pet*, 1987, p. 21-24, 114-116.

Gary Alan FINE,《Mercantile legends and the world economy: dangerous imports from the Third World》, *Western Folklore*, 48,1989, p. 169-177.

Anne FOUCHARD,《Elle court, elle court, la rumeur au fond des pots de yuccas》, *Libération,*

30 juillet 1986.

Jean-Noël KAPFERER, *Rumeurs*, 1990, p. 142-143, 174-175, 273.

Bernard LEDERER, 《Une récompense contre une rumeur》, *Le Monde*, 1er-2 août 1982.

Le Monde, 8-9 août 1982, 《Fables. Le serpent et les corbeaux》.

Nord-Matin, 10 juin 1988, 《Pas de serpent ni de mygale à Englos》.

Le Provençal, 17 décembre 1983, 《L'affaire du serpent d'Aubagne. Une histoire de langue de... vipère》.

Françoise REUMAUX, 《Un rite oral urbain, la rumeur》,*Cahiers de littérature orale*, 24, 1988, p. 55-73.

Mariella RIGHINI, 《L'invasion des mygales》, *Le Nouvel Observateur,* avril 1986.

Marc VIDAL, 《La rumeur araignée》, *Journal du dimanche*, 16 février 1986.

強力黏膠復仇記

一名通常在辦公室解決午餐的女子出其不意地回家。她發現她丈夫的車子停在巷口，她走進家裏，聽到一些異聲，循著聲音來到臥室，清楚的呻吟聲讓她瞭解自己的不幸遭遇。她連看也不看地立刻轉頭離開住所，預備復仇。當天晚上，她做了丈夫最愛吃的菜餚，換上誘人性感的服裝，點燃桌上蠟燭，準備了一場愛情晚餐。用餐之後，兩人一起來到臥室。她興奮地幫他脫掉所有的衣服……，然後用強力黏膠把他的陽具黏在他的肚皮上。這名男子必須到外科醫師那兒才能將這些黏在一起的器官分開。

（Brunvand 1984, p. 146.）

這是對不忠的另一半以殘忍閹割方式冷酷復仇的故事，這樁故事因爲運用一種新式物質——快速有效、俗稱「三秒膠」的強力黏膠——造成出乎意料的傷害結果，而創造了一種豐富的傳奇類型。這些獨特但眞實性頗令人懷疑的故事，主要流傳在那些參與意外救援的人士之間：醫護人員、警察、救護人員與消防隊員。這些人以外推法從他們所碰到眞實但沒那麼精采的案例——笨手笨腳在家裏修理家具的人把自己黏在馬桶座上、幼齡小孩被黏在高腳兒童椅座上、婦女用強力黏膠來粘假睫毛卻造成手指與眼皮黏在一起的結果——衍生出這樁故事來。以強力黏膠復仇的故事可以被歸類爲「小魔怪效應」的一個類型，一種不當使用新科技的故事。

值得注意的是，它是一種故意不當使用新科技的行爲，與其他故事裏因爲不小心或能力不足而被黏住的情形迥然不同。

一名婦女發現丈夫出軌外遇，懲罰的辦法就是對丈夫犯錯的身體部位（陽具）進行報復。馬克・葛拉瑟（Mark Glazer）蒐集了美國德州墨西哥族群女性之中流傳大約二十個相關故事版本，分析發現在一九八〇年之前，這類的故事劇情通常是以切菜刀或剃刀直接攻擊丈夫，但是後來強力黏膠取代了利刃。我們是否可以說，這個故事裏的悲慘結果反映出我們已經失去控制自然的能力？這是馬克・葛拉瑟所提出的詮釋。他強調，因爲丈夫無法控制性慾以及妻子的快意報復，後來兩個人都無法再享受性愛。事實上，在這些故事版本裏，這場悲劇之後，這對夫婦又復合了。

這個故事在我們的時代裏繼續發展，特別是在英美通俗媒體上，以一種近乎新聞報導的面貌出現。以下是一樁最近源自德語系國家的故事：

> 波瑞斯・史密耶傑（Boris Smiegel），三十九歲，與他的情婦葛瑞塔・海格瑞（Greta Hegley）兩人相攜來到奧地利薩爾斯堡（Salzbourg）附近的汽車旅館，意外地碰到波瑞斯的太太福瑞達・史密耶傑（Frieda Smiegel），三十六歲。史密耶傑太太是一間黏著技術實驗室的技師，在盛怒之下，她從實驗室裏帶來整桶快速強力黏膠倒在這對姦夫淫婦身上，然後轉身離開。到了隔天早上，這對偷情男女才被人發現，緊急送到醫院，花了五個小時的外科手術才將

他們分開。這件事發生之後，史密耶傑先生就與他的情婦分手了。但是他現在屢屢面對妻子提出離婚的要求。

（*Sun*, 11 juillet 1989, p. 35.）

另一樁發現妻子姦情的丈夫報復的巴西故事版本則更狡猾、殘酷一些：

聖保羅一名發現妻子姦情的丈夫，身分至今還沒有被揭露，以一種既粗暴又狡猾的方式報復。他毫不猶豫地以一支手槍脅迫偷情的妻子，將她的手以強力黏膠牢牢地黏在情夫的陽具上。一份聖保羅的報紙星期四引用醫院方面的消息報導了這件新聞。警方則基於保障隱私權的理由拒絕評論。這對情人經歷了一場非常複雜的外科手術，才得以分開，脫離這種尷尬的處境。但是這名盛怒的丈夫事先並不知道強力黏膠含有一種獨特的毒性，而男性的性器官又是由充滿細小毛孔的組織所構成。結果，這名情夫幾天之後過世了。原因是因爲強力黏膠毒性入侵造成的敗血症。現在，這位丈夫面臨過失殺人的司法起訴。

（新聞通訊社一九八六年六月二十八日的報導，引自Delaloye 1988, p. 59 et Vergez 1990.）

相對於以上這樁攻擊性十足的丈夫，另一位吃醋丈夫以水泥塞滿凱迪拉克汽車的做法就溫和多了。在後面這樁故事裏，一名營建工程承包商某天下午突如其來地從工地回家。一輛嶄新敞篷汽車停在他家門前的車道上，他的妻子正與一名他從未見過的男子在講話。他偷偷摸摸地離開了，然後開著一輛混凝土攪拌車回來，把水泥滿滿地倒在那輛敞篷車裏。這樁故事在一九六〇年代流傳於美國，然後在一九七〇年代流傳到歐洲——特別是斯堪地那維亞與德語系國家。根據羅夫・魏爾漢・布萊德尼契（**Rolf Wilhelm Brednich**）的統計，塡塞在汽車裏的物質有合成樹脂泡沫與快乾水泥，在某些鄉村版本裏則還出現肥料。且不談用什麼東西去破壞汽車，這男人的攻擊到底有沒有道理？答案無疑是否定的，因爲這樁故事同時也敘述多疑丈夫所做的荒謬行徑。與他妻子談話的男人並不是情夫，而是一名汽車推銷員，而那部嶄新敞篷車是他的妻子要在他生日那天送給他的驚喜禮物。

以強力黏膠復仇的故事可以歸類在關於女性致命的性吸引力之神話主題，所謂的「長有牙齒的陰道」（**vagina dentata**）的故事類別裏。在我們這個時代裏，男性的恐懼是以嘲笑那名陽具被黏住的情夫所代表的刻板印象之方式來表達。在美國，則通常是一對偷情男女卡在汽車內的狹窄空間裏。以下是一對情人在汽車裏親熱，在關鍵時刻突然卡住無法動彈，只好向外界求救。人們發現必須破壞汽車才能將他們救出來。

「我該如何向我丈夫解釋汽車到底怎麼了？」一名使用夫婦共同擁有汽車的偷情妻子懊惱地說道。而在另一樁類似荒謬情節的故事版本裏，汽車則是屬於情人的。那名女性當事人非常冷血地，毫不在乎地對爲了救他們只好破壞汽車的消防隊員說：「沒關係。他不是我丈夫。」

（引自Brunvand 1984, p. 142-143.）

在這裏，意外發生的原因似乎是小型汽車的狹窄不舒適，而很少指涉被壓抑的情慾。然而，有些故事往往敘述關於某種性愛神話：相當數量的人深信當性愛到達高潮時如果受到驚嚇，陰道的肌肉就會急遽收縮，會因此將男性陽具夾在裏頭。因此，就出現了以下於一九八一年誕生於波納塔爾（Baunatal）市、而後流傳於整個德國的故事版本：

一名有點膚淺的女子與她的丈夫一起住在波納塔爾市福斯汽車公司的員工宿舍。有一天，她丈夫到溫泉療養中心度假，這女子就趁這個機會召來她的情人。當這兩名偷情男女正在做愛時，這女子突然受到良心上的譴責，並且感到陰道一陣痙攣。結果情夫的陽具被夾住無法拔出。最後他們只好打電話叫救護車。當他們兩人共躺在一具擔架上被抬出屋子時，為了維護他們基本尊嚴，只好以被單罩住。在醫院，醫生打了一針藥劑才解除了陰道的痙攣。

（Brednich 1990, p. 121-122.）

自從十九世紀以來，以上這種性愛神話被許多醫學報章雜誌上的文章當作事實來討論。這個故事似乎十分符合人們的想像情境。依照強・哈洛德・布朗范德的研究，美國人最喜歡引用的相關文獻——雖然他自己判斷，這份文獻疑點重重——是一封一八八四年以筆名發表的讀者投書，這封投書裏並沒有提出任何證據。但是許多民間故事的研究者認為它能通過科學雜誌編輯的嚴格審稿而得以發表，本身就具有一種說服力。而且，一些法國醫學期刊例如《婦科以及精神與身體醫學》（*Gynécologie et psychosomatique*）、《臨床性醫學指南》（*Cashiers de sexology clinique*）都曾對這封讀者投書做出回應，這種專業期刊認眞對待這種通俗文字的例子相當罕見，但確實發生了。一位婦科醫師在一九七九年於法國北部岡城（Caen）醫院實習時，曾蒐集到一件一對男女性交時卡住的案例。事實上，這個故事版本的數量遠遠高過實際案例（在《老鼠骨頭與不潔的食物》篇章中，有關在飲料瓶中發現怪異動物軀體的故事也有類似的情形）。另一方面，這些故事遵循一個刻板的模式典範：送到醫院緊急治療的過程，以一種難堪的意外事件來強化道德約束的功能，並且懲罰違反配偶忠誠規範的人。從這裏，我們清楚地看到從眞實案例發展成爲傳奇故事的表現手法。

東非也有兩個有趣的新聞報導，結合配偶的報復與被逮到的情人兩個主題。但使用的工具不是強力黏膠，而是魔法。一名被妻子背叛的丈夫打算復仇，他也許間接地請巫師協助（肯亞），或直接施法（烏干達），而勾搭偷情的外遇對象必須付出一筆賠償金才可以脫身。

> 兩名肯亞的偷情男女在被巫師作法後發生所謂「膠黏」的情況，被送到醫院進行分割手術。這巫師是由遭到妻子背叛的丈夫請來報復的。他們的鄰居在聽到這對偷情男女的慘叫聲後趕來援助，用盡辦法也不能將他們分開，只好打電話給警察。
>
> 根據烏干達一份英文報紙《星報》（*The Star*）的報導，星期五，一對在坎帕拉（Kampala）享受魚水之歡的情侶，事後居然以一種令人難堪的姿態卡住了，這是因爲被背叛的丈夫向他的

妻子施以一種黑魔法所致。有一大批幸災樂禍民眾爭相圍觀，以致於警察必須趕來驅散群眾。這名施法的丈夫向偷腥的男子要求二十萬烏干達先令的賠償金，以交換再作法讓他及他的情婦分開。

（新聞通訊社一九八三年七月四日與一九八五年九月十日的報導，引自Delaloye 1988, p. 56, 57.）

違反道德的偷情男女在大庭廣眾前丟人現眼——鄰居首先馳援，警察隨後趕到——這些特徵都與歐洲的故事版本相近。當然，這些故事很難確認，因爲它有好幾道查證上的門檻，先是地方報紙上的報導，然後是國際新聞通訊社的引述，而且無疑地它經過加工潤飾以符合國際媒體讀者對與趣味與怪異故事的偏愛。如果希望還原眞實的意義並進行詮釋的話，應該進一步瞭解當地的環境及當地的文化信仰。

這些故事是有趣的，因爲它們在心理上滿足了放縱性感女人帶有危險性的這種預設期待。我們在前面曾提過「長有牙齒的陰道」主題，這個主題在許多原始的神話與民間故事中出現，主角是一種會帶給好色男人嚴重傷害的雌性生物。

有一樁故事版本一九九一年十月二十二日在法國TF 1電視台《星期二的天空》（*Ciel mon mardi*）節目中，由服裝設計師巴可・杭班爾（Paco Rabanne）以眞實的民間故事的面貌講述：一對情侶站在尼龍地毯上充滿激情地做愛，結發現他們被困住了，他們的身軀被地毯上「用來進行腳底按摩」的尼龍齒梳給纏黏住了。在這個故事裏，這對情侶與其說是激情性愛的受害者，毋寧說是我們生活中的現代科技、人造環境與人工物質的犧牲者。

最後，我們發現這些故事裏對於個人報復結果的評論，時而表示支持，時而給予嚴責，並沒有一致的立場。

坎皮儂・文森　撰文

【參考文獻】

Rolf Wilhelm BREDNICH, *Die Spinne in der Yucca-Palme*, 1990, p. 27-28（la Cadillac）et 121-122（les amants coincés）.

Jan Harold BRUNVAND, *The Vanishing Hitchhiker*, 1981, p. 125-133, 149-150 et 187-188.

-, *The Choking Doberman*, 1984, p. 142-149.

Laurent DELALOYE, *Quelle planète!*, 1988, p. 56,57,59.

Mark GLAZER,《The superglue revenge: a psychological analysis》, in Gillian Bennett et Paul Smith（eds）, *Monsters with Iron Teeth. Perspectives on Contemporary Legend vol. III*, Sheffield Academic Press, 1988, p. 139-146.

Monte GUZLOW et Carol Mitchell,《"Vagina dentate" and "Incurable venereal disease".

Legends from the Viet-Nam war》, *Western Folklore*, 39,1980, p. 306-316.

Sun, 11 juillllet 1989, p.35（reproduit par Foaftale News, 18, juin 1990, p. 10）.

Michel VERGEZ, *Faits divers,* 1990, p. 145.

隱藏的符號

SEX（性愛）這個詞以一種幾乎看不見的方式鏤刻在開胃小餅乾上……

披頭四雷射唱片封套上的某些標記，證實了四位歌手其中之一已經去世的謠言……

極小的蘇聯鐮刀與鐵鎚標誌，出現在二分之一美金的硬幣上……

以三個K構成的美國種族主義運動標誌，被繪在一個著名品牌的香菸包裝盒上……

《花花公子》雜誌封面上出現的小星星，是一種性愛能力的象徵……

聖經啓示錄世界末日怪獸的代表數字666，很明顯地出現在一家大型美國企業的標誌上、在商品條碼上、在羅孚宮玻璃金字塔上……

巴黎市巴克街（rue du Bac）的路牌曾奇蹟似地顯露一個異象，但現在這異象已被法國共濟會給刻意竄改過了……

有一種關於隱藏符號的傳奇類型。這類謠言揭露一些隱藏事物的眞實面貌：無數個流傳於大眾間的故事，敘述某個地點的某個景象裏隱藏著某些意義，或某個無足輕重的物品上隱藏著某種象徵符號，這種情形一點都不令人驚訝。這些象徵符號是神祕力量操控我們社會的證據。這種對於潛意識意象的迷信——往往只有我們的下意識可以覺察，它透過我們所不知道的事來影響我們——是古代巫師魔法的現代化與科技化形式。在古老的時代裏，就已經存在著找尋隱藏魔鬼蹤跡或撒旦標誌符號的搜索行動。事實上，這個主題顯示著對於西方世界傳統禁忌的畏懼：性、死亡、顚覆破壞。在現代人的心裏，魔鬼撒旦從未遠離。

一九六〇年代是道德解放的時代，流傳在美國的謠言主要以性愛爲主題的戲謔笑話。因此出現以下的說法：「在麗茲（Ritz）脆餅上隱約出現SEX（性愛）這個詞，藉由下意識影響的方式，增加脆餅對消費者的吸引力」（Morgan 1988）。這樁謠言吹起一股廣大的好奇風潮，人們查看所有的開胃小餅乾，反覆檢視上頭的模糊圖案、造型形狀、包裝印刷，試圖發現隱藏的訊息，可是一無所獲。這樁謠言使得人們在消磨時間、打發無聊時多一個有趣的遊戲！

布萊恩・凱伊（Bryan Key）在《潛意識吸引力》（*Subliminal Seduction*）一書中，曾指出某些酒精飲料利用影像製造廣告效果，例如在杯中沉浮的冰塊刻意地呈現一些性感的曲線形狀。但是我們知道，所有模糊的圖案，例如天上的浮雲、牆上的污漬或是羅爾沙赫氏心理投射測驗（test de Rorschach）的墨跡圖，都可能自由反映呈現出人們的想像。這樁謠言甚至眞的被應用在眞實世界裏，我們發現在商業廣告裏，冰塊會溶解成裸女或性感男人的形象！

《花花公子》封面上雜誌名稱旁的小星星，引發充滿想像力讀者們的許多詮釋。有人解釋說，這是《花花公子》的老闆休爾・海夫納（Hugh Hefna）以一種隱晦的方式，向讀者說明他對於本月花花公子玩伴女郎性愛表現的評分：出現的星星愈多，表示這個模特兒愈是個「好玩伴」。對另外一些人而言，星星的數目表示海夫納本人的性能力，這是他與本月玩伴女郎做愛的次數，我們計算過，最高紀錄到達六顆星星！還有一些人認爲，這些星星出現的邏輯很簡單：如果星星是落在Playboy的P字裏，代表海夫納已經與本月玩伴女郎發生性關係了；要是星星落在P字之外，那就是他還沒有得手！事實上，這些星星出現與不同的數目只是爲了區分《花花公子》針對六個不同地區的六種不同版本。至於星星是落在Playboy的P字裏或外，主要是考量在不同封面色調設計下，如何讓雜誌名稱與小星星更突顯可見。

一九六九年秋天在美國，隨後在歐洲，流行音樂愛好者間流傳著一樁謠言：人們傳說披頭四的成員之一保羅・麥卡尼（Paul McCartney）已在一九六九年初的一場車禍中喪生，但是知情的人都嚴守祕密，在台上與其他三人一同演唱的其實是一名容貌酷似麥卡尼的替身。有人找到了一些關於這項說法的證據，在新近發表的演唱歌曲中，有一個聲音的速度與其他人有所不同，甚至相反；而雷射唱片封套上的某些標記也透露出一些端倪。舉例而言，在專輯《暴躁軍官》（*Sergeant Pepper*）雷射唱片的封套上，許多朵黃花——象徵死亡或葬禮的花——堆出一把左撇子專用的吉他，但是披頭四的成員中只有保羅是左撇子。封套上印在喬治・哈里森（*George Harrison*）手旁的歌詞「星期三早上五點鐘……」指的正是保羅・麥卡尼去世的時間。在專輯《艾貝路》（*Abbey Road*）雷射唱片的封套上，我們發現背景裏有一輛福斯汽車車牌號碼是28 IF，根據歌迷不辭辛苦仔細查證的結果，這車牌意味著：「如果（if）保羅・麥卡尼沒死，他現在應該是二十八歲。」雖然保羅・麥卡尼親自在《生活》雜誌上露面闢謠，仍有歌迷指出在那一期《生活》雜誌上刊登保羅・麥卡尼——或替身——照片那一頁的背面，是一頁汽車廣告，透著光看，汽車彷彿輾過保羅・麥卡尼的頭，因此暗示著他其實已經因爲車禍而喪生了。

關於披頭四的另一樁謠言，是在專輯《神奇之旅》（*Magical Mystery Tour*）封套上以玫瑰堆出的電話號碼。歌迷可以利用鏡子辨識出這組號碼，打電話去有機會贏得地中海之旅的大獎。這樁故事與流傳美國關於五美金鈔票的謠言很接近：仔細觀察五美金鈔票上林肯紀念堂左前方的灌木叢，將可以破解出「372」的一組數字，另一些人則認爲是「3719」。這些神祕的數字往往與神祕的電話號碼有關。

在冷戰期間，共產黨的陰謀常常出現在隱藏的符號裏。從一九四八年開始，許多美國人深信十美分硬幣上的「J.S.」縮寫意味著喬瑟夫・史達林（Joseph Staline）。事實上這是這枚硬幣的設計者約翰・辛納克（John Sinnock）名字的縮寫。稍晚一點，又有人發現在二分之一美金的硬幣上，就在甘迺迪總統的脖子旁出現極小代表蘇聯的鐮刀與鐵鎚標誌。這同樣只是硬幣的設計者基爾羅伊・羅伯斯（Gilroy Roberts）名字的縮寫。在這兩個例子裏，我們發覺的確有人相信共產黨的第五縱隊已潛伏在美國，甚至已經潛入最重要的政府機構裏（美國財政部），並在最重要且發行最廣的符號（錢幣與美國總統肖像）上顯露行跡。

同樣在美國，伊斯蘭地下組織領導者路易斯・法拉克漢（Louis Farakhan），激進的暴力反猶太主義份子，慣常在他主持的會議上揮舞一張一美元的鈔票，以美國之鷹頭上的十三顆星星爲證據指控猶太人已經掌握了美國，法拉克漢並且認爲，一美元鈔票的另一面右側ONE的圖案裏暗藏了猶太人的象徵大衛之星。

某些符號也顯示出對於極右派的恐懼。每個人都知道關於萬寶路香菸資助三K黨的故事：證據是在萬寶路香菸盒上，紅白兩色條紋構成了種族主義運動的KKK標誌。這種詮釋特別是在歐洲流傳，刺激了一種反美的氣氛，證明美國是一種充滿種族主義、充滿暴力、充滿金錢權力的國家。反而美國人自己並不熟悉這樁故事。

一張加拿大一九五四年發行的鈔票，上面印著依莉莎白女王，傳說被愛爾蘭國家主義份子所「滲透」：仔細檢視英國女王的頭髮，我們將會看到一張魔鬼的醜陋面孔！這些故事讓我們回想起法國社會過去流行從某個圖案裏找到另一個毫不相干圖案的小遊戲：舉例而言，在一九六〇年代「微笑母牛」（La vache qui rit）牌乳酪的盒子上發現戴高樂總統的肖像；在駱駝牌香菸盒上單峰駱駝陰影裏牽駱駝的人，居然與布魯塞爾的尿尿小童的形象一模一樣！

撒旦的標記

和平的符號——顛倒的英文字母Y，在分叉部分的中央再延伸加上一直豎，包在一個圓圈裏——係於一九五八年由一位英國設計師爲裁減核子武器運動所設計的識別標誌。這個符號的靈感來自於兩個詞的字首：N（Nuclear，核子）與D（Disarmament，裁軍）。在一九七〇年，流傳一椿謠言指控這個符號是魔鬼撒旦的標記。根據摩根（Morgan 1988）的研究，這椿傳奇最早似乎源自於一九七〇年六月《美國觀點》（*American Opinion*）雜誌上的一篇文章，這份雜誌是由美國極右派「約翰・伯許會社」（John Birch Society）所發行。這篇文章的作者認爲這個符號是「雞足」標誌，是某些信仰撒旦團體認定的魔鬼標記，同時也是將基督十字架上下顛倒過來的作法。

在某個圖像中發現魔鬼標記最典型的故事，就是在一九八〇年代寶鹼公司的事件。這家美國生產家庭用品的大型企業，在一九八一年被一樁謠言控訴該公司被魔鬼的門徒所把持。相信這樁謠言的人們認爲，首先必須破解寶鹼公司商標所隱藏的祕密：一道以人類面孔構成的上弦月，配上十三顆星星。月亮是天體中魔鬼的象徵，十三又是一個非常不吉利的數字，而上弦月裏人類面孔鬍鬚末端鬈曲形成666的數字，這是地獄惡獸的數字，記載在新約聖經聖若望默示錄第十三章第十八節，是「反基督」的撒旦象徵。再者，上弦月兩個尖端呈螺旋狀，彷彿是兩支牡羊角，而牡羊也是魔鬼的象徵。最後，十三顆星星的排列方式，從某個角度看，同樣可以連成666的數字。

雖然寶鹼公司解釋，他們的商標是在一八七二年所設計，十三顆星星代表當時美國建國最早的十三州；月亮則是呼應寶鹼公司所生產的第一批產品——蠟燭。但是這些謠言依然廣泛流傳，甚至有人指證歷歷地說這家公司根本是月亮魔教的總部（毫無疑問是因爲那道以人類面孔構成的上弦月）。寶鹼總共收到大約十萬個要求他們解釋公司與魔鬼教派之間關係的質問。寶鹼曾對於散布這樁謠言的不同個人提出了六項法律訴訟，但是他們也面對一些非常難纏頑固的對手，例如著名的傳教士比利・葛拉漢（Billy Graham）、芝加哥教區樞機主教喬瑟夫・貝納丁

（Joseph Bernardin）與新聞記者阿比蓋・凡布林（Abigail Van Burin）。在長期不厭其煩的解釋與澄清之後，寶鹼公司終於在一九八五年決定階段性地減少公司商標在其產品上出現的機會，這時，謠言已經開始在歐洲流傳。

一九九一年七月，寶鹼公司正式修改商標，刪除被質疑的人類面孔鬍鬚末端的鬈曲線條，也去掉了上弦月兩端彷彿是兩支牡羊角的螺旋狀裝飾。但是他們依然保留了十三顆星星，強調這是代表美國十三州，而非巫師大會的十三名成員或什麼不吉利的象徵。我們注意到，人類面孔的表情也做了微小的調整，看起來更爲安詳，同時帶著微笑。

魔鬼的黑手同樣也染指到商品條碼來。電子條碼的模式是一組疏密不一、粗細有別的黑色直線，被框在前後兩道較長的細線裏。但是若將條碼視爲一種象徵性的直線組，感覺上最常出現的數字是六：更明確地說，這些象徵性的直線組往往重複三次，於是出現地獄惡獸的數字666。在新約聖經聖若望默示錄第十三章第十七節裏的一段經文，提到這種商業產品上的密碼：「除非有這印號的，就是有那獸的名字或牠名字的數字的，誰也不能買，誰也不能賣。」還有人發現，從歐洲經濟共同體出口的皮鞋的鞋底，印有666的數字，數字上同時有牡羊頭像。一九八六年，數以千計的希臘人群集於雅典國會大廈前示威遊行，抗議反對新近發行的身分證，因爲新身分證紙張上隱約浮現666的「反基督」數字。無數當代傳奇中縈繞撒旦降臨人間的惡夢，這個主題讓人們拒絕面對現代科技、拒絕接受付款的新方法，或是拒絕接受國民身分證件。

一九九一年五月，英格蘭威爾斯地區西溫斯（Swansea）掌管汽車牌照登記的監理中心宣布，他們不再發給任何含有６６６數字的汽車牌照。該中心的一位行政人員解釋說，有許多汽車駕駛人抱怨，因爲他們的車牌中含有邪惡的數字，導致車禍意外頻仍。甚至有人言之鑿鑿地說，有瘋狂動物攻擊車牌中含有６６６數字的汽車，而一位殺人兇手辯稱因爲他領到的汽車車牌中含有６６６數字，因此害他犯下罪行。英格蘭彼得巴洛（Peterborough）教區大主教贊成監理中心的這項決定，但是新教福音聯盟（Alliance evangelique）卻宣稱這種反６６６歇斯底里的做法是一種迷信，並且提出一項反證：一名虔誠的基督徒的電話號碼中含有６６６數字，但他從未要求更換（*The Independent*, 2 mai 1991.）。

在法國南部蒙柏里耶（Montpelier），緊鄰著大學文學院，有一棟私人住宅門牌標號是６６６。一位街頭藝術家顯然非常明瞭這個數字所代表的意義，於是在一九九一年的某天以噴漆與印刷模板在這棟房子的牆上畫了一幅魔鬼的頭像。尤有甚者，一位神學的業餘研究者很高興地發覺房子的主人將這棟住宅命名爲「聖瑪莉亞」（Santa Maria）：也許是巧合，更可能是有意爲之，因爲根據傳說，聖瑪莉亞將邪惡之蛇以腳後跟壓碎踩死。

另一樁流傳於法國天主教完整教派之間關於一塊路牌顯露奇蹟異象的故事，知道的人僅限於少數。這塊路牌設立於一八三二年，就在聖母瑪莉亞顯現於巴黎市巴克街一百四十號聖文生・保羅修女院（Soeurs de Saint-Vincent-de-Paul）教堂的奇蹟發生之後掛上的。它呈現凱薩琳・拉布雷（Catherine Labouré）在一八三〇年十一月二十七日所看到的奇異景象。這塊路牌的正面呈現聖母瑪莉亞站立在地球上，腳下踩死邪惡之蛇，手上發射出一組長度不等的耀眼光線。在背面，我們可以看到聖母瑪莉亞的標記：一個M字交織著一個十字，標記出現在兩個被十二顆星星所環繞的聖心上，下方則有九道光芒。完整教派的教徒們說，聖物紀念品市場上所販賣的街牌複製品上出現一些錯誤，顯然這個圖象的某些細節曾被修改過，例如光線的長度不正確，或是M字與十字的相對位置不符等等。米歇爾・瑟爾封（Michel Servant 1973）曾指出這種竄改的行爲：「這類錯誤的多樣性與重複性出現得太頻繁，我們無法相信是出於偶然。」這種說法支持者們認爲，僞造的路牌是共濟會或魔鬼教派的標記，呈現法國共濟會或魔鬼教派的神祕魔力與反天主教會的行動。完全遵造傳統所複製「眞實的」奇蹟路牌，則流傳於天主教信徒之間。

創造這樁魔鬼謠言並極力散布的團體，正是美國天主教基本教義派，以及法國天主教完整運動份子，事實上，這種情形一點也不令人意外。

最近一些關於破解魔鬼隱藏符號的故事版本多半發生在建築與都市設計領域，例如城市街道的布局構成神祕的圖案，或是羅孚宮金字塔使用666塊玻璃片搭建而成，關於這一部分，我們已經在前面《羅孚宮金字塔與撒旦的象徵》篇章中詳細介紹過了。

有一些謠言很可能是眞的，因爲有一些具體的證據。例如一九五五年設計的歐洲旗幟，歐洲議會曾做以下的說明：「在西方藍色天空的背景上，以代表歐洲人民的星星圍成一個象徵團結的圓圈。星星一共有十二顆，象徵完美與完整。」在一九八九年，一份流傳不廣的法國天主教完整教派小刊物上的文章認爲，歐洲的標誌就是巴黎市巴克街奇蹟路牌的簡化版，目的在將歐洲呈獻給聖母瑪莉亞！根據記者們鍥而不捨的訪查，發現歐洲旗幟的設計者的確是傳統的天主教徒，並且他的確直接從巴克街奇蹟路牌的圖象中獲得設計靈感。這名設計師的遺孀證實：「他虔誠信仰聖母瑪莉亞。但是我們必須保守祕密，因爲歐洲有許多不相信聖母的猶太人與新教徒。我們不能讓他們知道這就是那塊奇蹟路牌！」（*Le Canard enchaîné,* 20 décembre 1989.）

在謠言的世界裏，即使內容爲眞，永遠是一樁祕密，永遠存在於對陰謀的恐懼裏！

荷納　撰文

【參考文獻】

Philippe BARBOT, 《Les plus grandes arnaques du rock》, *Télérama,* 1997, 20 avril 1988, p. 12-15.

Véronique CAMPION-VINCENT, 《Mythe, défense et légitmation. Rumeurs et signes parmi des populations musulmanes aujourd'hui》, *Peuples méditerranéens*, n° 56-57, juillet-décembre 1991, p. 221-226.

Fortean Times, 59, septembre 1991, p. 17.

Jean-Noël KAPFERER, *Rumeurs*, 1990, p. 18, 35-39 et 265-268.

Michael KEITH, 《The bar-code beast》, *The Skeptical inquier*, 12, 4, été 1988, p. 416-418.

Hal MORGAN *et alii*, *Vraies ou fausses? Les rumeurs*, 1988, p. 88-96, 99-100 et 135-140.

Mouvements religieux, supplément aux n°s 77-78, septembre-octobre 1986, p. 7-9（code-barre, Procter & Gamble）, n° 104, décembre 1988, p. 10-11 Pyramide du Louvre）, n° 116, décembre 1989, p. 8（Procter & Gamble）.

Michel SERVANT, *Veillez et priez car l'Heure est proche*, 3 vol., Saint-Germain-en-Laye, Éd. Michel Servant et Tout Restaurer dans le Christ, 1972-1973. Voir t. II, p. 448.

誘綁白種女子為娼

一對年輕情侶準備到城中心慢跑。當他們來到大型的阿拉伯式百貨店（Babilonia）大門前，那名年輕女子突然決定要進去買一條牛仔褲，她的未婚夫打算在外頭等她。女子向他保證：「別擔心，我只進去幾秒鐘。」然而時間過去了，十分鐘，半小時，一小時，年輕女子始終沒有再出現。那男子憂心忡忡地進入這家百貨店，詢問有沒有人看到一名長相打扮如此這般的顧客。但是商店裏的人回答並沒有這樣的人進來。什麼？這名男子很確定他的未婚妻進入這家商店，但並沒有出來。於是臨時扮成神探福爾摩斯，他仔細地搜索這家商店，發覺在試衣間的地板上暗藏著一扇翻板活門。打開門裏頭是一個漆黑的小房間，裝有鐵柵欄。打開柵欄，他找到了自己的未婚妻，頭髮已經全被剃光，被藥迷昏，正準備要送往中東某個權貴人士的後宮去。

無視於許多險惡經歷的故事，無視於許多母親對子女——特別是對女兒——勿出入危險場所的千萬叮嚀，這名年輕的羅馬女子居然跑到擠滿人群摩肩擦踵的阿拉伯式百貨店，甚至可能還滿懷著經歷一些令人興奮冒險的期待。這樁謠言流傳如此之廣，以致於某一家阿拉伯式百貨店的老闆，一名年輕的黎巴嫩人，決定利用這個故事進行宣傳，他用許多微微打開的大皮箱以及許多被蒙住嘴巴的塑膠人像模特兒來裝飾他的玻璃櫥窗。然而這樁關於阿拉伯式百貨店的故事發展至此，已經完全走完一個謠言由盛而衰的自然生命週期，用不著作任何處理，幾個月之後就沒有人再提起這樁故事了。（Carbone 1990, p. 210-211.）

以上這樁背景爲一九八〇年代義大利羅馬綁架白種女子的故事，正是典型在販賣成衣商店裏流傳的謠言。但是上面的故事非常獨特地蘊含一種差異性的幽默——雖然事情仍發生在眾人生活周遭——綁架的主謀者只限於大型阿拉伯式百貨店的老闆們。

其實一九八〇年代可以說是這樁故事流傳的尾聲，它的極盛時期已經過了。

在法國，早在一九三〇與一九四〇年代，就已經出現指控商人們誘綁白種女子運到國外賣淫的謠言，最早的惡棍是賣鞋子、手套或女性內衣的商店，後來成衣製造商的許多分店成爲案件發生的重要場所。一九五〇年代開始，這樁謠言在許多城市裏流傳。大約在一九五五年出現在巴黎；一九六六在迪南（Dinan）、盧昂（Rouen）、拉瓦爾（Laval）；一九六八在勒芒（Le Mans）；一九六九在夏代侯（Châtellerault）、普瓦提埃（Poitier）、奧爾良（Orléans）；一九七〇年在亞眠（Amiens）與迪南；一九七一年在史特拉斯堡；一九七四年在夏隆・戌莎翁（Chalon-sur-Saône）；一九八五年則出現在拉荷榭・戌雍。

在最早的故事版本裏，被指控綁架女人的惡商是利用他們的專業工作坊來作案：他們通常販賣的是女用裝飾附屬品或女性衣物。因爲他們販賣商品的特殊性，往往可以自由出入婦女隱私場所，不受禁忌約束，甚至可以肆無忌憚地注視寬衣解帶的婦女。隨著時代改變，裸露的禁忌不再那麼嚴格，這些謠言所透露的隱性訊息也跟著改變：「少數人專賣女性用品情形的改變，並不意味著買賣婦女的商業也跟著式微。」（Fischler 1970, p. 230.）新的訊息是外國人所犯的罪惡，罪行十分類似，但是更爲可惡。

一九六九在法國奧爾良，關於六名猶太商人誘綁婦女故事的出現，可以視爲反猶主義的死灰復燃。這一點使得《奧爾良謠言》（*La Rumeur d'Orléan*）的重要性大增，不再只是一個關於一名漂亮女子毫無任何意義的民間故事，甚至吸引了艾德加．莫林（Edgar Morin）與他的研究團隊對其進行一項頗具規模的社會學分析。事實上這樁謠言就算有攻擊猶太人的動機，也是相當次要的，它另有更重要的其他意涵，而且它反而可以拿來做爲對抗反猶主義的武器，說明人們對於猶太人偏見式的誤解。

從十九世紀末一直到一九二〇年代，有許多人相信誘綁白種女子的故事，相信存在一個有系統的綁架歐洲婦女集團與有效率的運送網絡，然後將她們送往遙遠的國度裏賣淫爲娼。這個始終是大眾文化的重要主題，是無數電影的故事劇本，是話劇中的情節，是通俗小說與報導的題材（Rimmer）。

這種迷信在一九三〇年代到一九六〇年代依然存在。這樁故事後來變成一座民間故事的寶庫，在故事裏，年輕女子被迷昏或上當了，但最後總是千鈞一髮地從綁架魔手中逃出來：

—在劇院裏，一名女子坐在距離舞台最遠、票價最便宜的位子上，有對外表和善的夫婦邀請她一起分享包廂（因爲他們的一位朋友在最後一刻爽約無法來看戲）。在戲開演不久之後，這名女子吃下這對夫婦給她摻藥的糖果而昏迷，他們扶著她經由當時沒有任何其他人的走道離開。在劇院外的人行道上，當他們正要將這女子抬進一輛汽車時，正巧有一位女子的親暱友人突然經過，認出她來，奇蹟似地救了她。

一名佝僂背脊的老婦人在市中心路邊徘徊，她向一名年輕女子攀談，請求她幫一個忙。老婦人請她代送一封信到一個有點偏遠的地址去。這位年輕女子答應了，但是她正要轉身離去時，卻瞥見那名原本站都站不穩的老婦人卻一下子變得健步如飛。於是這女子把信交給警察。信的內容是：「這是我答應交貨的最後一名女人。」稍後，根據信上的地址，警察發現一群潛伏在那兒神色不安的男人們。這樁故事情節幾乎原封不動地——但是更戲劇性地——重複出現在另一個關於買賣人肉的主題裏（參考《不由自主的食人族》篇章）。

「設有陷阱的商店」是這類故事寶庫裏的一個重要場景。在這種敘事形式之下，這類劇情是「一種漂浮的神話：沒有名字也沒有固定的內容，沒有地點，沒有時間，沒有任何鏤刻的痕跡。」

（Fischler 1970, p. 233.）

在某些環境背景下——我們不確定別的國家是否如此，但是在法國的確如此——這種漂浮的神話卻被鏤刻在法國的城市裏。一九六六年在拉瓦爾，在一名屬於保護年輕女子協會的女士，於研討會中提出一張年輕女子在大城市裏所面臨的危險清單之後，謠言開始流傳。她請聽眾們注意並防止那些眞實的危險，有趣吸引人的搭訕者，或是提供不實工作機會的人；但她同時也提醒大家注意並防止那些想像的危險，出人意表的綁架事件。一九六九在法國奧爾良，在《黑與白》（*Noir et Blanc*）雜誌上刊登一篇敘述在格勒諾伯（Grenoble）一間女性內衣店裏所發生綁架案的故事（在最後一刻因爲她丈夫的介入而得以獲救）之後，謠言開始散布——這樁故事原本出自一本英文出版的報導文學式小說《性奴隸》（*L'Esclavage sexuel*），當時剛剛以法文在法國出版。一九七〇年在亞眠，一名年輕女子眞的失蹤了：這件案子直到十年後發現她的骸骨才獲得澄清，原來是一件她親近朋友所幹下的謀殺案。但是從漂浮的神話演變成謠言，這些環境背景只不過是導火線：原本只是一些微不足道的事件，但是大眾因爲故事而被勾起的疑懼卻賦予事件另外一些意義。這些故事都是在一些同質性很高的封閉環境中發生的，例如寄宿學校或職訓工作室，這些理性推理與詮釋的過程很快就像滾雪球似地，影響層面愈來愈大，後來幾乎整座城市都相信了。

長久以來，這個世界就存在著逼良爲娼、強迫賣淫，以及買賣婦女的勾當。但是這些情形通常並非以突如其來的綁架方式立刻推人下火坑，而是有一套循序誘騙的過程：勾搭引誘、結婚或承諾要結婚，或是仲介到遠方的國家工作。在《性奴隸》這本書裏，與「設有陷阱商店」故事並列的，是許多以誘騙方法逼良爲娼的故事。本世紀初，在許多社會工作者的輔導個案裏，歐洲與美國都有許多年輕的婦女因爲被愛情蒙騙或受到遠地優渥工作機會的吸引，最後被強迫賣淫深陷火坑的眞實故事。這些眞實故事很接近意外綁架的想像情節。

其實，突如其來綁架事件的發生並非不可能。但顯然這種事件的操作需要高度的效率：爲什麼要去綁架一名陌生女子？她可能是一位名人，屬於一個非常有權勢的家族，或是與某位官員熟識，這些都將會造成綁架者無窮的麻煩。但是在一座大城市裏，很容易找到毫無防衛能力、孤單無依、個性脆弱，生活在悲慘邊緣的女人。只要運用一些夾雜著誘惑、承諾、借貸的技巧手段，有時再夥同她周遭的親近朋友威脅利誘，不是很容易就手到擒來了嗎？

另一個讓這類故事顯得不眞實的因素，是突如其來綁架事件出現的高頻率與規律性。謠言敘述，這是因爲眞實城市的底下存在著另一座邪惡的城市，他們另有自己運作的架構與網絡，由一個權力極大的組織來操控。那些「設有陷阱的商店」就與他們互通，這個地下組織有特殊的地下管道可以將綁架來的女人不爲人知地悄悄送走。發生綁架的地點有許多可能，但是這些地點都有很濃厚的象徵意義：外國進口精品店、公共廁所（Brunvand）、隧道或公路客運總站的洗手間（發生在加拿大魁北克：Roberge）。從這些故事裏我們發現一些共通的故事橋段，其中城市裏隱藏的另一座城市是一項重要主題。在城市核心地區買賣人肉的恐怖故事裏，以掉包與綁架的方式上演同樣的主題。讓受害者失去抵抗能力的方法頗具故事性：摻了迷藥的糖果、塗上強力迷魂藥的裁縫別針、插在新款女用高跟鞋裏的毒針、催眠瓦斯……

誘拐綁架白種女子爲娼的不實故事版本——突如其來的綁架、立刻推入火坑、權力極大的地下操控組織——已經出現許多年了。它的出現，伴隨著社會改革運動以及買春賣淫國際化與擴張化的對抗運動，事實上，娼妓國際化與擴張化是歐洲發展、種族混雜與中東歐大量移民西進過程中的一個重要現象。一項由盎格魯・撒克遜民族發起的社會運動，大約在一八八五年在英國呼籲提高性服務行業的年齡限制，以壓制對於青少年女性——十二到十六歲——的性剝削。之後，從一八九九年開始，社會改革者威廉・庫特（William Coote）鼓吹領導一項跨國運動，主要對抗國際間的誘綁婦女賣淫的行爲。在一九〇二年到一九一〇年之間，「誘綁白種女子爲娼」成爲國際條約簽署的重要法律概念之一。在一九一四年，有十二個國家的許多民間組織共同簽署防止誘綁白種女子爲娼協定，其中有許多國家政府以公權力大力支持這項協定（Bristow, Pearsall）。

在眞實社會運動的另一邊，大眾對於這樁故事的興趣也不斷提高，無數電影與小說裏出現虛構的故事版本與戲劇化的情節，例如擔任海軍的哥哥在南美洲某個海港上發現他妹妹，或是在某個娼妓院裏成爲自己妹妹的恩客。爲什麼這個主題如此受到歡迎？這個故事有一些屬於潛意識心理學的根源。它象徵並化解一些嬰兒時期發生但並沒有完全解決的衝突，同時將視父親爲競爭對手的矛盾恨意投射到綁架年輕女子的恐怖人物上。這樁性剝削的故事同時也呈現從少女到眞正的女人之間性啓蒙與性甦醒的幻想，其中有種正視她們自身慾望的曖昧立場。

這些虛構的故事版本伴隨著對抗誘綁白種女子爲娼社會運動發展的現象，是綁架天眞無辜年輕女性——社會中脆弱的族群——故事種類中的獨特個案（Goss）。我們發現這樁聽過就讓人忘不了的故事到處出現。它所造成最著名的影響之一，是以違背猶太教義的謀殺儀式來指控猶太人（在《不由自主的食人族》篇章裏，我們曾提及一樁神話故事：患有痲瘋病的國王屠殺兒童，以天眞無辜孩童的鮮血洗澡以治癒絕症）。這樁故事是將外國人或社會邊緣人妖魔化的結構性元素，他們邪惡且毫無人性，他們規劃顚覆性的陰謀並裝配適當的設備，形成對於整個社會生活的威脅。在古代的羅馬社會，曾有許多故事敘述人們懷疑信仰基督的外國人或社會邊緣人會對兒童做出恐怖的惡行，並指控他們吃人肉或以儀式性的謀殺活動傷害羅馬人；這些故事主題持續流傳下來，在基督徒的社會裏，同樣的指控則轉移用在異端份子、猶太人或巫師身上。雖然《誘綁白種女子爲娼》故事裏的受害者是女人或年輕少女，但它所透露的訊息永遠都是對於一群有組織壞人的防備。

最後我們還想提醒大家注意一些情節，如同一九八五年在法國迪戎、拉荷榭・戌雍或羅馬所發生的故事一樣。在一九八四年比利時魯汶大學（Université de Louvain）民俗傳說研究者史戴芬・塔普（Stefaan Top）所蒐集的五百個傳奇故事裏，有三十一樁故事出現女性顧客在精品店試衣間裏被綁架的情節。無論如何，《誘綁白種女子爲娼》顯然走到謠言生命週期的下坡末期了。現在有組織的綁架集團以買賣人體器官的面貌出現，例如《被偷走的腎臟》故事，更有現代化的驚悚效果。在義大利，我們最近還聽到一些關於「設有陷阱商店」的謠言，例如一九八九年二月發生在帕勒莫（Palerme），一九九〇年八月在巴里（Bari）的故事，但是躲藏在商店背後的是竊取人體器官的外科醫師，而不再是買賣婦女逼良爲娼的人口販子（Bermani）。毫無疑問地，這樁故事沒落是因爲道德解放的結果，再也不會有人相信一名年輕女孩子，因爲把臉龐露出或將身體一部分裸露讓外人看到之後，就因此賠上她一生的故事。如果這類故事還能存在的話，反而可能是因爲直接以臉面對外國人露出明顯敵意來，所造成的一些衝突後果（Champion-Vincent）。

坎皮儂・文森　撰文

【參考文獻】

Cesare BERMANI, *Il bambino è servito*, 1991, p. 251-284.

Edward J. BRISTOW, *Prostitution and Prejudice. The Jewish Fight against White Slavery*, 1870-1939, Oxford, Clarendon Press, 1982.

Jan Harold BRUNVAND, *The Choking Doberman*, 1984, p.78-81.

Véronique CAMPION-VINCENT, 《Complots et avertissements: légendes urbaines dans la ville》, *Revue française de sociologie*, 30, 1989, p. 91-105.

Maria Teresa CARBONE, *99 leggende urbane,* 1990: 《Rapimenti》, p. 210-215.

Claude FISCHLER, 《La rumeur d'Amiens》, in Edgar Morin, *La Rumeur d'Orléans,* Paris, 1970, p. 223-242.

Michael Goss, 《The lessons of folklore》, *Magonia,* 38, janvier 1991, p. 10-14.

Ronald PEARSALL, *The Worm in the Bud. The World of Victorian Sexuality*, London, Pelican, 1971.

John RIMMER, *The Evidence for Alien Abuductions*, Wellingborough, The Aquarian Press, 1984, p. 50-53.

Martine ROBERGE, *La Rumeur*, Québec, Célat-université Laval.

Stefaan TOP, 《Modern legends in the Belgian oral tradition: a Report》, *Foaftale News*, 17, mars 1990, p. 3-5.

被紫外線燈烤熟的少女

一名在美容院裏使用曬深膚色照射燈的少女，爲了快一點讓自己的皮膚在一個延長療程裏就能曬成美麗的古銅色，特別靠近照射燈。很快地，她就感覺到不舒服。於是事後這名少女到醫生那兒檢查，醫生告訴她說，由於太長時間暴露在照射燈的強烈紫外線之下，她的內臟已經被烤熟了。

（Brunvand 1989, p. 29.）

這樁駭人聽聞的故事於一九八〇年代出現於美國。美國民俗傳說研究者強・哈洛德・布朗范德蒐集了這個故事的許多不同版本，出版了一本標題爲《該死！又烤焦了！》（*Curses! Broiled Again!*）的專書。

分析這樁故事的第一個方向，可以拿它與從物體內部開始煮熟的微波爐故事進行比較。一九七八年，布朗范德的一名學生在美國猶他州蒐集到敘述有人爲了要把濕漉漉的頭髮烘乾，而將頭放進微波爐的兩樁故事。一九九二年，我們所指導的一名學生告訴我們一樁謠言：微波爐的製造商刻意將爐門改小，因爲有人嘗試將頭放進爐裏烘乾頭髮。這些故事都很接近我們在前面討論過的《微波爐裏的貓》篇章。以下是另一樁我們在一九九二年三月所聽到的故事：

門沒有嚴密關好的微波爐會洩露出危險的輻射波。有人因此頭腦被烤熟。雖然最後獲救挽回生命，但從此變成植物人。

以上這樁故事，其實是從微波爐衍生出來的三樁謠言的綜合版本：門沒有嚴密關好的微波爐所造成的危險、想烘乾頭髮的人，以及被微波爐烤熟體內器官的人。

事實上一九六〇年代開始，先是在美國，然後在歐洲，都流傳著長期在微波爐旁工作的人所發生的意外。

一名在快餐店工作的女子經常因爲奇怪的症狀而痛苦，不斷地到不同的醫生那兒看診，但始終無法治癒。她的病情不斷惡化，終於去世。解剖屍體檢驗時，發現她體內的各種器官都被完全烤熟了。追查原因，是快餐店裏一台有問題的微波爐洩漏輻射波所造成。

（大約在一九七二年，引自 Brunvand 1984, p. 152.）

一些技工使用微波爐並常常經過這些爐子，微波爐運作時爐門是開著的，結果他們的內臟都被烤熟了。

（大約在一九七八年，引自 Brunvand 1981, p. 63.）

在一家旅館的廚房裏，一名廚師突然間向後一仰，倒地而亡。死因是：他在爐門開著的微波爐前來來去去，結果腎臟被烤熟了。

（Brednich 1990, p. 111-112.）

與其他關於動物被烤熟的故事不同的是，以上的故事並不是基於對微波爐的不瞭解：確實，微波爐是以刺激物體內水分子超高頻率的活動，讓食物從內部開始熱起來。但這些悲劇發生的原因，是微波爐有別於傳統火爐的烹煮方式——那種看不見的微波，以及幾乎無法察覺的速度。人們害怕被這種有害的輻射波傷害。事實上，即使微波可能造成周圍人們的一些不舒服（疲倦、頭暈、頭痛），這種設備也絕不可能烤熟人們的五臟六腑。這些傳奇呈現人們對於輻射波的恐懼——既帶來優點與也挾帶缺點——那些新科技所使用的輻射波：X光、原子能射線等等。

因此，微波爐被拿來與雷射錯誤對照，如同一九八〇年代初流傳於法國一樁故事中所透露出的訊息。

某一天，一名女傭用手拿起微波爐裏的盤子時，突然倒下來，整個人活生生被切割開來。謠言傳說，因爲她強行將手伸進微波爐裏去拿盤子，這名女傭就讓微波將自己的身體在一瞬間切成兩半。

（Kapferer 1990, p. 141-142.）

前面《電焊工人的隱形眼鏡》篇章裏，同樣也曾指控微波爐。

在被曬深膚色照射燈烤熟少女的故事裏，我們不只發現烤熟內臟的主題，還發現由照射燈所發射出來的輻射線。但事實上，這又是一個混淆誤解，因爲照射燈所發射出來的紫外線與微波爐發射的微波，剛好分居電磁學光譜的兩端，在可見光的不同兩邊。設計用來曬深膚色的照射燈絕不可能放射出微波。

不同的故事版本描述女子曬深膚色的不同動機：不願在夏季度假期間讓皮膚顯得過於白皙、討好男朋友、讓自己在婚禮中配上白紗顯得更美麗……

同樣地，這樁故事也敘述少女使用小計倆偷偷違規延長了曬深皮膚的療程。舉例而言，在故事中往往同時會描述，美容院裏訂有在太陽光燈下每日照射的時間不得超過三十分鐘的規定。

在一個比較普及的版本裏，敘述出現意外的徵兆是身體發散出一種奇怪的臭味，即使不斷洗澡或撒上清新香水也遮蓋不住。

最後，大部分的故事版本對於受害當事人過世的原因與過程細節進行詳細的描述：醫生宣稱她不可能醫治這種疾病，因爲這就好像要他「重新賦予一塊烤熟的牛排活潑生命一樣」。（布朗范德反諷地下了一個註腳說，反倒是沒有比帶一塊烤熟的牛排給活生生的人更容易的了！）故事敘述這名少女眼睛瞎了，而且剩下沒有幾天可活；故事標明少女無奈等死的醫院名字；同時，很自然地，最常見的是這位不幸少女一位女性朋友的女性朋友講述這樁故事。

從醫學的觀點來審視，這樁故事完全不可能發生：一項曬深皮膚療程的過度使用，唯一可能造成的傷害是「太陽過度曬傷」，也就是皮膚灼傷。長期來看，過度接受曬深皮膚的療程——不論自然或人工的——將會加速皮膚老化，並增加罹患皮膚癌的危險。這種被曬深膚色紫外線照射燈烤熟內臟的想法，依照我們的分析，是一項與微波混淆的誤解。

這樁傳奇的詮釋

如何詮釋這樁當代傳奇？首先，它顯示如果我們不小心的話，濫用某些工具將導致身體健康上的危險。這同時是一種對於新科技不信任的提醒，特別是那些會放射出不可見波的機器。事實上，這是一樁典型道德教訓的寓言，喜歡打扮賣俏的人將受到懲罰：這是十六世紀與十七世紀西歐流行「勸世靜物畫」（Vanitas）的口語現代版，「勸世靜物畫」是一種靜物畫的重要類型，畫中的主題象徵死亡的必然，以及塵世歡樂的短暫與空虛，往往畫著一名手持鏡子正在梳妝打扮的少女，背後站立著骷髏或死神。

更深一層詮釋，這樁當代傳奇將一項中世紀末文學與肖像畫的主題的《世界之母》（*Dame Monde*，德文作Frau Welt）翻新再造，主角是一名容貌非常美麗的少女，但是背上布滿潰瘍與腐敗。這是坐落於十三世紀建造的德國沃爾姆斯（Worms）大教堂南側的一座雕像，是一名美麗的女子，穿著華麗高貴，臉上帶著微笑，在她的腳下拜倒著一名騎士；但是如果我們轉到她的背部，將會發現她的背上腐爛不堪，滿布蛆蟲。德裔美籍的精神科醫師沃爾夫貢・里德瑞

（Wolfgang Lederer）在其一九六八年所著《女性恐懼症》（*Gynophobia*）一書中，有一整個章節討論「世界之母，腐敗的香氣」。他展現這個基督徒訴諸道德時常被引用的主題，在其他時代裏也曾在其他文化裏出現。里德瑞將這個隱喻藉由一系列彼此相關的象徵來詮釋：世界—軀體—女性—腐敗—死亡。這個主題的深層意義爲：生命的核心是死亡。

被紫外線燈烤熟少女的傳奇呈現類似的故事結構：宜人的外表（一名皮膚呈古銅色的美麗少女）下隱藏著醜陋的眞實（已經壞死的內臟）。值得注意的是，這椿傳奇從未以男人做爲主角。

藉由古代主題與當代主題的對照比較，可以幫助我們瞭解故事中一些看來怪異的情節。在一九八八年於美國印第安那州所蒐集到的故事版本裏，醫生對少女說：「妳以人工的方式讓皮膚曬成古銅色，現在必須爲此付出代價。妳的身體內部正在腐敗，而且毫無疑問地妳將因爲這種腐敗而死。」（Brunvand 1989, p. 35.）如果我們未曾讀過這些古代主題的話，恐怕無法瞭解故事爲什麼會將「烤熟的內臟」與「腐敗的內臟」畫上等號。同樣地，在許多傳奇版本中出現揮散不去的「臭味」，可與連上沃爾夫貢．里德瑞所謂的「腐敗的香氣」，是女性散發出來的死亡味道。這位美國的精神科醫師也提到一椿關於女性的希臘利姆諾斯（Lemnos）島傳奇：古希臘性愛與美貌女神阿佛洛狄特（Aphrodite）對於不願意敬拜他的女人，施以一種令人厭惡的縈繞氣味做爲懲罰。

關於這椿當代傳奇與它古代源頭的最後一項比較分析，是克勞德．里維史陀（Claude

Lévi-Strauss 1964, 1968）所提出的語意學上「生鮮，煮熟，腐敗」（le Cru, le Cuit, le Pourri）的三角結構。生鮮，尚未加工，在三角形沒有標註的一個端點，意味著生命。煮熟與腐敗分居三角形上設有標註的另兩個端點，代表已經過加工，意味著死亡。不同的是，腐爛是生鮮的自然轉變，是一種自然死亡；煮熟則是生鮮的文化轉變，代表一種文化死亡。古代主題裏腐敗的女性是一種自然死亡的隱喻，當代傳奇中烤熟的女子則顯然代表著文化所造成的死亡。在這樁故事裏，我們清楚地發現反科技的訊息。

荷納　撰文

【參考文獻】

Rolf Wilhelm BREDNICH, *Die Spinne in der Yucca-Palme*, 1990, p. 111-112.

Jan Harold BRUNVAND, *The Vanishing Hitchhiker*, 1981, 1981, p. 63.

-, *The Choking Doberman*, 1984, p. 152.

-, *Curses! Broiled Again!*, 1989, p. 29.

Jean-Noël KAPFERER, *Rumeurs*, 1990, p. 141-142.

Wolfgang LEDERER, *Gynophobia ou la peur des femmes*, Paris, Payot, 1970, p. 37-43（traduit de l'américain par M. Manin）.

Claude LÉVI-STRAUSS, *Le Cru et le cuit*, Paris, Plon, 1964, passim.

-, *L'Origine des manières de table*, Paris, Plon, 1968, p. 396-411.

放生的毒蛇

在所有看見這件事發生的人當中，就屬蒂埃里（Thierry）看得最清楚。他看得非常清楚，並且在廣播電台裏全盤托出：

飛機盤旋大約二十分鐘，然後突然之間，我看到有一個東西吊在半空中，某種黑色布包裹似的東西。這東西大約有一公尺長，慢慢地降落到法國中南部石灰岩地質的喀斯（causse）高原上。它的底部應該是可開啓式的。它降到一個之前用炸藥炸出約十公尺深的坑洞裏。我無法告訴你們那東西發出什麼樣的聲音，因爲當時我的摩托車並沒有熄火，轟轟作響，我聽不到任何聲音。這應該是一種毒蛇放生之類的系統。

「毒蛇」：上一段話裏最後附帶提起的一個名詞，自自然然放在一段句子裏，就好像是一個理所當然普遍被接受的假設。當然，在那一天，蒂埃里並沒有親眼看到毒蛇，而他也不是那種無中生有、沒看到卻亂說謊的孩子。但是在整片電台廣播涵蓋的範圍裏，沒有人會反對這個說法，因爲大家都知道生態保育人士租用飛機到法國鄉村放生劇毒響尾蛇這回事。大約三年的期間裏，在法國的熱爾（Gers）、多爾多涅（Dordogne）、普羅旺斯或黑蒙塔涅（Montagne Noir）等地區，都可以發現這些蛇類蔓延入侵的蹤跡。

（Harang 1981.）

從一九六〇年代中期起在法國流傳放生毒蛇的故事，建構出一整套的迷信：因爲有組織的毒蛇放生行動，通常是利用空運，造成這種危險動物異常地大量迅速繁殖增多的結果。這類行動是由實驗室、生態保育人士或政府人員執行，放生的目的在於強化生物物種的平衡，並利用毒蛇捕食松鼠等囓齒動物（這些動物啃食危害森林），同時做爲受保護猛禽類的食物（特別是鷲鷹）。這些故事都是從個人親身經驗出發。以下是一位親近朋友的描述：

> 大約在五年或六年前（……），有人在法國中部的歐布拉克（Aubrac）山區放生一袋一袋的毒蛇。
>
> 我的一位小叔曾經到歐布拉克山區探險，有一天，他跌了一跤，趴在地上的他發現鼻子的正前方是一包沒有裂開的袋子。這是從一架飛得很低的直昇機上丟下來的。由於袋子沒有裂開，毒蛇並沒有跑出來。我的小叔把袋子打開一看，裏頭大約有一百條響尾蛇。
>
> （人類學者布魯諾．蘇利耶〔Bruno Soulier〕在一九八八年四月於法國洛澤爾〔Lozére〕省列薩塞斯〔Les Salces〕地區所作的訪談紀錄）

仔細研究法國環境部十餘年來所收到的抗議信件，我們發現一些線索，這些線索與最近一些目擊證人精采刺激的訪談紀錄內容十分近似：

一九八二年九月，一位法國夏朗德（Charente）省塞岡札克（Segonzac）地區的居民以及一位科雷茲（Correz）省美納克（Maynac）地區的居民都看到一架直昇機丟下一包白色的包裹。（……）在塞岡札克，人們在包裹的碎片中發現三或四條毒蛇的屍體，它們是在著陸時摔死的。但是在美納克，一些在包裹著陸時幾乎同一時間趕到現場的目擊證人，非常驚訝地看到，爲數眾多的蛇從塑膠包裹裏迅速爬出，四散消失在原野裏。

（一九八二年十一月來信）

這是一項事實：大約三個星期之前，一些本地居民看見一架直昇機降落在原野中，短暫停留之後，在當地留下一個籠子。一名農夫覺得直昇機的舉動很怪異，前往查看，找到以一根棍子卡著籠門的鐵籠。籠子裏關著大約二十條劇毒響尾蛇。

（一九八四年八月來信）

這些迷信導引人們詮釋的方向，甚至影響改變了人們的觀察結果。我們用它來解釋直昇機或飛機的出現，我們看到了降落傘、布包裹、裝著毒蛇的籠子。我們發現蛇群，發現印有「環境部」標誌的包裝。毒蛇放生是一項醜聞式的行動，這樁故事針對不同類型的人提出指控。

首先，製藥研究實驗室與以毒蛇生產抗毒血清的製造商被指控。這些實驗不是需要大量的原料，也就是毒蛇嗎？另一方面，如果毒蛇隨處可見而且數量眾多，他們就可以賣出更多的抗毒血清。

另一方面，人們也歸咎於生態保育人士、野生動物之友以及所謂「從前的有害動物」

（mal-aimés d'hier，就是過去被視爲對人有害的動物，在今天這個專有名詞變成一個名副其實的禁忌，沒有人可以傷害它們）的捍衛者。他們不是帶著狂熱保護猛禽類，尤其是鷲鷹嗎？爲了保護猛禽，必須提供它們足夠的食物，因此這些人放養毒蛇。

最後，行政官員也被認爲是罪魁禍首，特別是環境部的年輕官員：他們居然阻止人們捕殺毒蛇，簡直不可思議！另一方面，他們推動一系列野放動物重回自然的行動：野放河狸或高山鬣羊還可以給人一些好印象，但是他們同時也將山貓與禿鷹放生！如果連這種有害的動物都可以放生，那麼何不試試熊或狼？當然還有劇毒響尾蛇！從這個觀點來看，毒蛇的放生行動只是生態保育人士與嬌生慣養的知識份子所主導，基於時代（可悲的）觀念而推動野放有害動物一系列行動中的一個例子。其他一些故事，例如前面討論過的《神祕的貓科動物》篇章，構思的基本精神與毒蛇放生十分相近。故事指控的社會團體時有改變，端視故事的主題重點爲何？隨著時代的發展，實驗室從指控的名單上淡出，矛頭愈來愈常指向政府行政人員。故事的形式也修改得更爲社會大眾接受，人們不再像以往一樣常看到直昇機、降落傘、飛機，但是依然常常發現包裹與蛇群。在一九八一年到一九八三年期間，這類的熱潮冷卻下來；但是某些特定的族群仍舊執著這樁迷信，這些族群通常是人格特質脆弱且易受影響的人們，或是敵視生態保育人士的人們。

法國一九七六年通過立法的自然保護法，一九七九年頒布關於蛇類與兩棲動物的相關施行細則，改變了許多動物的法律地位。響尾蛇類與水蛇類被歸類爲保育動物，除了科學研究的特殊需要並獲得環境部的許可以外，不准傷害、買賣、運送、捕捉與出口。

對於許多人來說，這兩項法律完完全全改變了既有的行爲準則。政府嚴格地限制發給傷害毒蛇的特許。然而，實驗室與製藥商必須購買毒蛇以製造抗毒血清產品，例如著名的巴斯德研究所（Institut Pasteur）在一九三〇年代曾多次聯合藥商大規模地補捉毒蛇，而加爾西中心（Centre de Garches）在一九五六年就總共殺了兩萬條響尾蛇。響尾蛇常被用來做成標本當作戰利品，或做爲浸泡蛇酒的原料，就浸泡蛇酒而言，無毒水蛇特別受到深好此道的老饕歡迎，同時也有許多人相信蛇本身就可以做爲藥材使用。因爲這些需求，從一九七九年——頒布自然保護法施行細則的那一年——起，估計每年仍有一萬條響尾蛇被捕殺，參與捕殺行動的是數量大約二十餘名的專業獵人、一些社會邊緣人以及業餘獵人，還有一些江湖郎中。其實大大小小的動物園、博覽會與學校的展覽館裏，都會將國外的毒蛇與法國本地的響尾蛇、水蛇擺在一塊兒公開展示。這些邊緣行業的需求、抱怨與申訴都被行政當局所漠視。

在個人的立場上，我堅決支持這些法律的修改，因爲它們是一種心態調整的法律表達；他們傳達出現代人面對自然與面對動物時應有的新規範。但是毒蛇放生故事的存在先於這些法律條文，這些故事出現的原因，是人們對於他們所經歷一些心態調整的反應。

做爲新的保護立法與嚴格施行細則的催生者，生態保育人士與科學家們強烈地抨擊那些認爲只要妨礙人類的動物都應該被殺害的陳腐觀念。他們以極大的熱誠鼓吹新觀念的建立，強調設立捕獸陷阱是一種殘忍的傳統做法，彷彿會玷污了他們的魔法工具（夾住貓頭鷹，捕殺鷲鷹或響尾蛇），於是推動立法來達到他們的目的。這些對於新觀念建立與保護有害動物的熱誠意願造成生態保育人士與社會大眾的對立，於是有毒蛇放生故事的出現。

這些故事如何散布呢？它們在法國鄉村間流傳，造成了地方議會針對許多國家公園設立的口頭爭議。從一九八二年開始，我們發現這類的故事翻越國界，抵達瑞士瓦列（Valais）山區，特別是在法語系的地區流傳。一九八九年底，這樁故事出現在義大利北部，一座山地小鄉村的咖啡館老闆發現裝著毒蛇的降落傘（一名驚訝的警察拍下照片，發表在一九八九年十月十三日的當地報紙《La Stampa》上）。

放生毒蛇的人的確存在。他們並不屬於任何組織，人數也不很多。是一些業餘的放生者、蛇類的愛好者。

> 我個人曾做過好幾次放生毒蛇的舉動。我住在法國中央高地克萊蒙（Clermont）市的郊區，我相信這麼做是對的。因為原本盛產蛇類的地區漸漸被都市化了，我們捕捉這些蛇，將它們放到更適合居住與活動、生長的地區。這項行動與大規模產業化的放生毫無關聯。我們一年大約有十五人次左右的行動，只不過將一些蛇遷移幾公里的距離。
>
> （一九八七年十二月二十三日標題為「爬行動物的愛好者」的來信：Sabatier annexe 8.）

彭卡爾教授（professeur Baumgart）告訴副省長說，在西波維列（Ribeauvillé）、波翁莫

（Bonhomme）、拉普托（Lapoutoie）等地，放生毒蛇的人曾在一九七三年野放了一百條穴居響尾蛇，一九七九年則再野放了一百條穴居響尾蛇與六十五條樹居響尾蛇。（……）這些行動並沒有讓媒體參與，因爲一旦他們知悉並報導了，將會造成公眾恐慌：事情愈能保密，就愈能辦妥。副省長建議與某位放生毒蛇者的父親見面，要求他阻止自己兒子的行爲。

（一九八四年四月六日討論響尾蛇相關事務的會議記錄：Sabatier annexe 9.）

在自然保護法施行細則頒布之後，出現許多實驗室違法聘請獵人捕捉毒蛇的案例，一九八〇年查獲了共約五千條蛇，一九八一年則約一千五百條。行政當局建議這些實驗室，利用自行飼養或從國外進口（特別是從蘇聯地區進口）的方式滿足需求，同時也建議將飼養的幼蛇野放，這些建議衍生出毒蛇放生的行動。但是如果放生後過一段時間再去捕捉，這種行爲同樣違反法令。因此，很可能是一些實驗室特約的獵人們爲了確保獵獲量而自行推動的「集體放生」，把原野當作大牧場，這麼做方便多了。

毒蛇放生的故事是不是反過頭來鼓勵了放生者？它是不是變成了一種鑽法律漏洞的模式？一九八八年十一月一家瑞士電視台名爲《當前時代》（Temps présent）系列報導中關於一樁謠言的報導，呈現了這種憂慮：

一九八二年，一家總部設在瑞士瓦列省首府西翁（Sion）市名爲「冰原航空」（Air Glacier）

的直昇機租賃公司的總經理，接到一通來自日內瓦某公司的電話，要求租用他們的直昇機到山區放生毒蛇。這位總經理嚴辭拒絕了，神祕電話的那一頭回答說：「我們會找到其他辦法解決的，可以跟法國合作。」兩天之後，一架拒絕依照當地法規表明身分的法國直昇機飛越邊界，在山區放置一些東西。這件事是不是如同日內瓦世界野生動物基金會（WWF Genève）生態保育專家在電視節目中所謂的開玩笑與過度詮釋？這件事看起來很難以具體證據確認，即使它是一個玩笑，但也很可能某個惡作劇者眞的把毒蛇放生了。

一般對於放生毒蛇故事的討論顯然忽略了故事情節裏非理性的部分，因此覺得人們散布這樁故事，甚至如同迷信者、精神病患者一樣地反對生態保育人士，定他們的罪，就像中世紀時人們圍捕巫師一樣，是十分荒謬的現象。事實上，要瞭解這樁故事所透露的訊息，破譯它的意義，必須完整地分析故事的整體，絕不可略過非理性的部分。

放生毒蛇的故事結合了兩項敘事元素：毒蛇，以及飛機或直昇機。

在本質上，毒蛇是邪惡動物的原型。放蛇歸野是一件嚴重的蠢事，是一個出發點善良但後來卻完全失控的最佳範例。選擇蛇這種蜷伏在陰暗角落，隨時準備攻擊人的動物，象徵著生態保育人士與政府行政人員已經變成巫師的門徒，因爲埋首於對大自然的熱愛而忘記了人類本身的利益。

直昇機與飛機，乍看之下彷彿是整樁故事的一項細節，甚至是微不足道的累贅之物。但是在我們這個時代裏，這種機器在鄉村地區非常普遍地被使用。但是如果仔細閱讀一椿結構完整的這類故事——不是那些指控某個團體放生毒蛇的簡短謠言——將會發現它是這故事的核心，直昇機與飛機出現的原因荒謬得令人難以置信，它們的目的居然是要輕巧穩定地讓盒子、籠子或布包裹順利著陸。這項奇特的元素吸引了我們的注意力，這項元素也使得這椿故事顯得有趣、有水準、值得一提。這是一項充滿幻想並且很不切實際的元素（直昇機太貴了，使用一輛吉普車或卡車不但更有效率，也比較不容易被人發現，另一方面也不必冒著摔死毒蛇的風險）正可以被拿來做爲一個證據，因爲按照邏輯推論，不會有人大費周章地租用直昇機或飛機來開玩笑。它的出現，可以推翻這椿故事是反生態保育陰謀的說法，證明這椿故事並不是依循宣傳的邏輯，而是依循另一個遮遮掩掩、拐彎抹角過程的象徵性邏輯來執行。直昇機與飛機是這故事核心的另一個原因，是它結合了天空與地底深處，連結了蛇、先進科技與大自然。它整合了一些本質迥異、原本不會碰在一起的元素。

這椿故事的說服力奠基於一種密碼式、隱藏式的表現方法，藉由保護與野放野生動物的行動，在社會大眾中傳布一些半成形的思維想法。這些思維是關於政府的政策與管制——當政府的政策目標與人民所好一致，管制就是良善的；但是當管制是阻止人們對於有害的動物做出反應時，就會引發憂懼與敵意。

面對現代科學強而有力的正統教義，並且結合政府公權力推動制定保護野生動物的法律，毒蛇放生的故事其實代表某些從沒有人詢問過他們意見的弱勢族群的聲音，他們怯怯地提出一個憂心忡忡的疑問：這些新的觀念會不會賦予動物過多的優勢權利？甚至最糟糕的是，動物所獲得的權利會不會已經超過人類？

坎皮儂・文森　撰文

【參考文獻】

Véronique CAMPION-VINCENT, 《Histoires de lâchers de vipères: une Légende française contemporaine》, *Ethnologie française*, 20, 1990, 2, p. 143-155.

Maria Teresa CARBONE, *99 leggende urbane*, 1990, p. 230-233.

Jean-Baptiste HARANG, 《D'où sortent ces serpents qui sautent sur nos têtes?》 *Libération*, 11 août 1981.

Valérie PÉRIGNE, *Les Vipères ont-elles des ailes?*, Université Paris-V René-Descartes, 1989.

Élisabeth RÉMY, *La Rumeur des lâchers de vipèrs*, SRETIE, 1989.

Lydie SABATIER, *Analyse d'une rumeur contemporaine: les lâchers de vipèrs en France*, université de Lyon-II, 1988.

上當的小偷

毫無疑問地，我們應該把標題改爲「上當的女小偷」，因爲在這樁故事裏，最常出現的主角是女性。一名女子，一個人獨自住在公寓裏，努力要找到一個適當地方把她死去的貓埋葬起來。

她與一位擁有一棟在鄉下的房子並同意把她死去的貓埋到院子裏的女性朋友相約，訂在一座購物中心裏的一家茶館碰面。她把貓的屍體放進一個牛皮紙袋裏帶著上路。這名女子提早到達，爲了消磨等待的時間，她在購物中心裏閒逛，結果把牛皮紙袋忘在某家商店的櫃檯上。她慌張返回尋找，卻怎麼也找不到。店員非常同情她，並解釋這家店經常被小偷光顧。女子空手離開這家店，鬆了一口氣，她無論如何還是解決了貓屍體的問題。她走到一堆人群之前，突然瞥見一名神色慌張的肥胖婦女，寬闊的胸前抱著一個紙袋，袋口露出一截死去貓的頭顱。

——摘錄自一九五九年五月二十八日美國印第安那州布魯明頓（Bloomington）報（Brunvand 1981, p. 104.）

從一九五〇年代開始，這樁故事每隔一段時間就會以眞實民間故事的面貌出現一次，故事有許多不同的版本，劇情中小偷並沒有被問罪懲罰，只是錯拿了替代品。

> 在英格蘭的故事版裏，一整天城市裏的奔波走動之後，懊惱的的女子還是無法找到機會擺脫裝著貓屍體的牛皮紙袋。她把牛皮紙袋故意忘在公共汽車上、故意忘在博物館的行李寄存處、故意忘在餐廳的衣帽間、故意忘在百貨公司的展示架旁。但每一次都有善心人士提醒她別忘了屬於她的東西。最後一次，她找到了一位擁有一棟花園洋房並同意把寵物屍體埋到花園裏的女性朋友。到達這位伸出援手的朋友家裏後，她打開牛皮紙袋口，希望看心愛的寵物最後一眼。哇！出人意外，裏頭是一條肥美的羊腿……
>
> ——摘錄自一九五三年《阿肯色民俗傳說》（Arkansas Folklore）上的一篇文章
>
> （引自Brunvand 1981, p. 107.）

一首發表於一九六〇年，流行於倫敦東區的歌曲讓這樁荒唐的故事幾乎永垂不朽。但是在這首歌裏，取代那具寵物屍體的是六隻小貓……

在一九八〇年代，上當女小偷故事的開場程序更動了。

我們不再看到一名獨自住在公寓裏，企圖要找到一個地方把她死去的貓埋葬起來的女子，而是兩名不願意破壞環境清潔的年輕女子。在某一個交通繁忙的日子裏，她們開車走在一座商業中心外的車道上，一不留神壓死了一隻突然衝到輪前的貓。她們收拾貓的屍體，放進一個印有著名品牌標誌的紙袋裏。找到停車位之後，她們把紙袋留在車子後座，下車購物。逛了一陣子後，其中之一突然發現一名儀態高貴的女子，腋下夾著一個印有同樣品牌標誌的紙袋，朝著一家小咖啡館走去。她們尾隨這名女子，坐在離她幾個桌子遠的地方觀察她。在點了飲料之後，這名外表高貴的女竊賊把手輕輕地滑進這個令人覬覦的漂亮紙袋裏，突然大驚失色，然後昏倒。兩名救護人員趕來，用擔架把她抬往救護車。這名女竊賊神智不清地喊著：「那個紙袋！那個紙袋！」一名救護人員安慰她說：「別擔心，女士，紙袋在這裏。」他幫她拾起紙袋，擺在擔架上。然後救護車將這名女子帶走……

——摘錄自一九八二年十二月二十九日美國麻薩諸塞州易普威治（Ipswich）地方報紙（引自Brunvand 1984, p. 216-217.）

有時候，是咖啡館裏的女服務生叫住救護車，殷勤地把紙袋放在嚇得驚慌失措躺在擔架上女竊賊的肚子上——這是佛羅里達州瑞維（Reaver）所講述的故事版本。以下兩樁出現在一九八〇年代的戲謔版本，呈現改寫上當小偷故事的活潑創作活力。

在紐約，這件事彷彿發生在巨人的世界裏。在地鐵的出入旋轉閘門上，一名年輕的壯漢假裝要幫助一名女子提東西，卻搶走了她攜帶的包裹，這是一個巨大的包裹……，裏頭裝著女子要帶到狗墓園埋葬的大丹麥犬的屍體……

在芝加哥，事情發生的原因是爲了保護自己的信譽。一名行李搬運工人發現在一輛開往羅馬的貨運火車上，他所負責照料的貨櫃裏有一隻死掉的鬈毛狗。這位名工人因爲擔心顧客提出損害賠償的要求，於是自掏腰包買了一隻外表一模一樣的鬈毛狗補上。抵達義大利以後，這條狗發出興奮開朗的吠聲，從籠子裏跳出來撲向女主人身上……，那女子受到嚴重的驚嚇，因爲她原本是將愛犬的屍體托運回義大利埋葬的。

（引自 Brunvand 1987, p. 32-34.）

再把焦點轉回竊盜與那句格言「信不信由你」，我們發現與死掉的貓系列——這個系列還衍生出更笨重屍體的《被偷走的祖母》故事——平行發展的，是另一個我們可以稱之爲《被偷走的樣本》系列故事。故事的女主角——這類故事總與女人有關——放在汽車後座的一瓶威士忌被偷走了，帶上公共汽車的一個皮包被偷走了，扣在自行車上的帆布袋被偷走了等等。裏頭裝的是她要送到實驗室進行分析的尿液樣本。這一系列民間故事劇情中通常會暗示，上當的小偷是一名邊緣化了的酗酒上癮者。一樁美國的故事版本結合了一位非常有責任感的狗主人與幾名年輕男孩，其中有關搶劫的劇情極富想像力，也非常幽默。

這樁令人嘖嘖稱奇的故事是眞的，就發生在我父親身上。他每天帶狗出去散步兩次，而且做爲一位有責任感的狗主人，他檢拾愛犬的排泄物裝在一個紙袋裏，隨身帶著一直到發現垃圾桶丟棄爲止。一天，他使用一個麵包店常用的白色紙袋。正要結束散步旅程時，他經過一個滿排小商店的街區，有三名年輕男孩快跑衝過他並搶走那個紙袋。很自然地，他並沒有追逐這些小搶匪。當他想到這些男孩正打開那個紙袋，想到他們在裏頭發現「熱騰騰的麵包」時，忍不住發笑……

——口述證詞（Brunvand 1984, p. 129.）

在一九七八年，民俗傳說研究者察里斯・道伊爾（Charles Doyle）嘗試將《上當的小偷》、《被偷走的祖母》與《不由自主的食人族》故事進行比較與詮釋。他在家庭寵物的屍體題材中發現飲食的禁忌，在排泄物的題材中找到人類軀體的替代品。

上當的女小偷與男小偷錯認了要偷的東西。在另外的故事類型中，小偷甚至會搞不清楚整件事情的狀況：他自認被偷了，同時相信找到了小偷並拿回屬於自己的東西，完全不去檢驗他所想的到底是不是事實。雖然這些故事對某些重要的社會問題提出評論，它們討論在現代大城市裏我們大部分人社會接觸的匿名性與不確定性，它們也提醒自衛行爲可能帶來的危險，但是人們往往帶著輕視的態度將偷竊的故事歸類在戲謔笑話裏。其實這些故事的深處隱含著值得深究的道德觀。

往往那些被直接冒犯的人會覺得自己是受害者，因此反擊。在這一類的故事裏，演員們是男人。

一名清晨上班之前先到中央公園慢跑的紐約人，慢跑時受到另一名慢跑者的推擠與超越。驚愕之餘，他摸摸自己的後褲袋，發覺皮夾不見了。他告訴自己：「不行，我不能任憑他這樣做。」他全力衝刺，趕上那名慢跑者，以堅決的語調跟他說話，以威嚇的姿態掩飾自己內心的恐懼：「把皮夾給我！」那人被嚇壞了，沉默迅速地照辦。男主角回到家洗澡更衣。他發現自己的皮夾正放在桌子上，才瞭解口袋裏的那個皮夾是屬於別人的。

（Brunvand 1984, p. 188.）

當以上的故事由一名廣播從業人員於一九八二年講述給強・哈洛德・布朗范德聽時，他立刻懷疑這故事的眞實性，結果在場的另一名新聞記者挺身爲之作證。其實，這樁故事大約十年前曾發表在《遊行》（*Parade*）雜誌一篇名爲「出色的笑話」專欄文字裏，當時故事發生的場景是在紐約地鐵。這樁故事傳遍整個美國，女性民俗傳說研究者琳達・戴爾（Linda Dégh）在一九八〇年代也曾在收音機裏聽到過。琳達・戴爾原籍匈牙利，她在十年前曾在布達佩斯聽過類似的故事，是她的叔叔告訴她的，叔叔還承認自己就是故事中的主角。

某一個天氣晴朗的日子，他從一艘在多瑙河上航行的船上下來，穿過擁擠的人群要往辦公室去，突然感覺到有人把手伸進他的口袋，拿走他的金錶。他一把捉住旁邊的人緊握拳頭憤怒地說：「把這隻錶給我。」那人立刻順從地交出。不久之後，皮爾叔叔發現在他口袋的深處還有第二隻錶。

琳達・戴爾其實有一點懷疑皮爾叔叔故事的可靠性。但是另一位值得尊敬的人，一位年齡相當大的建築師，稍後告訴她另一樁更令人吃驚的親身經驗。

> 他跟蹤那名他認定的小偷到一個有遮棚的陰暗街上，在一道能通行車輛的門前堵住他，搜他的身，拿走那隻錶。一回到家，他發覺自己居然有兩隻錶，趕快到警察局報案，說明整個事情的原委，把那隻錶以及自己的錶統統交出。在這時候，那名被疑爲小偷的人也趕來報案了。
>
> （Dégh et Vàzsonyi 1974, p. 229.）

有時候，取回自己所有之物的過程是祕密的，沒有暴力嚴辭威嚇的場面，而是偷偷摸摸地再把東西偷回來的舉動。這類的故事主角就是女人了。故事發生在現代生活的某一個典型場景裏，在連接市區與郊區的通勤火車上，車上陌生人們摩肩擦踵、彼此推擠。

在一九四六年，一份美國印第安那波利斯的報紙報導一位住在郊區女士的冒險，當她與一位碰面的熟人在一家自助餐聽用餐時，得知這位朋友剛剛被偷了一張五十美金的大鈔時，短暫地離開一會兒。她回到她的座位來，什麼話也沒說，揚著一張五十美金大鈔交給她的朋友——就在她離開的那段期間，她找到剛剛偷走錢的小偷，不動聲色地又再把錢給偷回來。事實上，之前她就瞥見有人在偷那位朋友的錢，只是當時來不及阻止。

這篇報導的作者歐耐斯特・波夫曼（Ernest Baughman）將這樁故事與英國民俗傳說研究者凱薩琳・布里姬絲（Katherine Briggs）在一九一二年蒐集並在她編訂的英美傳說故事索引裏編號爲N360（A）的故事進行比較。凱薩琳・布里姬絲的故事年代比較久遠，當時五英鎊（約等於五十法郎）就是一筆大數字了；另一方面，在當時整個歐洲火車上的三等車廂全都沒有另外走道，乘客在整趟旅程中都與其他人密封關在同一個車廂裏。故事裏社會階層的貧富區隔與歧視被標示出來，自命執行正義的人與被懷疑是小偷的人之間的差異鴻溝也被強調。

一位哥哥與一位已經相當老成的妹妹一起住在郊區，一天，妹妹到倫敦購物。哥哥給她一張新的五英鎊鈔票，她搭乘早班火車進城。與她在同一個車廂裏的，只有一名穿著襤褸的老婦人，輕輕搖晃著身體，半睡半醒。由於當天起得很早，而且又急急忙忙趕火車，這位M小姐睡著了片刻，然後醒來，警覺到與一名陌生人獨處在同一車廂裏最好還是保持清醒。她打開皮包想檢查一下購物清單，突然發覺五英鎊鈔票不翼而飛。她轉身看看她的乘客同伴，老婦人睡得很熟，身旁放著一個很大的包裹。彎著腰，她悄悄地打開那個包裹，發現裏頭有一張揉成一團的五英鎊鈔票。M小姐輕聲嘟噥著：「卑鄙無恥！」然後她同情地想：「這婦人既老又窮，也只好出此下策。」怎麼辦呢？找警察來？既麻煩又會耽誤時間，何況這麼做對一名老婦人來說似乎太過殘忍。於是她取回五英鎊鈔票，若無其事地復原那個包裹。悄悄地把鈔票放進自己的皮包裏。

到了下一站，老婦人醒來下車。在城裏，M小姐逛了一整天，帶著大包小包的東西到車站準備回家。她哥哥已經在倫敦火車站等她很久了，哥哥驚訝地問：「妳怎麼辦到的？我在這裏等了妳一整天，妳把我給妳的鈔票遺留在購票窗口了。」（Briggs et Tongue 1965, p. 101-102.）

不管是上當的女小偷，或是因爲誤解或歧視而有偷竊行爲的女小偷或男小偷，故事的核心都是混淆錯認，這也是許多民間故事的重要主題。這個主題也出現在口述傳說、古老故事集與眞實事件裏。上當小偷的故事是錯把偷竊標的物張冠李戴地搞混了，而因爲歧視而偷東西的人則誤解當時的狀況。在一個高度匿名化的現代大城市裏，充滿各種歧視與誤會的可能性，這樁故事顯然企圖討論社會秩序的重新建立。故事裏往往特別強調「受人尊敬」的特質，但是這一類的人在自認受害、自認被偷的情況下，卻會以牙還牙地攻擊他認爲應該負責的人。這些故事標舉出自我防衛的危險，提醒自以爲是地行使正義可能讓無辜者受害。凱薩琳・布里姬絲在一九一二年蒐集的那樁故事傳遞著一個眞實的社會訊息。那位可敬的M小姐太自以爲是了，太專注自己的權益了，以致於造成毫無抵抗能力的無辜人士受到傷害，而且這個傷害無法彌補。

在一九六〇年代期間，因爲誤解或歧視導致偷竊行爲的故事被拿來做爲面對國外移民的教材。從一九七二年到一九七四年，英國報紙至少刊載過三次這一類的「眞實故事」，這個情形被一名《民俗傳說》（*Folklore*）雜誌的讀者發現。

一名女性旅客（或一名男性旅客）在火車站大廳的快餐櫃檯（或火車的餐車櫃檯）買了一杯茶與一包油酥餅乾。然後與一名巴基斯坦旅客（或拉丁美洲人、非洲人）分享同一張桌子。在喝茶吃餅乾的同時，她（或他）懷抱著成見地、老覺得對面這個人打算偷走自己的錢包。

這名旅客沉默地吃喝著，巴基斯坦旅客也同樣不發一語，一直到吃完最後一塊餅乾，兩名共享同一張桌子面對面坐著的人一句話也沒說。離開之後，這名旅客發覺身上多了一個錢包，才恍然大悟自己拿了屬於巴基斯坦人的東西。

（Smith 1975, p. 139.）

一九七六年，這樁故事成爲BBC廣播電台一個廣播節目的題材。作者是一名年輕少女，她是從一位女性朋友的母親那兒聽來的。民俗傳說學會（Folklore Society）的理事長胡塞爾（M.W.S. Russel 1981）注意到這個廣播故事與前一年報紙上報導之間的關聯性。

被迫分享但又心懷歧視的故事流傳在世界各地。一九八九年《歐洲報》（*Europeo*）上刊載以下一樁發生在義大利米蘭的事件。

一名在米蘭大教堂廣場旁百貨公司購物的年輕男子，停下來在超級市場的餐廳裏點了一盤湯。找到一個位置以後，他坐下來，把裝著東西的紙袋放在桌底下。然後他發現自己忘了拿湯匙，於是把湯留在桌上，到櫃檯那兒去取。回來之後，發現一名黑人坐在他的桌子旁，正在喝他的湯。他極力壓抑情緒，盯著這名黑人看，這人則回報以平靜的眼光。

年輕男子決定還以顏色，他也坐下來，手中緊握湯匙，面對這名黑人，從盤子裏舀了一匙湯。那名黑人什麼話也沒說，看了他幾秒鐘，然後把湯盤推到桌子中央，並作了一個邀請分享的手勢。於是雙重奏持續進行，年輕男子憤怒地舀一匙湯，然後黑人平靜地舀一匙湯，兩個人都保持沉默，直到湯全部喝完。黑人站起來，走開。

轉轉他的頭，年輕男子也想離開，他伸手到桌下去拿紙袋，發現紙袋不見了。他發狂地大喊：「不！這太過分了！不僅喝我的湯，連我買的東西也要拿走！」他起身衝向出口要抓住那黑人，這時他瞥見他的紙袋，放在另一張桌子底下，那張桌子上好端端的擺著一盤沒有動過的湯。

——摘錄自一九八九年二月三日《歐洲報》（引自Carbone 1990, p. 143-144.）

這個故事呈現身處於陌生環境沒有參考座標時的窘境，在自助餐廳、車站裏的快餐廳，每張桌子都一模一樣，無從分辨。這個故事也同時討論一些無法跨越的限制，草率推理的危險以及情勢的扭轉：「入侵者」被侵犯，「攻擊者」反被攻擊，外國人表現出無比的耐心與容忍。因爲誤會而分享的故事後來被電視劇與電影大量引用。

一九九二年一月二十七日，《多樣》（*Variety*）雜誌報導奧斯卡金像獎的醜聞。評審們懷疑一九九一年以短片《午餐約會》（*The Lunch Date*）獲獎的亞當・大衛遜（Adam Davidson）剽竊別人的作品。在這部片子裏，一名穿著華麗的女子不發一語地與一名衣衫襤褸的黑人分享一盤午餐（兩個人並分別各飲一杯咖啡做爲結束），但是旁邊另一張桌子上擺著一盤一模一樣的午餐，這個劇情與另一部名爲《勃根地紅酒燒牛肉》（*Boeuf bourguignon*）的荷蘭片幾乎如出一轍。亞當・大衛遜辯解說自己連聽都沒聽說過《勃根地紅酒燒牛肉》這部短片，他是在一九八五年還是學生的時候聽到這樁故事而獲得的靈感，他還指出，另有一部在東京放映的日本片也有大致類似的劇情。奧斯卡金像獎的某些評審也表示，他們曾在其他地方聽過內容相近的故事，最後，這名導演終於得以保有他所獲得的獎座。（*Foaftable News*, 25 mars 1882, p. 11.）

到目前爲止，我們還找不到這樁故事的法國版本。也許在法國，人們與外國人相處的氣氛比較輕鬆自在？與這樁故事比較相近的法國版本——本地人表現得比較沒水準，而外國人的舉止則高尚多了——毫無疑問是以下這樁出現在一九五〇年代末期的幽默故事：

一名充滿優越感的法國外省人，非常驚訝地發覺自己在一個官方宴會上被安排坐在一名非洲人旁邊，他不停地以非洲式不通文法的低俗法文解釋菜餚，當甜點送上來時，他向這位非洲人以憋腳法語說明：「這款眞正好的『庫葛洛夫』（kougloff，一種法國阿爾薩斯地區的糕點）。」然而這位非洲人不是別人，正是取得法文國家文法教授榮銜、後來擔任過塞內加爾總統的著名詩人里歐波爾・塞達爾・桑果（Léopord Sedar Senghor），是這場宴會的主客。他在宴會結束時起身發表一篇詞藻華麗非凡的演講之後，轉頭輕輕地對窘迫不安的鄰居說：「這款眞正好的『迪斯庫爾』（discours，演講）。」

同樣的劇情在另外一個場景上演，諷刺畫家費南·黑諾（Fernand Reynaud）一九六〇年代的一幅作品顯示：一名醉醺醺的法國人在酒吧裏對他旁邊的人以非洲式不通文法的低俗法語嘮叨，一名非洲人則以毫無瑕疵的完美法語答覆回敬。

坎皮儂·文森　撰文

【參考文獻】

Ernest W. BAUGHMAN, *Type and Motif-Index of the Folktales of England and North America*, La Haye, Mouton（《Indiana University Folklore Series》, 20）, 1966.

Katharine M. BRIGGS et Ruth L. TONGUE（eds）, *Folktales of England*, Chicago, University of Chicago Press, 1965.

Jan Harold BRUNVAND, *The Vanishing Hitchhiker*, 1981, p. 103-113, 122, 188-189.

-, *The Choking Doberman*, 1984, p. 5, 127-130, 137-141, 188-193 et 216-219.

-, *The Mexican Pet*, 1987, p. 31-34, 89-90 et 137-141.

Maria Teresa CARBONE, *99 legende urbane*, 1990; 《Furti》: p. 130-132; 《Gatti》: 133-135; 《Immigrati》: 142-144 et 《Jogging》: 149-151.

Linda DÉGH et Andrew VÀZSONYI, 《The memorate and the protomemorate》, *Journal of American Folklore*, 87, 1974, p. 225-239.

Charles Clay DOYLE, 《Roaming cannibals and vanishing corpses》, *Indiana Folklore*, 11, 1978, p. 133-140.

J. Russell REAVER, 《From rhema to logos: contemporary Florida legends》, in Paul Smith（ed.）, *Perspectives on Contemporary Legend. Proceedings of the Conference on Contemporary Legend, Sheffield, July* 1982, Sheffield, CECTAL, 1984, p. 179-196.

W.M.S. RUSSEL, 《Folktales and the theatre》, *Folklore*, 92, 1981, p. 3-24.

A.W. SMITH, 《Yet another modern legend?》, *Folklore*, 86, 1975, p. 139.

David WHITE, 《There's something nasty in the fridge》, *New Society*, 1er novembre 1979, p. 248-249.

戴著鐵鍊的流氓

戴著鐵鍊流氓的故事與其說是美國故事，毋寧更接近歐洲風格。英國學者史都華・桑德遜（Stewart Sanderson）在一九六九年說它是一樁關於汽車的民俗傳說故事。瑞典民俗傳說研究者班特・克林特堡則在一九七六年指出，這樁故事在他的國家已經流傳有十餘年之久，它是一樁呈現偏差生活風格與其所造成悲慘後果的傳奇，但也是一樁關於報仇主題的傳奇。這樁故事同樣流傳於歐洲的拉丁語系國家：一九八〇年，它出現在義大利《共和國報》（*Repubblica*）的文學副刊上，標題名稱是「尾隨你的那隻手掌。暴力的噩夢：一位不知名女性的眞實故事。」故事發生的場景在巴黎。

巴黎。某個晚上，在靠近巴士底廣場的一條大道上。

伊凡妮・J（Yvonne J.），二十四歲，一個人開著一輛小汽車回家。當停在紅燈前等候時，她感覺到車後被撞了一下。從後視鏡裏她看到，一道摩托車的車燈晃來晃去向她示威，要她趕快開走別擋路。在她的車後，她看到許多道摩托車的車燈光芒，統統朝向她，猛然發動又猛然煞車，發出轟隆隆的聲響。摩托車陣將她團團圍住，騎士們揮舞著套著皮外套的手臂，伊凡妮猜想罩在金屬頭盔下的許多雙眼睛都狠狠地盯著她看。帶頭的騎士手中揮舞著一條又粗又長的鐵鍊。

紅燈前沒有其他任何車輛。這麼晚了，人行道上也毫無人跡。汽車一邊側翼的摩托車陣突然讓開一道缺口，但是伊凡妮明白最好不要輕舉妄動，她定睛看著正前方，避免與摩托車騎士們的目光相遇。伊凡妮落在某一個摩托車幫派的圍困裏——這個幫派從前叫做「黑褲黨」，現在則叫做「路霸幫」——這些人晚上橫行城市街頭，找尋做案的機會與受害者，以滿足他們對於攻擊與破壞的狂熱。

紅綠燈一轉綠，伊凡妮立刻開車往前衝，眼睛緊盯著一整條大道紅綠燈光點所連成的一直線，一排綠燈似乎將帶給她好運。但是紅綠燈又一個接著一個地變成紅色，從最遠的開始，一直到最近的一個，伊凡妮的小汽車必須在紅燈前停下，路霸幫又將她圍住，騎士們紛紛下車，揮舞著鐵鍊。他們向敲鼓一樣敲打鐵皮車身，玻璃破碎的聲音顯示某一道鐵鍊擊破了一盞後車燈。許多隻手抓住車門把猛拉，他們呼喊、叫囂、比手勢要她下車。伊凡妮只能祈禱車門鎖扣與車窗玻璃能夠支撐得住。（……）

這事件發生在巴黎幾個重要聯外出入道路口之一。根據路上的方向指示牌，伊凡妮知道如果她能夠右轉或左轉接到連接高速公路的環狀快速道路就好了。這個時候是貨車從首都倉庫出發到各地的時間。伊凡妮想像：「如果我能出這些人意料地成功逃脫，如果我能切入離開城市的車流裏，如果能夠切進兩輛貨車之間……。」但是摩托車群逼著伊凡妮行駛在中間車道，逼她漸漸駛往險惡的郊區。

紅綠燈又變成紅色。伊凡妮煞住車，準備右轉。但是路霸幫眾顯然瞭解她的意圖，一輛摩托車橫擋住右轉的車道，一道鐵鍊重重打在後車窗玻璃上，玻璃沒有破，但已經出現裂痕。伊凡妮決定豁出去了，她闖過紅燈，撞開摩托車陣的包圍，高速衝過駝峰跳動路面，進入快速道路，順利地切入離城的車流裏，擺脫了那群流氓……

總算接近她家了……。她進入地下停車場，停妥，熄火。她必須重新凝聚力量，重新恢復平靜，下車，檢查這些狂徒到底把她的車子整成什麼德行。

伊凡妮的手臂還在發抖，她下車，轉身檢查車身。首先映入眼簾的，是一截拖在地上的鐵鍊。路霸幫眾留下卡在車輪上的一截鐵鍊。有什麼東西連在鐵鍊的末端？伊凡妮彎下腰來，伸出手摸索，突然間她大聲驚叫，雙手蒙住眼睛。那是一隻手掌！拳頭微握，手腕的部分套著一圈鋼環，鋼環則連接著鐵鍊。

一旦神智清醒之後，伊凡妮立刻通知警方。（……）警察試圖安慰這名年輕女孩：「不要難過自責，在巴黎每一個星期，我們總會發現一隻手掌或一隻腳掌，從來沒法知道它的主人是誰？也從來沒有人來認領。」

（Italo Calvino, *La Repubblica*, mardi 26 août 1980.）

《共和國報》文學副刊上這篇文章的作者是古巴裔著名小說家伊塔羅．卡爾維諾（Italo Calvino），在他焦慮感十足的文字裏充滿著一種黑色的幽默感。卡爾維諾並非民俗傳說研究者，但他對於傳統民俗故事有很深的認識，他在一九五九年曾主編一本義大利民間故事彙編

《故事集》（*Fiable*）。卡爾維諾曾提出兩種理論來爲「朋友的朋友」所轉述的「眞實的故事」下定義：一種是「口耳相傳的現代都會傳奇」；另一種則是「在現實中不斷重演的故事，因爲在大城市裏存在著所有的組成元素，因此它隨時可以依照程序組合起來，就像在試管裏進行的化學反應。」

史都華．桑德遜所引用的英國故事版本，敘述一名汽車駕駛在紅燈前受到一群徒步的幫派份子的圍攻襲擊，但這些流氓手上並未揮舞鐵鍊。汽車衝撞逃出，駕駛人隔天在散熱器上發現幾節折斷的手指。這個版本比較沒那麼暴力，但是反對幫派流氓攻擊的立場也就沒那麼清楚明確。

在斯堪地那維亞，攻擊人的流氓以駕駛汽車的方式橫行。班特．克林特堡指出，這樁傳奇的第一波版本是以眞實新聞報導的面貌出現在報章雜誌上，大約在一九六〇年代達到高潮，這時剛好碰上瑞典出現名爲「長髮幫」的反叛團體，他們駕駛著改裝過馬力十足的汽車，在週末時出現，入侵小型村莊，四處挑釁鬧事，並因爲媒體的報導而全國皆知。孤立無援的駕駛人與鐵鍊的攻擊行動這些主題，確實曾在瑞典上演過。

各種版本僅有一些小修改，以配合各地的特色，讓故事更有說服力。

這是有關汽車的故事，呈現偏差行爲者的惡行，以及他們所受到的懲罰。戴著鐵鍊流氓故事的主題是多面向的，一方面它很接近《窒息的杜賓狗》故事，另一方面也很類似《鐵鉤殺人魔》故事。其實，在威脅性上它的確與《鐵鉤殺人魔》故事相仿，不同之處在於參與人與被圍困人的年齡：戴著鐵鍊流氓故事是年輕人的故事。它也是一個沒有安全感的故事，這一點與《窒息的杜賓狗》故事雷同，戴著鐵鍊流氓導致成人們恐懼擔憂，失去安全感。受害的成人們則靠著他們的助手（杜賓狗）或輔助工具（汽車）而報仇，雖然這些成人們本身並沒有顯露出任何攻擊性，但是報復的結果卻很殘忍，往往幾乎等於殘肢報仇。事實上，在古代——或現代的某些地方——抓到小偷時，爲了伸張正義，會施以砍斷手腕的重刑。

在我們的社會裏，私人血腥復仇的行爲是不被允許的，這樁故事呈現出完成復仇卻雙手不沾血腥的劇情：故事中隱含的訊息是不是暗示人們希望這些行爲偏差的惡棍受到嚴懲重罰？

不同方式復仇的主題也曾在一樁十六世紀的法國故事裏出現，這故事與面對「路霸幫」的巴黎女性汽車駕駛的經歷非常相似。

一名盜匪被砍斷手腕。

某一天，一名來自上流社會的男子，強壯、精神飽滿、討人喜歡，並且像諾曼地公爵無懼理查（Richard sans Peur）一樣勇敢。他策馬經過森林的一條狹窄小徑時，突然冒出一名森林盜匪，用手按住這人所騎馬的韁繩，恐嚇地說道：「快一點，把錢交出來，不然殺死你。」這名過客當然不從，他拔出長劍，縱馬往前衝，盜匪則立刻伸手拉緊韁繩，傾全力企圖勒馬阻止這人前進，幾番衝撞拉扯，這名男子終於衝出小徑，安全抵達家門。他的僕人上前接馬帶到馬廄去休息。牽馬的過程中，僕人發覺韁繩上掛著一隻手掌。他嚇壞了，連忙跑到宅邸通知主人，報告他如何發現一隻斷了的手掌緊緊地握住韁繩的經過。他主人一時也不明白是怎麼回事。幾經思索後，他突然記起來當那名翦徑盜匪企圖拉住馬時，自己曾向他揮了一劍。這名男子費了很大的勁才將手掌從韁繩上取下來，他把它掛在門上，就好像是一件珍貴的戰利品。

（原文出自*Philippe d'Alcrippe, La Nouvelle Fabrique des excellents traicts de vérité. Livre pour inciter les resveurs tristes et mélancoliques à vivre de plaisir*, 1579. 引自一九八二年的考證版本）

在以上的故事裏我們看到報復方式是直接的，當事人並以此爲傲，視斷掌爲戰利品。這樁故事呈現不同方式復仇的主題，印證了班特・克林特堡的分析——這位民俗傳說研究者認爲當代傳奇中復仇主題之所以頻繁出現，是因爲現代人拒絕承認內心深處對復仇感覺的渴望，並認爲這種渴望是不文明的。於是我們欣賞那些不直接動手復仇，而是藉由狗或汽車的幫助來反擊的故事。

手掌是人體最有活動力、最有自主性的器官，代表我們在這個世界上的行動能力。被砍斷的手掌，即使脫離了軀體，依然洋溢著栩栩如生的力量，是一種令人恐懼的東西。它可以塑造出一種毛骨悚然的黑色幽默效果。因此，皮爾・卡斯戴克斯（Pierre Castex）說法國十九世紀著名作家居伊・德・莫泊桑（Guy de Maupassant）希望在他家大門上，掛著一隻塗上防腐劑繫上鈴鐺緞帶的人類手掌。擅長撰寫幻想文體的許多著名大文豪，例如愛爾蘭作家雪利登・拉芬奴（Sheridan Le Fanu）、莫泊桑、法國作家傑哈・德・內瓦爾（Gérard de Nerval）、尚・亥伊

（Jean Ray）、墨利斯・何納（Maurice Renard）等，都曾利用斷掌的意象來呈現某種驚悚的感覺。

坎皮儂・文森　撰文

【參考文獻】

Jan Harold BRUNVAND, *The Choking Doberman*, 1984, p. 34-37.

Maria Teresa CARBONE, *99 legende urbane*, 1990, p. 69-74.

Pierre-Georges CASTEX, *Le Conte fantastique en France*, Paris, José Corti, 1951.

Bengt af KLINTBERG,《Why are so many modern legends about revenge?》, in Paul Smith（ed）, *Perspectives on Contemporary Legend. Proceedings of the Conference on Contemporary Legend, Sheffield, July* 1982, Sheffield, CECTAL, 1984, p. 141-146.

-,《Legends today》, in Reimund Kvideland et Henning K. Sehmsdorf （ed.）, *Nordic Folklore*, Bloomington, Indiana University Press, 1990, p. 70-89.

Stewart SANDERSON,《The folklore of the motor-car》, *Folklore*, 60, 1969, p. 241-252.

結論

立足在這條傳奇森林裏道路的出口上，從《紐約下水道裏的鱷魚》一直到《戴著鐵鍊的流氓》，我們嘗試依據主題將它們大致分類成幾個族群，並依據這些故事第二層的意涵予以區分。

我們發現其中一類爲「警告的傳奇」，包括了《生吞活物》、《不由自主的食人族》、《小魔怪效應與新科技的危險》、《電焊工人的隱形眼鏡》、《浸有LSD迷幻藥的包裝紙》、《微波爐裏的貓》、《老鼠骨頭與不潔的食物》、《被偷走的腎臟》、《大賣場裏的毒蛇》以及《被紫外線燈烤熟的少女》。

第二類是「社會抗議與動員的傳奇」，包括《摧毀雲霓的飛機》、《神祕的貓科動物》、《浸有LSD迷幻藥的包裝紙》與《放生的毒蛇》。

再來是「驚嚇的傳奇」，包括《攔路搭便車的鬼魂》、《嬉皮士保母與烤熟的嬰兒》、《鐵鉤殺人魔》、《都市躁狂症》與《戴著鐵鍊的流氓》。

最後是「幽默的傳奇」，包括《火雞脖子》、《坐在金龜車上的大象》、《被偷走的祖母》、《倒楣的水電工人》與《強力黏膠復仇記》。

當然，以上的分類有些刻意而且過於簡化，因爲許多故事通常包含數種隱藏的訊息。另一方面，它們的特徵呈現在幾個不同的層面：故事蘊含著暗示性的訊息，但同樣包括某種形式的行動與某種型態的人物。

雖然它們之中存在著一些喜劇性的元素，但是在這些故事中居主要地位的是焦慮。它們表達出不安、害怕與被環繞著我們的世界所排斥的感覺。然而這層黑暗面只是表相，當代傳奇往往可以對它的敘述者造成正面與動力十足的影響。

我們已經看到了，當代傳奇的故事藉由敘事的情節，呈現出流傳這些傳奇的團體所擁有的經驗或信仰之象徵意義。這些傳奇強調這些團體揭櫫奉行的道德規範，同時也表達出他們對於一些無法解決或是憂心忡忡的複雜社會問題所集體提出的評論意見。

爲什麼人們敘述這些故事？因爲這些故事是一些範例與象徵，因爲它們賦予軀體象徵性的思維，而不同的作者對這種思維有不同的稱呼：克勞德・里維史陀稱之爲「野性思維」、米歇爾・路易・胡蓋特（Michel-Louis Rouquette）稱之爲「自然思維或社會思維」、尼珂・貝爾蒙（Nicole Belmont）稱之爲「神祕思維」、彼得・連哈德特（Peter Lienhardt）則稱之爲「暗喻思維或類比思維」。我們一再強調，這種象徵性思維並非只出現在沒見過市面的農夫身上、開發程度較低的鄉下與遺世獨立的地區裏。事實上，我們每一個人都受到兩種模式的左右：一是象徵性思維，另一則是理性與反省式思維。

在這些故事裏全都是象徵。這些故事所發生的場所是介於不同世界之間的閘門與通道（美容院、試衣間、森林的邊緣、下水道），但同時也可能是超級市場——消費的神廟，商品價值的極致，財富在那裏進行累積。在故事裏，有兩大類對立的人物：一邊是邊緣人——瘋子、罪犯、小偷、皮條客、外國人，另一邊則是一般「正常人」。動物的類型也分爲對立的兩大類：一邊是我們非常熟悉的狗與貓，另一邊則是我們一碰到就會跳起來的醜惡動物，例如蜘蛛、昆蟲、蟒蛇、響尾蛇、老鼠。故事裏所使用的物品，都是現代化的物品，像是汽車或微波爐，或是會衰敗的物質，例如食物、人的軀體。

這些故事充分運用說服的藝術，運用一種玩弄對比的修辭學（日常生活裏暗藏陷阱，原因與結果的比例不對稱，往往微小的原因卻造成嚴重的後果），運用誇張的效果（過分、挑戰極限、直逼頂點、運用誇張的形容詞），運用隱喻（入侵的動物代表移民、大城市就像一座叢林），運用假借代喻（微波爐象徵現代性），以及訴諸權威的效果（不容反駁的證據、許多專家的證言）。

這些故事的輪廓是模糊的，如同神話；它們的劇情邏輯則奠基於潛意識或類似的東西，就像是夢。這些故事的主旋律結合了我們的恐懼與我們的慾望。我們的慾望常常藉由不循正常途徑執行內在正義的方式得到滿足，這種執行方式往往是極不友善地、甚至以使用暴力的方式向不遵守規範的人算帳。恐懼則有許多而且往往彼此衝突對立的內容：對於科技的恐懼與對於自然野生的恐懼、對於都市暴力的恐懼、對於毒品的恐懼、對於神祕能力的恐懼與對於陰謀的恐懼、對於健康的焦慮以及對於兒童安全的憂慮。當代傳奇明確地指出這些恐懼，並在故事中呈現。其實這種指明與呈現是有益於心理健康的，因爲這種作法可以定義危險，然後藉由象徵性的行動驅除魔障。格林童話裏有一個極具啓發性的故事情節：當皇后發現並唸出邪惡小矮人的名字時，小矮人立刻就失去了它的法力，也無法再綁架或傷害小王子了（Ellis）。

這些傳奇的道德意義是矛盾的：混合著對於違反規範的厭惡與迷戀。簡單地說，這些傳奇是道德上的保守份子，反對所有的改革。

這些故事在議題動員上的功能被活躍的少數團體有效運用。這些進行遊說的少數團體利用傳奇達成警告的目的，並占取了良好的社會鬥爭位置，往往他們還印刷文字傳單來散布傳奇故事。這些少數團體同時也利用對大眾意見有影響力的專業人士。因此，在這些少數團體的遊說行動裏，在政治宣傳乃至於爲了影響某些消費購買行爲而進行的廣告宣傳裏，他們都大量使用當代傳奇。這些傳奇常採用影射的手法。於是大眾文化的創作者往往也大量地將這些傳奇改寫改編，發表在報章雜誌的連載文章、電視影集、警匪小說、冒險故事、或連環漫畫的情節裏。著名的幻想故事作家如理查・馬瑟遜或史提芬・金似乎常常模仿當代傳奇，引用這些故事的結構與主題。

當代傳奇是靠口耳傳播，但我們也許必須說它往往也靠文字傳播，甚至後者的重要性更爲顯著。首先，我們發現新聞媒體常常將它們當作眞實新聞事件一樣地報導，甚至根據傳奇的範例來扭曲相關事件的面貌。另一方面，傳奇也靠行爲來呈現：貫穿本書，我們舉了許多的例子說明炫耀與展示的現象。

地球村時代大眾新聞傳播的綿密管道，使得當代傳奇的集體創作更容易發揮。我們社會異質混雜的文化也建構了當代傳奇誕生的適宜環境。因爲被愈來愈複雜的資訊包圍、被數量愈來愈龐大的影像轟炸，我們只好靠著創造、講述、撰寫、聆聽與回應當代傳奇的方式進行溝通。「眞實是我們想像力的產品」（Röhrich），傳奇揭開我們周遭世界的面紗，解除我們的焦慮，赦免我們的罪惡感，在這個艱難的時代裏提供方向指引，最後藉由提供一個道德控制的形象而扮演一個正面的角色。經由傳奇的設計與創作，一個社會在幻想的故事裏照亮澄清了它的許多恐懼與慾望。

【參考文獻】

Nicole BELMONT,《Folklore》, *Encyclopaedia Universalis*, 1984, t.VII, p. 95-101.

Bill ELLIS,《Fables of fright》, *American Way,* 25, 15 janvier 1992, p. 38-41.

Claude LÉVI-STRAUSS, *La Pensée sauvage,* Paris, Plon, 1962.

Peter LIENHARDT,《The interpretation of rumour》, in J.H.M. Beattie et R.G. Lienhardt（eds）, *Studies in Social Anthropology. Essays in Memory of E.E.Evans-Pritchard by his Former Oxford Colleagues*, Oxford, The Clarendon Press, 1975.

Lutz RöHRICH,《Le monde surnaturel dans les légendes alpines》, *Le Monde alpin et rhodanien*, 1982, p. 25-42.

Michael-Louis ROUQUETTE, 《La pensée sociale》, in Serge Mosvovici（dir.）, *Introduction à la psychologie sociale*, Paris, Larousse, 1973, t.II, p. 298-328.

國家圖書館出版品預行編目資料

都市傳奇／維若妮卡．坎皮儂．文森（Veronique Campion-Vincent），尚布魯諾．荷納（Jean-Bruno Renard）著；楊子葆譯．--初版．--臺北市：麥田出版：城邦文化發行；2003【民92】

面；　公分；（人間閱讀；5）

ISBN 986-7691-44-X（平裝）

1.謠言--研究

541.772　　92010965

麥田出版

廣	告	回	郵
北區郵政管理局登記證			
北台字第10158號			
免	貼	郵	票

cité 城邦 城邦文化事業(股)公司

100台北市信義路二段213號11樓

請沿虛線折下裝訂，謝謝！

麥田出版

文學・歷史・人文・軍事・生活

編號: RB2005

書名:都市傳奇

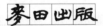

cité 城邦 讀者回函卡

謝謝您購買我們出版的書。請將讀者回函卡填好寄回，我們將不定期寄上城邦集團最新的出版資訊。

姓名：________________電子信箱：________________________________

聯絡地址：□□□____

____

電話：(公)______________________分機________（宅）__________

身分證字號：_________________________________（此即您的讀者編號）

生日：___年___月___日　性別：□男　□女

職業：□軍警　□公教　□學生　□傳播業　□製造業　□金融業

□資訊業　□銷售業　□其他

教育程度：□碩士及以上　□大學　□專科　□高中　□國中及以下

購買方式：□書店　□郵購　□其他________________________________

喜歡閱讀的種類：____

□文學　□商業　□軍事　□歷史　□旅遊　□藝術　□科學　□推理

□傳記□生活、勵志　□教育、心理　□其他__________________________

您從何處得知本書的消息？（可複選）

□書店　□報章雜誌　□廣播　□電視　□書訊　□親友　□其他

本書優點：（可複選）□內容符合期待　□文筆流暢　□具實用性

□版面、圖片、字體安排適當　□其他____________________

本書缺點：（可複選）□內容不符合期待　□文筆欠佳　□內容保守

□版面、圖片、字體安排不易閱讀　□價格偏高　□其他

您對我們的建議：____

____

____

____

____

____